战略支援部队信息工程大学
出版基金
PUBLISHING FUND

美国国务院与国防部协调机制研究

闫桂龙　著

中国社会科学出版社

图书在版编目（CIP）数据

美国国务院与国防部协调机制研究／闫桂龙著．—北京：中国社会科学
出版社，2023.3
ISBN 978 - 7 - 5203 - 9863 - 3

Ⅰ.①美…　Ⅱ.①闫…　Ⅲ.①美国国防部—关系—国务院—研究
Ⅳ.①D771.223

中国版本图书馆 CIP 数据核字（2022）第 045057 号

出 版 人	赵剑英	
责任编辑	赵　丽　陈雅慧	
责任校对	王　斐	
责任印制	戴　宽	

出　　版	中国社会科学出版社	
社　　址	北京鼓楼西大街甲 158 号	
邮　　编	100720	
网　　址	http://www.csspw.cn	
发 行 部	010 - 84083685	
门 市 部	010 - 84029450	
经　　销	新华书店及其他书店	

印　　刷	北京明恒达印务有限公司	
装　　订	廊坊市广阳区广增装订厂	
版　　次	2023 年 3 月第 1 版	
印　　次	2023 年 3 月第 1 次印刷	

开　　本	710 × 1000　1/16	
印　　张	17.75	
插　　页	2	
字　　数	253 千字	
定　　价	99.00 元	

目　　录

绪　　论

一　选题由来与研究意义

当今世界形势发生深刻复杂变化，国家面对的安全威胁更加复杂多元，安全议题的交叉性、叠加性更加突出。这不仅表现在经济问题政治化、政治问题经济化，而且愈发体现在外交与军事领域各项议题的交织互动。新的世界形势推动外交环境的变化，给各国外交带来新挑战。由于外交议题的交叠性、联动性和紧迫性加强，外交政策的制定与执行决非某一部门能够胜任，政府进行外交政策宏观统筹和部门协调的压力增大，进一步加强外交政策部门的协作、健全各级工作层面的部门协调机制已然成为政府必须解决的问题。为此，各国政府努力优化外交决策过程，加强跨部门协调。① 在这种背景下，研究大国在外交决策过程中统筹外交和军事力量的经验与举措就显得尤为必要。

本书选取美国国务院与国防部的协调机制作为研究对象，主要基于以下考虑：首先，美国在当今世界格局中处于领导地位，外交政策协调领域广泛，外交与军事政策协调问题突出，积累了丰富经验，相关经验举措对他国具有启发性。二战之后，美国基于战争的经验教训

---

① 近年来，许多国家陆续成立战略层面的国家安全议事协调机构。2008 年 10 月法国宣布成立国防与国家安全委员会，2010 年 5 月英国宣布成立国家安全委员会，2014 年 1 月日本成立国家安全保障局，2013 年 11 月党的十八届三中全会决定建立国家安全委员会。除此之外，美国、俄罗斯、印度等国都已设立国家安全委员会。

和保障日益拓展的外交政策需要，成立了国家安全委员会，奠定了国务院与国防部在国家层面进行政策协调的基础；冷战期间，美苏争霸凸显外交与军事的较量，在与苏联的对抗中，美国国务院与国防部的协调机制也经历了磨合与发展的过程；冷战之后，国际形势更趋复杂，国家安全威胁更加多元，美国力图维持全球霸权，两大部门的协调机制在这一时代背景下继续调整演变；"9·11"事件后，美国国务院与国防部的协调机制在"反恐战争"的主导下进一步改进；当前美国政府战略东移，在"亚太再平衡"的战略背景下，两大部门的协调配合面临进一步考验。美国的外交决策部门在长期历史实践中积累了协作经验，国务院与国防部的协调机制历经考验，已经发展成从顶层到基层的多方位架构，为国家统筹外交与军事力量、形成外交政策合力提供了保障。研究美国外交与军事部门的协调机制，对于正在崛起的大国而言，具有积极的启示与借鉴意义。

其次，尽管美国国务院与国防部是美国外交政策制定与执行的核心机构，但学界对两大机构之间协调机制的研究却比较欠缺。长期以来，从事美国研究的学者对美国外交史和外交政策的研究非常多，但对外交决策机构的研究却比较少。一些学者从外交决策视角，对美国国务院和国防部在外交决策中的作用进行研究，或者对外交政策的制定过程和变化趋势进行论述，但对国务院与国防部协调机制的演变过程、总体架构和运作方式的研究却非常有限。以官僚政治视角进行决策分析的学者侧重于研究国务院与国防部的部门利益差异与权力斗争，而对两部门如何协调，共同推进美国的外交政策所及甚少。为此，本书对美国外交决策过程中国务院与国防部的协调机制进行研究，做一些铺垫性工作，有助于充实该领域的研究成果，甚至取得"抛砖引玉"的效果。

再次，选择本选题的另一原因是美国"跨部门合作"（interagency cooperation）研究的兴起。近年来，尤其是"9·11"事件之后，美国掀起了一次"跨部门合作"研究的浪潮。针对恐怖主义对国家安全构成的新威胁，美国开始审视国家决策和政策执行机制，考察其能否有效应对多样化的威胁。许多国家政要以及智库学者认为，美国的外交决策机构和程序基本沿袭冷战时期的总体架构，而国际战略环境与国家安全议题较冷战期间已发生巨大变化，因此原有的外交决策体制架构不足以应对当代复杂的安全形势。他们呼吁对政府外交决策机构和程序进行改革，其中涉及战略制定、总统决策支持、行动规划与执行等方面。① 为此，美国国内对国家外交政策机构在跨部门协调与合作领域展开了广泛、深入的研究，国务院与国防部的"跨部门合作"是其关注的核心之一。本书以研究国务院与国防部的协调机制为切入点，力图借助美国在"跨部门合作"领域研究的最新成果，厘清当代背景下促成美国政府协调机制演变的重要因素。

　　本书的研究意义可以体现在：深化对美国外交决策机理的认识。美国国务院与国防部的协调机制是美国外交政策制定与执行体系的组成部分，通过展现美国外交与军事部门协调机制的架构和运作情况，有助于深入剖析美国外交政策的制定和协调过程，深化对美国外交决策机制和过程的理解。尽管外交政策分析的一些模型（如政府机构过程和官僚政治分析模型）打开了外交政策过程的"黑匣子"，体现了政府机构等因素对外交政策的影响，但这些模型并不能准确阐释美国外交决策过程。打一个比方，如果把外交决策过程比作"黑匣子"，政府机构比作"黑匣子"内的"齿轮"，传统的外交政策分析模型只能说明经过"黑匣子"内"齿轮"的磨合产生出外交政策，而很难清楚地解释"齿轮"间相互磨合的过程。本书通过阐述美国国务院和国防部的协调机制，等于展现了"齿轮"间的"联动装置"，能够较好地解释外交和防务部门的立场如何得到协调，最终形成对外政策。

---

① 参见 Catherine Dale, Nina M. Serafino & Pat Towell, *Organizing the U. S. Government for National Security: Overview of the Interagency Reform Debates*, CRS Report RL34455, Washington, DC: Congressional Research Service, April 2008.

二　核心概念界定

在展开论述之前，笔者拟对与研究对象相关的核心概念作出界定，从而奠定研究的理论基础，并作为展开分析的基本依据和抓手。本书主要涉及"外交决策过程"和"协调机制"两大概念。

（一）外交决策过程

要对"外交决策过程"进行界定，首先必须对"外交政策"做出解释。"外交政策"又称"对外政策"或"对外关系"。[①] 从公共政策的视角看，外交政策所针对的是本国管辖范围之外的事务，是"对他国政府、政府间组织、非政府组织和国际环境中的各种关系，有意或无意地给予影响的公共政策"。[②] 从民族国家的视角看，"外交政策是把民族国家与其国际环境连接起来的政治"。[③] 从外交政策的内涵看，"外交政策包括国家官员寻求在国外获取的目标、塑造该目标的价值观，以及追求目标所采用的方式和手段"。[④] 在罗森诺（James N. Rosenau）看来，外交政策指的是政府政策制定者选择海外参与的规模，以及目标、战略和手段的总和。[⑤]

综上所述，外交政策既包括国家处理对外关系时的指导原则，又包含国家对外采取的具体行动和措施。换言之，外交政策包括目的、方法和手段三要素：所谓目的，是指国家通过对外关系的谋划意图达

---

① 参见王鸣鸣《外交政策分析：理论与方法》，中国社会科学出版社 2008 年版，第 10 页；James N. Rosenau, "The Study of Foreign Policy", *World Politics：An Introduction*, eds. by James N. Rosenau, Gavin Boyd & Kenneth W. Thompson, New York：Free Press, 1976, p. 15.

② Werner J. Feld, *American Foreign Policy：Aspirations and Reality*, New York：John Wiley, 1984, pp. 2 - 3.

③ William Wallace, *Foreign Policy and the Political Process*, London：Macmillan, 1971, p. 11.

④ Eugene R. Wittkopf, Christopher Martin Jones & Charles W. Kegley, *American Foreign Policy：Pattern and Process*, Belmont, CA：Cengage Learning, 2008, p. 17.

⑤ James N. Rosenau, "The Study of Foreign Policy", *World Politics：An Introduction*, eds. by James N. Rosenau, Gavin Boyd & Kenneth W. Thompson, New York：Free Press, 1976, pp. 15 - 35.

成的目标；所谓方法，是指国家在获取目标过程中可以采用的途径；所谓手段，是指国家综合利用各种资源，在实际执行政府决定时所采用的工具。在这方面，李学文等编写的《国际政治百科》对外交政策作出比较完整的阐释："外交政策亦称对外政策，是国家对外关系的总称，是国家确立其国家利益与安全的目标，制定其处理同他国关系的原则，以及实现其目标与原则的外交手段的总和。"①

顾名思义，外交决策过程即是外交政策从构想到实现的各个环节的总称。有学者简洁明了地指出，"外交决策过程，即外交政策的政治，指的是政府决定和政策如何提上议程，如何制定并予以执行"。②需要指出的是，外交决策过程的定义虽然简单，但外交决策过程本身却异常复杂，涉及不同势力的政治较量。这是因为，在外交决策过程中，决策者不仅受到国家外部环境压力和现实的影响，以及国内持各种不同理念的团体和个人影响，更要受到决策体制自身运作的制约与影响。有学者甚至指出，"决策体制的核心是官僚机构"。③因为官僚机构往往是外交政策建议的发起者，同时又是外交政策的执行者。官僚机构的主要职能是就国内外事件进行信息汇总，并形成政策建议上报；在政策制定后，官僚机构负责相应政策的贯彻实施。此外，官僚机构的领导层通常是外交政策的制定者或参与者，他们的个性和理念会对决策体制的运作施加不同的影响。

本书引入外交决策过程的分析视角，目的在于将美国国务院和国防部置于美国外交决策过程框架之内，阐述两机构在外交政策制定到执行过程中发挥的重大作用，分析两机构在外交决策过程诸环节协调机制的架构和实际运作情况，进而对协调机制的效果和影响因素等进

---

① 李学文、杨闯、周卫平主编：《国际政治百科》，北京燕山出版社1994年版，第103页。

② Jerel A. Rosati & James M. Scott, *The Politics of U. S. Foreign Policy*, Boston, MA：Wadsworth, 2011, p. 5.

③ Richard L. Merritt, *Foreign Policy Analysis*, New Brunswick：Transaction Publishers, 1975, p. 4.

行研究。

（二）协调机制

根据1986年版《汉语大词典》释义，协调指"和谐一致，配合得当"。① 《现代汉语词典》对协调的解释是：1. 配合得适当。2. 使配合得适当。② 可见，最初"协调"只是一个形容词，到了后来才演变为动词。至于"机制"，"原指机器的构造和工作原理。……现已广泛应于于自然现象和社会现象，指其内部组织和运行变化的规律"。③ 虽然上述释义对两词进行了简洁准确的界定，但对于本书而言却不太适用，因为含义过于笼统和宽泛而不具备操作性。

因此，笔者从不同学科对"协调"概念的界定入手，进而对"协调"的基本内涵作出概括。事实上，"协调"是政治学、行政学和管理学等学科中常见的一个概念，但因分析视角的差异，不同学科对"协调"的定义有所不同。国际政治学者马尔科姆·安德森（Malcolm Anderson）认为"协调"是指"通过协商使原本不吻合的不同个人或组织行动达成一致"。他认为协调主要有"政治性协调"和"行政/管理性协调"两种类型。④ 行政学则认为，协调指的是"在管理过程中引导组织之间、人员之间建立相互协作和主动配合的良好关系，有效利用各种资源，以实现共同预期目标的活动"。⑤ 管理学大师阿加瓦尔（R. D. Agarwal）通过对"协调"的多个定义进行综合分析，认为可将"协调"定义为"在追求共同目标时，为保证行动的统一性而将组织机构所需行为进行整合的过程"。之所以称"所需行为"，是因为协调的目标只针对组织机构规划所含的必要行为，组

① 罗竹风主编：《汉语大词典》第1卷，上海辞书出版社1986年版，第882页。
② 中国社会科学院语言研究所词典编辑室编：《现代汉语词典》，商务印书馆2012年版，第1440页。
③ 罗竹风主编：《汉语大词典》第4卷，上海辞书出版社1986年版，第1325页。
④ Malcolm Anderson & Joanna Apap, *Striking a Balance between Freedom Security and Justice in an Enlarged European Union*, Brussels: Center for European Policy Studies, 2002, p. 22.
⑤ 张康之等：《公共行政学》，经济科学出版社2002年版，第191页。

织机构成员的无关行为则不属于协调范畴。① 他进而指出，合作是协调的必要条件但非充分条件，多数协调是各方主动合作的结果。协调的类型包括纵向协调（vertical coordination）、横向协调（horizontal coordination）、交叉协调（diagonal coordination）三种。②

从"协调"的概念可以得出这样的结论：协调是促使不同个人或组织行动达成一致，进而实现相互配合与合作的活动；协调既可以由上级向下级实施权威性指导、协商或裁决实现，也可以通过平级组织之间的主动合作达成，还可以通过上、下级之间的交叉干预完成。

根据《现代汉语词典》的定义，机制泛指一个工作系统的组织或部分之间相互作用的过程和方式。③ 从社会科学的角度来讲，"机制是指组织机构的设置及其功能、相互关系和运行程序"。④ 宫力在对外交决策机制下定义时称："外交决策机制……包括外交决策机构的设置、外交决策权限的划分、外交决策的制度等。"并且认为，研究外交决策机制，不仅要分析决策主体的构成，还要考察决策机构的设置、决策过程的运作及各种社会政治因素的影响。⑤ 可见，在宫力看来，机制的内涵包括相应机构设置、权限划分和制度安排。

至于"协调机制"，不同学科领域的定义差别悬殊，施密特（Kjeld Schmidt）列举的不同行业领域中对"协调机制"的八种定义可以体现出这些差异。⑥ 不过，管理学界对组织机构的协调机制却有

---

① R. D. Agarwal, *Organization and Management*, New Delhi: Tata McGraw-Hill Education, 1982, p. 236.

② Ibid. , pp. 239 – 243.

③ 中国社会科学院语言研究所词典编辑室编：《现代汉语词典》（第五版），商务出版社 2007 年版，第 628 页。

④ 胡菁菁：《境外中国外交决策机制研究综述》，《国际政治研究》2010 年第 4 期，第 135 页。

⑤ 宫力、门洪华、孙东方：《中国外交决策机制变迁研究（1949 – 2009 年）》，《世界经济与政治》2009 年第 11 期，第 45 页。

⑥ Kjeld Schmidt, *Cooperative Work and Coordinative Practices: Contributions to the Conceptual Foundations of Computer-Supported Cooperative Work*, CSCW, London: Springer, 2011, pp. 100 – 101.

一定的共识。如施密特认为，"协调机制是由协调性规则（规定相互依存的离散行为如何整合的一整套程序和规矩）和将规则具体化的实体（artifact）（一个象征性的长期架构）构成的架构"。① 另有学者称，协调机制指的是"包含一套明确规矩和指定步骤的规则，该规则由具有标准化形式的象征实体支撑，并对离散活动的协调作出规定和调解"。② 从以上两种定义可以看出，协调机制由两大要素构成：一是协调性规则，二是象征性实体。其中协调性规则明确了开展协调工作时的具体步骤和方法，象征性实体则代表负责协调的机构和部门。

因此，综合中外学者的相关论述，笔者认为，从外交决策过程的视角看，美国国务院与国防部的协调机制是指在外交政策制定到执行的各个环节，促成两部门达成政策一致性和部门合作的组织架构、运作规则和运行程序。其中，组织架构是协调机制的"象征性实体"，运作规则和运行程序是协调机制"协调性规则"的体现。

本书拟以美国国务院与国防部的协调机制为研究对象，纵向以协调机制的历史演变为主线，梳理该机制在不同阶段的发展情况，分析推动协调机制演变的原因；横向以协调机制的整体架构为依托，研究该机制从上到下的机构设置、运作规则和运行程序，并考察其在外交决策过程中的实际运作情况，进而对协调机制的效果及影响因素进行分析。在此基础上，提炼相关启示与借鉴意义，对完善国家的外交与军事部门协调机制建设提供建议。

三 研究现状

与本书相关的研究领域主要包括外交决策过程研究、国务院与国防部外交决策职能研究和外交决策跨部门合作研究等，下文将分别对

---

① Ibid. , p. 102.

② Peter H. Carstensen & Ulrika Snis, "On Knowledge Management: A Field Study," in David G. Schwartz, Monica Divitini & Terje Brasethvik, ed. , *Internet-Based Organizational Memory and Knowledge Management*, London: Idea Group Publishing, 2000, p. 174.

国外、国内相关领域的研究现状进行阐述。

（一）国外研究现状

国外学界在外交决策过程、国务院与国防部外交政策职能、外交决策跨部门合作等领域的研究成果相当丰富。在外交决策过程研究领域，西方国家尤其是美国发挥着引领作用，在许多研究方向扮演着奠基者和开拓者的角色。学者从多种理论视角，利用多种分析模型，广泛采用案例研究，对外交决策过程和影响因素进行研究。鉴于国务院与国防部在外交决策过程中的重要地位，许多学者对两大机构的历史演变、职能地位和部门文化等方面作出阐述，对其在外交决策中的作用与影响进行综合研究，积累了丰富的研究成果。外交决策跨部门合作研究虽然从二战后就已经开始，但直到近年才迅速崛起，很大程度上是由于"9·11"事件的影响。针对美国政府在跨部门情报合作方面的失误，美国学者对政府在外交决策、国家安全等领域的跨部门协调进行了广泛的探讨，尤其针对美国在阿富汗和伊拉克战争中的得失，开展多方位、多角度的评估分析，促使跨部门合作研究在理论和实证方面都取得了长足进展。

1. 外交决策过程研究

传统现实主义认为国家是单一理性行为体，外交决策的目标和手段以国家利益为出发点和归宿。① 国家利益一旦确定，决策就是对特定国际环境下的目标和手段的精确考量。现实主义研究外交决策的常采用理性选择理论，出发点是国家中心学说，因此认为外交政策都是目标明确且十分理智的一些人深思熟虑的结果，他们总是寻求最佳的政策选择来实现国家目标。现实主义认为决定对外政策的关键是国家的外部环境，而国家的内部因素如个人和组织所起的作用可以忽略不计。

① 参见 Hans J. Morgenthau, *Politics Among Nations: The Struggle for Power and Peace*, 5th ed., New York: Alfred A. Knopf, 1973, pp. 4 - 6.

外交政策分析（foreign policy analysis）[1] 理论的兴起，打开了国家外交政策制定的"黑匣子"，要求研究者从多层面、多角度分析外交政策的影响因素，强调决策者和政府机构等因素对外交决策的能动作用。该理论认为国际关系变化的根源在于作为个人或组织的决策者所制定的外交政策，研究外交政策要对具体行为体，如决策者和决策组织进行具体分析。[2] 外交政策分析总体可划分为三大流派，分别为"决策机制与决策过程""比较外交政策"和"心理和社会环境理论"。[3] 其中"决策机制与决策过程"流派注重对外交政策过程的分析，研究决策过程中的决策者、组织环境、政府机构等因素所发挥的作用。

理查德·斯耐德（Richard R. Snyder）等提出：研究外交决策过程与研究外交决策结果同样重要，要探求国家行为背后"为什么"的问题，就必须研究决策过程，而决策过程应被视为一种组织行为（organizational behavior），需要考虑行为者的能力范围、信息流动与沟通、不同参与者的动机等因素。[4] 斯耐德指出，"我们认为对具体形势的界定是解释国家行为的核心，而对形势的界定取决于组织背景下的决策过程……忽略这一背景将错失对决策者行为（因而也是国家行为）产生重大影响的一系列因素，这不仅包括如何作出选择的问题，还包括在何种情况下作出选择的问题"。[5] 这样，斯耐德等强调外交

---

[1] 外交政策分析作为国际关系理论的分支，产生于20世纪50年代。由于其初期以解释外交决策为重点，所以又被称为外交决策学。参见王鸣鸣《外交政策分析：理论与方法》，中国社会科学出版社2008年版，第1－2页；第12页。

[2] 参见王鸣鸣《外交政策分析：理论与方法》，中国社会科学出版社2008年版，第8页。

[3] 参见 Valerie M. Hudson & Christopher S. Vore，"Foreign Policy Analysis: Yesterday, Today, and Tomorrow"，*Mershon International Studies Review*，Vol. 39，No. 2，Oct.，1995，pp. 212 –219；张清敏：《外交政策分析的三个流派》，《世界经济与政治》2001年第9期，第18 –23页。

[4] Richard Snyder, H. W. Bruck & Burton Sapin, *Decision Making as an Approach to the Study of International Politics*，Princeton: Princeton University Press，1954，p. 12.

[5] Ibid.，p. 53.

决策中的过程和机构因素，将国际体系、国家、组织和个人多个研究层次引入到分析框架中来。

后来，亨廷顿（Samuel P. Huntington）、谢林（W. R. Schilling）、纽斯塔特（Richard E. Neustadt）等学者都主张将国家决策机构和决策者区别开来，采用组织机构过程和官僚政治的视角来研究外交决策，逐渐将"决策机制与决策过程"分析视角应用推广。[1] 在上述学者的影响下，格雷厄姆·艾利森（Graham T. Allison）借鉴组织机构理论的相关成果，提出三个分析模型：理性行为体、组织行为体和官僚政治。[2] 艾利森认为单一理性行为体模型不足以解释古巴导弹危机整个过程的相关环节，而另两个模型则分别聚焦于分析机构内部和机构之间的因素，可以更全面地解释危机的来龙去脉。组织行为体模型得出的推论是，外交政策是由众多松散的组织之间根据不同的标准操作程序（Standard Operation Procedure，SOP）协作的结果。如艾利森所言，"在特定时间内，政府是由一整套标准运作程序的组织组成。相对于某一特定事件，组织的行为最终会形成政府行为。组织行为不是随机的，而是依照特定事件发生之前就已经确定好的程序去运作。解释政府行为应该以既定程序为基点"。[3] 而官僚政治模型则认为外

[1] Samuel P. Huntington, *The Common Defense: Strategic Programs in National Politics*, New York: Columbia University Press, 1961; W. R. Schilling, P. Y. Hammond & G. H. Snyder, *Strategy, Politics, and Defense Budgets*, New York: Columbia University Press, 1962; Richard E. Neustadt, *Presidential Power: The Politics of Leadership from FDR to Carter*, New York: Wiley, 1980.

[2] Graham T. Allison, *Essence of Decision: Explaining the Cuban Missile Crisis*, Boston: Little, Brown and Company, 1971. 需要指出的是，艾利森在不同著述中对第二种模型的称谓有所不同。在 *Essence of Decision* 第一版的第三章中称其为"组织过程"，第二版第三章中则改为"组织行为"，但在另一篇文章中，后两个模型被合并称为"官僚政治模型"。参见 Graham T. Allison & Morton H. Halperin, "Bureaucratic Politics: A Paradigm and Some Policy Implications", in Rayond Tanter & Richard H. Ullman, eds., *International Relations*, Princeton: Princeton University Press, 1972, pp. 40-79. 转引自王鸣鸣《外交政策分析：理论与方法》，第18页。

[3] Graham T. Allison, *Essence of Decision: Explaining the Cuban Missile Crisis*, Second Edition, New York: Addison Wesley Longman Inc., 1999, p. 144.

交政策其实是官僚机构之间利益分配和权力斗争的结果；因而预测一国的外交政策，可以从分析官僚政治背景下不同组织的利益和立场着手。尽管后来学者对艾利森的后两种模型提出不少批评，① 但不可否认，他的论述使学者更加注重外交决策过程中政府机构所发挥的影响。

霍尔珀林（Morton H. Halperin）指出，在国家安全和外交政策制定过程中，国务院、国防部和国家安全委员会等发挥着重要的作用。在政策制定过程中，不同部门对国家利益的理解有差异，政策结果受各部门的工作流程（正式和非正式）、对问题的区别性分析、对不同政策立场偏好等因素影响，即使总统作出决定后，政府部门在执行过程中也可能会误读、延误或拒绝执行既定政策。② 霍尔珀林有着长期在政府决策部门任职的经验，通过对多个案例的论述，验证了官僚政治模型的解释功用，突出体现政府部门因利益不同、看待问题的视角不同而导致的决策立场差异，从而将官僚政治模型的运用进一步推向深入。

戴斯特勒（I. M. Destler）也对官僚政治模型进行了分析，他得出的结论是，权力不均衡地分布于政府不同官员手中；议题的产生总是零散且渐进式的，通常议题范围超出个人的管辖范畴；政府运作规则决定了汇报渠道，官员通过各种手段扩大影响力，使自己观点占据上风；外交政策是官僚政治运作的结果。③ 据此，他建议要反制官僚机构强大的离心力，使外交政策能够得到统一集中的效果，唯一的方式是树立核心官员的影响力，而核心官员指的是具有宽泛的外交政策

---

① 典型的质疑如"学者不能认定在哪些问题上官僚政治模式会起决定性作用，因为案例研究的证据还不充分"。参见 David A. Welch, "The Organizational Process and Bureaucratic Politics Paradigms: Retrospect and Prospect", *International Security*, Vol. 17, No. 2, Fall 1992, p. 121.

② Morton H. Halperin & Priscilla Clapp, *Bureaucratic Politics and Foreign Policy*, Washington DC: Brookings Institution Press, 2006.

③ I. M. Destler, *Presidents, Bureaucrats and Foreign Policy: The Politics of Organizational Reform*, Princeton, NJ: Princeton University Press, 1972, pp. 52 – 82.

视野，以维护国家利益为目标的人。[①]

其他许多学者也采用官僚政治模型对美国的外交决策进行分析，相关议题包括美国的越南战争决策、不承认中华人民共和国合法地位、马歇尔计划、美国与土耳其关系、反弹道导弹决策、核武器事故、美国国际贸易政策等；也有学者对该模型进行评价或批评。[②] 总之，官僚政治学派认为，随着官僚机构的发展，美国外交决策愈发复杂且政治化。决策过程充斥着分歧和冲突，并不存在单一的外交政策"制定者"。政策的制定是不同机构和政治力量相互角力的结果，不同机构在相关问题领域的看法存在分歧，他们相互竞争，试图推行个人和组织的主张。总统只是居于各方势力之首，总统虽然拥有权力，但却不是万能的。

虽然官僚政治模型揭示出决策背后的部门利益冲突和分歧，深化了对外交决策政治化的认识，为分析外交决策提供了一个重要视角，但正如罗伯特·阿特（Robert J. Art）所言，官僚政治模型有两大基本缺陷：首先它低估了传统思维定式和国内政治对高层决策者的影响，其次，它的理论结构还比较松散、模糊、不精确。这两点决定了在运用该模型进行分析时，必须先把与官僚政治不相关的限制条件解

① Ibid. , p. 83.

② Morton H. Halperin, "The Decision to Deploy the ABM: Bureaucratic Politics and Domestic Politics in the Johnson Administration", *World Politics*, Vol. 25, No. 1, October 1972, 62 - 96; I. M. Destler, *Presidents, Bureaucrats and Foreign Policy: The Politics of Organizational Reform*, Princeton, NJ: Princeton University Press, 1972; David J. Alvarez, *Bureaucracy and Cold War Diplomacy: The United States and Turkey, 1943 - 1946*, Thessalonicki: Institute for Balkan Studies, 1980; Stephen D. Cohen, *The Making of United States International Economic Policy*, New York: Praeger, 1977; Hadley Arkes, *Bureaucracy, The Marshall Plan, and the National Interest*, Princeton: Princeton University Press, 1973; Leslie Gelb, *The Irony of Vietnam: The System Worked*, Washington, DC: Brookings Institution, 1979; James C. Thomson, "On the Making of U. S. China Policy, 1961 - 1969: A Study in Bureaucratic Politics", *The China Quarterly*, No. 50, April-June 1973: 220 - 243; Scott D. Sagan, *The Limits of Safety: Organizations, Accidents, and Nuclear Weapons*, Princeton: Princeton University Press, 1993; David Welch, "The Organizational Process and Bureaucratic Paradigms: Retrospect and Proespect", *Internatinal Security*, Vol. 17, No. 2, Fall 1992: 112 - 146; Jonathan Bender and Thomas Hammond, "Rethinking Allison's Models", *American Politics Science Review*, Vol. 86, No. 2, June 1992: 301 - 322.

释清楚，这样也就大大降低了该模型的有效性。^①

由此，罗杰·希尔斯曼（Roger Hilsman）提出"政治过程模型"（Political Process Model），用来解释外交决策。他指出，"政策制定过程涉及许多个人和机构，每人都有权力，但在不同议题上拥有的权力也有差异；此外，各权力中心都有自己的目标，他们试图在志同道合的权力中心建立联盟，通过说服、讨价还价、相互让步、互相支持达到利用和控制对方，并适时运用自己掌握权力的目的"。^② 与官僚政治模型不同，政治过程模型认为，官僚机构只是政策制定的参与者之一，尽管发挥重要作用，但远非政策结果的关键决定因素。他将政策制定过程中的影响因素比作三个"同心圆"，居于核心的是总统、总统工作班子及顾问、任命官员、国会和官僚，居于第二层的是利益集团、媒体，居于外层的是公众舆论、选民。^③

许多研究美国外交决策的专著都借鉴或采用了希尔斯曼的"政治过程模型"来诠释美国外交政策的制定过程，如杰拉尔·罗赛蒂（Jerel A. Rosati）著《美国外交政策的政治》、尤金·维特科普夫（Eugene R. Wittkopf）等著《美国外交政策：模式与过程》，以及詹姆斯·麦考米克（James M. McCormick）著《美国外交政策与过程》。^④ 上述著作不仅详细阐述了美国外交政策制定的政治过程，而且用较大篇幅比较全面地分析了外交政策的各种影响因素，其中对国家安全委员会、国务院以及国防部的组织机构、部门文化与运作特点

① Robert J. Art, "A Critique of Bureaucratic Politics", *American Defense Policy*, 7th Edition, eds., Peter L. Hays, Brenda J. Vallance & Alan R. Van Tassel, Baltimore: The Johns Hopkins University Press, 1997, pp. 40 – 41.

② Roger Hilsman, Laura Gaughran & Patricia A. Weitsman, *The Politics of Policy Making in Defense and Foreign Affairs: Conceptual Models and Bureaucratic Politics*, 3rd Edition, Eaglewood Cliffs: Prentice-Hall, Inc., 1993, p. 90.

③ Ibid, pp. 119 – 296.

④ Eugene R. Wittkopf, Christopher Martin Jones & Charles W. Kegley, *American Foreign Policy: Pattern and Process*, Belmont, CA: Cengage Learning, 2008; Jerel A. Rosati & James M. Scott, *The Politics of U.S. Foreign Policy*, Boston, MA: Wadsworth, 2011; James M. McCormick, *American Foreign Policy and Process*, Boston: Wadsworth/Cengage Learning, 2013.

等论述得尤为深刻。

　　以上文献不论是外交政策分析、官僚政治模型，还是政治过程模型，都体现出外交决策本身的复杂性和政治性，体现了不同部门的个人、组织和机构在外交决策过程中存在的冲突与矛盾，从不同理论角度揭示了保持外交决策统一性和协调性的难度，但这也恰好反映了国家在外交决策过程中进行宏观掌控、统筹协调的必要性。相关著作为本书研究美国国务院与国防部的协调机制提供了不同的诠释视角和理论支撑。

　　2. 国务院与国防部职能研究

　　外交政策学者在关注并分析政策过程复杂性与政治性的同时，也在不断研究如何克服或控制决策过程中的官僚政治冲突和部门利益分歧，以便有效提高政府管理效率，保证外交决策的协调统一。这其中既有对外交政策决策模式的探讨，也有对如何建立和完善跨部门协调机制、促进政府机构之间沟通与合作的研究。通过对相关文献进行梳理，下文重点介绍与本书研究密切相关、涉及国务院与国防部协调机制的成果。

　　由于国务院与国防部在外交政策制定与执行过程中的重要地位，研究美国外交政策与国家安全政策的著述大都涉及这两大机构。除上文提到的杰拉尔·罗赛蒂的《美国外交政策的政治》、尤金·维特科普夫等的《美国外交政策：模式与过程》，以及詹姆斯·麦考米克的《美国外交政策与过程》之外，罗杰·乔治（Roger Z. George）等编写的《国家安全体系：迷宫导航》、布恩·巴斯洛米斯（J. Boone Bartholomees, Jr.）编写的《美国陆军战争学院国家安全政策与战略指南》，阿莫斯·乔旦（Amos A. Jordan）等编写的《美国国家安全》等分别用相当篇幅对国务院和国防部的地位、作用、部门文化，国家对外交与军事手段的运用，国家安全委员会在政策过程中的协调作用等进行了论述。①

　　有关美国国务院的著作主要对其历史演变、机构设置和绩效评估等方面进行论述。1960 年，罗伯特·艾尔德（Robert Elder）研究了国务院在外交政策协调方面存在的不足和决策地位面临的挑战，并阐述了国务院的组织机构和人员分工。② 1976 年，托马斯·艾斯特斯（Thomas S. Estes）与艾伦·莱特纳（E. Allan Lightner）合著《国务院》，回顾了国务院的发展历史、政策职能、与其他机构的跨部门关系，并对国务院未来的发展进行预测。③ 1979 年，沃威克（Donald P. Warwick）等以国务院的机构改革为例，探讨了公共官僚机构改革中必须面对的内部政治因素、官员个性因素和组织结构因素等问题。④ 1991 年，兰德公司应国务院要求，撰写报告对国务院人力资源管理的现状进行分析，并为改善项目规划和预算管理提出人力资源管理建议。⑤ 其中提出的人力资源管理指导原则迄今仍有指导意义。值得一提的是，1993 年，时任总统克林顿（Bill Clinton）委托副总统戈尔（Al Gore），对联邦政府进行为期六个月的绩效评估，戈尔对联邦政府各部门的人事、采购和预算政策等方面进行了深入调研并发表最终报告，其中关于国务院和美国新闻署的报告对国务院的使命、改善绩

---

① Roger Z. George, Harvey Rishikof, eds., *The National Security Enterprise: Navigating the Labyrinth*, Washington DC: Georgetown University Press, 2011; J. Boone Bartholomees, *The U. S. Army War College Guide to National Security Issues: National Security Policy and Strategy*, Carlisle Barracks, PA: Strategic Studies Institute, 2010; Amos A. Jordan, William J. Taylor, Jr., Michael J. Meese, Suzanne C. Nielsen, *American National Security*, Baltimore, Maryland: The Johns Hopkins University Press, 2011.

② Robert Ellsworth Elder, *The Policy Machine: The Department of State and American Foreign Policy*, New York: Syracuse University Press, 1960.

③ Thomas S. Estes & E. Allan Lightner, *The Department of State*, New York: Praeger Publishers, 1976.

④ Donald P. Warwick, Marvin Meade & Theodore Reed, *A Theory of Public Bureaucracy: Politics, Personality, and Organization in the State Department*, New York: Harvard University Press, 1979.

⑤ James A. Winnefeld, *Improving Work Force Management in the Department of State: The Program Planning and Budget Interface*, Santa Monica, California: RAND Corporation, 1991.

效办法和提高管理手段等方面提出建议。① 1999 年，埃尔默·普利施科（Elmer Plischke）著《美国国务院历史参考》，系统地记录了国务院在不同历史阶段的职能及机构演变情况，并对未来发展及存在问题进行了分析评估。② 2001 年底，美国"总审计署"（General Accounting Office）也发布了针对国务院绩效和管理评估的报告。③

国防部（前身为陆军部和海军部）的成立与发展本身就是加强军种间整合与协调的历史。1939 年以前，美国陆军和海军之间协调不多，尽管 1903 年成立了"陆海军联合委员会"（The Joint Army and Navy Board），负责对军种合作问题进行协商，但由于没有办事机构，所以成效寥寥。④ 1939 年，罗斯福（Franklin D. Roosevelt）总统将"陆海军联合委员会"转移到总统办公厅，并于 1942 年组建参谋长联席会议，下设"联合计划参谋部"（Joint Planning Staff）负责战时协调工作。1947 年，美国颁布《国家安全法》，成立"国家军事机构"（National Military Establishment），统一管辖陆军部、海军部和新成立的空军部。1949 年 8 月 10 日，"国家军事机构"更名为国防部。詹姆斯·布莱德福（James C. Bradford）编写的《美国军事史》详细描述了美国武装力量统一联合发展的历史，其中第三十章专门对国防部的统一、联合指挥与作战发展史进行了介绍。⑤ 阿尔弗莱德·戈德伯格（Alfred Goldberg）等编《国防部长办公厅历史》，迄今已有六卷，

———————————

①　Albert Gore, *Department of State and U. S. Information Agency: Accompanying Report of the National Performance Review*, Washington, DC: Office of the Vice President, 1993.

②　Elmer Plischke, *U. S. Department of State: A Reference History*, Westport, CT: Greenwood Press, 1999.

③　U. S. General Accounting Office, *Department of State: Status of Achieving Key Outcomes and Addressing Major Management Challenges*, GAO - 02 - 42, December 2001.

④　Paul S. Boyer, *The Oxford Encyclopedia of American Military and Diplomatic History*, New York: Oxford University Press, 2013, p. 297.

⑤　James C. Bradford, *A Companion to American Military History*, New York: John Wiley & Sons, 2009, pp. 497 - 505.

系统地记录了国防部长办公厅从创始到 20 世纪 70 年代的历史。① 罗杰·特拉斯克（Roger R. Trask）分别与阿尔弗莱德·戈德伯格和约翰·格莱农（John P. Glennon）合著《国防部组织机构与领导：1947—1997》与《国防部组织机构与任务档案：1978—2003》，详细论述了国防部组织机构与岗位设置演变的历史。② 此外，詹姆斯·洛克尔三世（James R. Locher, III）著《波多马克河上的胜利：戈德华特——尼科尔斯法案统一五角大楼》详细记录了《1986 年国防部重组法案》制定前后的政治斗争，剖析了美军作战指挥链条的缺陷与不足，对国防部重组后的机构与职责调整进行了说明。③

3. 跨部门合作机制研究

长期以来，美国政府对政府机构的组织形式和外交政策体系不断进行审查，评估机构设置的合理性以及机构和人员调整、增减的可行性，通常由总统、内阁部长或国会等成立相关调查委员会，在政府换届、重大危机事件，或者政府运行出现重大失误时进行调查研究，并提出改进建议。如 1937 年布朗洛委员会（The Brownlow Commission）完成对美国政府行政部门机构的审查，提出总统在政策制定方面"需要帮助"，包括增加职员、完善组织结构、完善对职员和机构的管理等。④ 结果导致总统行政办公厅逐渐扩编，最终形成一个庞大的工作班子为总统和副总统服务，负责政策制定的协调与规划。1945 年出

---

① Alfred Goldberg, Steven L. Rearden & Doris M. Condit, *History of the Office of the Secretary of Defense*, 6 Volumes, Washington DC: Office of the Secretary of Defense, 2011.

② Roger R. Trask & Alfred Goldberg, *The Department of Defense, 1947 – 1997: Organization and Leaders*, Washington DC: Office of the Secretary of Defense, 1997; Roger R. Trask & John P. Glennon, *The Department of Defense: Documents on Organization and Mission 1978 – 2003*, Washington DC: Government Printing Office, 2008.

③ James R. Locher, III, *Victory on the Potomac: The Goldwater-Nichols Act Unifies the Pentagon*, College Station, Texas: Texas A&M University Press, 2002.

④ "布朗洛委员会" 全称是 "总统行政管理委员会"（President's Committee on Administrative Management），参见 President's Committee on Administrative Management, *Report of the President's Committee on Administrative Management*, Washington: US Government Printing Office, 1937.

台的"埃伯斯塔特报告"（The Eberstadt Report）建议成立国家安全
委员会，辅助总统对国家安全政策进行协调。① 前总统胡佛（Herbert
Hoover）分别于 1949 年和 1955 年两次主持委员会，对美国政府行政
机构的组织架构、政策制定需求与职能进行评估。② 1961 年，美国参
议院成立杰克逊分委会，对美国行政机构，尤其是国家安全委员会的
组织运作方式进行考察。③ 1975 年，"政府实施外交政策组织机构委
员会"对美国外交政策的组织与行政管理进行审查。④ 2001 年"9·
11"事件发生后，"9·11"委员会发布报告，对美国政府机构应对
恐怖袭击的缺陷与不足进行分析，并提出改革建议。⑤ 上述研究呈现
出一条清晰的主线，就是评估外交政策制定的组织架构和管理方式对
决策过程和决策结果的影响；研究结论大都认为，加强国务院、国防
部等部门在外交政策过程中的协调与统筹，对于优化外交政策流程、
提高外交政策质量具有重要意义。

　　"9·11"事件以来，加强美国政府机构的跨部门合作迅速提上日
程，美国国会的研究保障机构，如"国会研究处"（Congressional Re-
search Service）和"美国政府问责署"（Government Accountability Of-

　　① Ferdinand Eberstadt, *Unification of the War and Navy Departments and Postwar Organiza-tion for National Security: Report to Hon. James Forrestal, Secretary of the Navy*, Washington: U. S. Government Printing Office, 1945.

　　② United States Commission on Organization of the Executive Branch of the Government, 1947 –1949, *The Hoover Commission Report: On Organization of the Executive Branch of the Govern-ment*, New York: McGraw-Hill, 1949; Ralph F. Fuchs, "The Hoover Commission and Task Force Reports on Legal Services and Procedure", *Indiana Law Journal*, Vol. 31: Iss. 1, Article 1., 1955 Available at: http://www. repository. law. indiana. edu/ilj/vol31/iss1/1. 登录时间：2014 年 4 月 10 日。

　　③ Henry M. Jackson, *The National Security Council: Jackson Subcommittee Papers on Policy-Making at the Presidential Level*, New York: F. A. Praeger, 1965.

　　④ Congress Research Service, "Report by the Commission on the Organization of Government for the Conduct of Foreign Policy", available at: http://research. policyarchive. org/20213. pdf. 登录时间：2014 年 4 月 10 日。

　　⑤ National Commission on Terrorist Attacks, *The 9/11 Commission Report: Final Report of the National Commission on Terrorist Attacks Upon the United States*, New York: Cosimo, Inc., 2010.

fice，GAO）①也对相关问题给予高度关注，陆续发布多份有关国务院与国防部等机构跨部门合作的研究报告。"国会研究处"发布年度更新的《国家安全委员会：组织机构评估》报告，对政府在宏观层面决策协调措施的演变历史和国家安全委员会的组织机构进行跟踪研究；②"国会研究处"还发布多份有关联邦政府跨部门协调机制的报告，对联邦政府采取的加强跨部门合作措施进行综合评估，③并对当前国家安全体制的跨部门改革争论、加强文职部门海外执行任务的跨部门合作能力等议题进行综合分析。④"美国政府问责署"也对政府跨部门协调存在的障碍、加强机构间合作的措施、减少政府部门职能重叠等问题进行研究，⑤并就如何加强国会对国家安全战略、组织机构与人力的监管，如何改进跨部门职业发展规划进行分析，同时对加强跨部门协作所面对的挑战与解决方案进行研究。⑥

---

① "美国政府问责署"旧名是"美国审计总署"（General Accounting Office），2004 年 7 月 7 日改为现名。参见 Robert Longley，"About the Government Accountability Office：The Investigative Arm of the U. S. Congress"，available at：http：//usgovinfo. about. com/cs/uscongress/a/aboutgao. htm. 登录时间：2014 年 4 月 10 日。

② Richard A. Best Jr. , *The National Security Council：An Organizational Assessment*, CRS Report RL30840, Washington, DC：Congressional Research Service, January 2011.

③ Frederick M. Kaiser, *Formal Interagency Collaborative Arrangements and Activities*, CRS Report R41803, Washington, DC：Congressional Research Service, May 2011; *Federal Interagency Coordinative Mechanisms：Varied Types and Numerous Devices*, CRS Report RL31357, Washington, DC：Congressional Research Service, July 2002.

④ Catherine Dale, Nina M. Serafino & Pat Towell, *Organizing the U. S. Government for National Security：Overview of the Interagency Reform Debates*, CRS Report RL34455, Washington, DC：Congressional Research Service, April 2008; Nina M. Serafino, Catherine Dale & Pat Towell, *Building Civilian Interagency Capacity for Missions Abroad：Key Proposals and Issues for Congress*, CRS Report R42113, Washington, DC：Congressional Research Service, February 2012.

⑤ Government Accountability Office, *Managing For Results：Barriers to Interagency Coordination*, GAO/GGD – 00 – 106, March 2000; *Results-Oriented Government：Practices That Can Help Enhance and Sustain Collaboration Among Federal Agencies*, GAO – 06 – 15, October 2005; *Opportunities to Reduce Potential Duplication in Government Programs，Save Tax Dollars，and Enhance Revenue*, GAO – 11 – 318SP, March 2011.

⑥ Government Accountability Office, *Interagency Collaboration：Key Issues for Congressional Oversight of National Security Strategies, Organizations, Workforce, and Information Sharing*, GAO – 09 – 904SP, Sept. 2009; *National Security：An Overview of Professional Development Activities Intended to Improve Interagency Collaboration*, GAO – 11 – 108, Nov. 2010; *National Security：Key Challenges and Solutions to Strengthen Interagency Collaboration*, GAO – 10 – 822T, June 2010.

近年来，美国一些政要呼吁加强国务院与国防部等机构跨部门合作、推动国家安全体系改革。例如，2007 年 11 月，盖茨（Robert M. Gates）在"兰顿讲话"（Landon Lecture）中指出，美国未来必须加强国家其他部门在体制和资金方面的实力，实现跨部门力量整合，并综合运用国家权力各要素来应对国外的问题与挑战；他指出要加强统筹"软实力"和"硬实力"，制定新的《国家安全法案》。① 2008 年 4 月，在众议院武装力量委员会（House Armed Services Committee）听证会上，盖茨再次敦促："从长远角度看，要思考如何重组国家安全机构"。② 国务卿赖斯（Condoleezza Rice）也表达了相同的关切，她指出"21 世纪的挑战需要政府安全体制的各个部门作出改变，也需要更好地加强跨部门行动与协调。"③ 资深议员邓肯·亨特（Duncan Hunter）呼吁要"与时俱进地改进国家安全体系架构，适应 21 世纪的全面挑战"。④ 2008 年春，参议院外交关系委员会（Senate Foreign Relations Committee）就如何整合国家权力体系的军事与非军事力量举行一系列听证会；3 月 5 日，在一次讨论如何加强对外援助方面外交与军事合作的听证会上，委员会主席拜登（Joseph Biden）明确表示对制定《2009 年国家安全法案》感兴趣。⑤

与此同时，美国学界对政府外交决策跨部门合作的研究也不断深

---

① U. S. Department of Defense, "Landon Lecture, Kansas State University", available at：http：//www. defense. gov/speeches/speech. aspx？ speechid = 1199. 登录时间：2014 年 4 月 10 日。

② House Armed Services Committee hearing transcript, "Building Partnership Capacity and Development of the Interagency Process", April 15, 2008, available at：http：//armedservices. house. gov/pdfs/FC041508/GatesTestimony041508. pdf. 登录时间：2014 年 4 月 10 日。

③ House Armed Services Committee hearing transcript, "Building Partnership Capacity and Development of the Interagency Process", April 15, 2008, available at：http：//armedservices. house. gov/pdfs/FC041508/GatesTestimony041508. pdf. 登录时间：2014 年 4 月 10 日。

④ House Armed Services Committee hearing transcript, "Building Partnership Capacity and Development of the Interagency Process", April 15, 2008, available at：http：//armedservices. house. gov/pdfs/FC041508/GatesTestimony041508. pdf. 登录时间：2014 年 4 月 10 日。

⑤ Senate Foreign Relations Committee, "Strengthening National Security through Smart Power—a Military Perspective", March 5, 2008, available at：http：//www. gpo. gov/fdsys/pkg/CHRG – 110shrg45518/pdf/CHRG – 110shrg45518. pdf. 登录时间：2014 年 4 月 10 日。

入。自从 1947 年美国颁布《国家安全法》并成立国家安全委员会以来，学者的研究重心聚焦于政府机构国家层面的跨部门协调，尤其是国家安全委员会的职能及运作模式。安娜·奈尔森（Anna Nelson）回顾了国家安全委员会成立初期的历史，分析了杜鲁门对国家安全委员会职能定位和运作方式等发挥的作用。① 萨拉·塞尔（Sara L. Sale）研究了杜鲁门政府国家安全委员会的组织运作情况，以及冷战初期美国国家安全委员会在制定一系列重大政策过程中所发挥的作用。② 罗伯特·卡特勒（Robert Cutler）记录了艾森豪威尔时期国家安全委员会的组织结构和运作情况，并对委员会提供建议的渠道和方式提出见解。③ 还有许多学者从更宽泛的历史视角，对美国国家安全委员会的发展演变、政策协调方式、不同总统的管理风格、内阁幕僚的政治运作等进行了论述。如约翰·普拉多斯（John Prados）著《掌权者》，回顾了国家安全委员会从杜鲁门到老布什时期的发展过程，讲述了国家安全事务助理决策地位上升的演变史，刻画了政要幕僚的政治冲突与官场斗争。④ 大卫·罗斯科普夫（David Rothkopf）著《主宰世局》，讲述了国家安全委员会从创建初期到当代的历史，作者结合政策过程和政策本身，分析了国家安全委员会在协调政策过程中的运作方式、人物冲突及地位演变。⑤ 卡尔·因德弗斯（Karl Inderfurth）与洛克·约翰逊（Lock Johnson）合编的《重大决策——透视国家安全委员会》，系统地探讨国家安全委员会的历史沿革和运行情况，分析历届政府国

---

① Anna Kasten Nelson, "President Truman and the Evolution of the National Security Council", *The Journal of American History*, Vol. 72, No. 2, September 1985, pp. 360 – 378.

② Sara L. Sale, *Harry S. Truman, The Development and Operations of the National Security Council, and the Origins of United States Cold War Policies*, Ph. D. Dissertation, Norman, Oklahoma: The Graduate College of the Oklahoma State University, May 1991.

③ Robert Cutler, "The Development of the National Security Council", *Foreign Affairs*, Vol. 34, No. 3, April 1956, pp. 441 – 458.

④ John Prados, *Keepers of the Keys: A History of the National Security Council from Truman to Bush*, New York: Morrow, 1991.

⑤ David Rothkopf, *Running the World: The Inside Story of the National Security Council and the Architects of American Power*, New York: Public Affairs, 2005.

家安全委员会的经验教训，并对国家安全委员会与政府其他机构的关系等展开论述。①

　　国务院与国防部在国家层面的跨部门协调与总统、国家安全事务助理、国家安全委员会工作班子的角色密切相关。许多学者对总统在外交决策过程中的管理与风格进行研究，并对总统在政策协调过程中面临的阻碍、部门利益和顾问个性冲突等进行分析。② 也有学者专门研究总统的危机决策管理，表明决策团体的组织结构和管理模式对外交政策的影响。③ 学者对国家安全事务助理的研究主要集中在其角色定位、个性、管理风格等方面，通常认为成功的国家安全事务助理不仅要具备威望与实力，还要发挥"诚实的中间人"的作用。④ 克里斯托弗·舒马克（Christopher Shoemaker）对国家安全委员会工作班子的历史演变和职能任务等展开论述，并对改进工作班子的组织架构、

① Karl F. Inderfurth & Loch K. Johnson, eds., *Fateful Decisions: Inside the National Security Council*, New York: Oxford University Press, 2004.

② Alexander George, *Presidential Decisionmaking in Foreign Policy*, Boulder, CO: Westview Press, 1980; Thomas Preston, *The President and His Inner Circle: Leadership Style and the Advisory Process in Foreign Affairs*, New York: Columbia University Press, 2001; David Mitchell, *Making Foreign Policy: Presidential Management of the Decision-making Process*, Burlington VT: Ashgate Publishing Company, 2005; Peter W. Rodman, *Presidential Command: Power, Leadership, and the Making of Foreign Policy from Richard Nixon to George W. Bush*, New York: Alfred A. Knopf, 2009.

③ Patrick J. Haney, "The Nixon Administration and Middle East Crises: Theory and Evidence of Presidential Management of Foreign Policy Decision Making", *Political Research Quarterly*, Vol. 47, No. 4, Dec. 1994; *Organizing for Foreign Policy Crises: Presidents, Advisers, and the Management of Decision Making*, Ann Arbor, MI: University of Michigan Press, 2002; Paul T Hart, Karen Tindall & Christer Brown, "Crisis Leadership of the Bush Presidency: Advisory Capacity and Presidential Performance in the Acute Stages of the 9/11 and Katrina Crises", *Presidential Studies Quarterly*, Vol. 39, No. 3, September 2009.

④ Ivo Daalder & I. M. Destler, "The Role of the National Security Advisor,", Washington, DC: The Brookings Institution, October 25, 1999; *In the Shadow of the Oval Office: Profiles of the National Security Advisers and the Presidents They Served-From JFK to George W. Bush*, New York: Simon and Schuster, 2009; Colin Powell, "The NSC Advisor: Process Manager and More", *The Bureaucrat*, Vol. 18, No. 2, Summer 1989; John P. Burke, "The Contemporary Presidency: Condoleezza Rice as NSC Advisor: A Case Study of the Honest Broker Role," *Presidential Studies Quarterly*, Vol. 35, No. 3, Sept. 2005: 554–575; *Honest Broker?: The National Security Advisor and Presidential Decision Making*, College Station: Texas A&M University Press, 2009.

人员规模和构成等提出建议。① 上述著作为研究国务院与国防部在国家安全委员会体制下的政策协调提供了丰富的材料支撑。

"9·11"事件后，学界研究的重点集中在分析跨部门合作的有益经验、不足，以及评估既有协调机制架构及改进措施等方面。伽伯利尔·马西拉（Gabriel Marcella）编《国家大事：跨部门合作与国家安全》，对外交决策领域跨部门合作问题作了系统阐述，其中包括对国务院与国防部现有跨部门合作机制的分析。② 一些学者对国防部和国务院在部门层面和基层的跨部门协调机制进行了梳理，并就如何改进当前措施提出建议。③ 还有学者对国务院与国防部在非战争军事行动的协调机制进行探讨，分析经验及不足，并提出改进建议。④ 也有学者对驻外使馆和联合作战司令部的跨部门协调机制进行研究分析。⑤

总而言之，国外理论界对外交决策过程的研究已经相当深入，其中"官僚政治模型"和"政治过程模型"已成为决策分析与政策分

---

① Christopher C. Shoemaker, *The NSC Staff: Counseling the Council*, Boulder, CO: Westview, 1991; "The NSC Staff: Rebuilding the Policy Crucible", *Parameters*, Vol. 19, No. 3, Sept. 1989: 35 – 45.

② Gabriel Marcella, *Affairs of State: The Interagency and National Security*, Carlisle Barracks, Pennsylvania: Strategic Studies Institute, 2008.

③ Robert S. Pope, *U. S. Interagency Regional Foreign Policy Implementation: A Survey of Current Practice and an Analysis of Options for Improvement*, Maxwell Air Force Base, Alabama: Air University, April 2010; Howard J. T. Steers, *Bridging the Gaps: Political-Military Coordination at the Operational Level*, Newport, RI: Naval War College, May 2001.

④ James J. Hearn, *Departments of State and Defense—Partners in Post-Conflict Operations*, *Is This the Answer for Past Failures?* Carlisle Barracks, PA: U. S. Army War College, March 2006; Neyla Arnas, Charles Barry & Robert B. Oakley, *Harnessing the Interagency for Complex Operations*, Fort Lesley McNair, Washington: Center for Technology and National Security Policy, National Defense University, August 2005; Lew Irwin, "Filling Irregular Warfare's Interagency Gaps", *Parameters*, Vol. 39, No. 3, Autumn 2009.

⑤ Robert B. Oakley & Michael Casey, Jr., "The Country Team: Restructuring America's First Line of Engagement", *Strategic Forum*, No. 227, September 2007; Christopher J. Lamb & Edward Marks, *Chief of Mission Authority as a Model for National Security Integration*, Washington, D. C.: National Defense University Press, December 2010; Jon Gundersen, "Protecting U. S. National Interests: The Role of the Ambassador and the Country Team", *Small Warfare*, Vol. 11, No. 4, Fall 1998; Howard D. Belote, "Proconsuls, Pretenders, or Professionals? The Political Role of Regional Combatant Commanders", *Essays 2004: Chairman of the Joint Chiefs of Staff Strategy Essay Competition*, Washington DC: National Defense University Press, 2004.

析的常用工具。国外学界对国务院与国防部在外交决策领域的互动也有广泛深入的探讨，既有决策层面的分析，又有政策执行层面的阐述，许多学者本身也是政策过程的参与者，他们能以亲历者的视角，提出有洞察力的见解。但国外的研究也存在不足，主要体现在主观上对美国国务院与国防部在顶层和部门层面的协调机制割离开来——一部分学者采用决策分析的视角，研究国家安全委员会的运作、国家安全事务助理的角色、总统的管理风格等问题；而另一部分学者则探讨国务院与国防部部门之间或基层的跨部门合作，对国家层面的协调问题研究甚少。由此导致缺乏将国务院与国防部协调机制从国家层面到基层的整体阐述。笔者认为，只有从上到下系统地阐述国务院与国防部协调体制，才能更好地体现两大部门在外交政策从制定到执行诸环节的互动与合作，才能更深入地理解美国外交政策过程。

（二）国内研究现状

相对于外交史和外交政策，国内学界对外交机构的关注程度普遍不高，相关的研究论著也比较少，针对外交机构协调机制的研究更是凤毛麟角。国内学者涉及上述机构的研究多是从一国外交决策机制的角度入手，分析介绍相关政府机构或部门领导在外交决策中的影响。通过对国内学界的相关文献进行梳理，下文拟分两部分对国内研究现状作出阐述。

1. 外交决策过程研究

20 世纪 80 年代后，中国学术界开始对西方国家外交决策理论进行介绍并对外交决策展开研究。近年来中国学者对美国外交决策和政策制定过程的研究不断加强，涌现出了一大批学术成果。唐晓对美国外交决策机制进行了宏观梳理，分别对总统及政府决策机构、国会、利益集团、公众舆论的影响进行论述。① 冯玉军对外交政策研究中的决策理论进行述评，指出研究外交决策模式的意义在于将不同模式应

---

① 唐晓：《美国外交决策机制概论》，《外交学院学报》1996 年第 1 期，第 48—54 页。

用于外交决策研究，以免产生狭隘、片面的分析。① 刘文祥利用"漏斗"和"同心圆"两种不同的解释视角，对影响美国对外决策的机构进行分析。② 张清敏在美国外交决策及政策制定过程领域的研究成果丰富，他陆续发表多篇文章，对外交决策分析的流派和视角进行评述，并结合美国售台武器问题，对影响美国外交政策的官僚政治等因素进行多角度分析。③ 周琪对外交决策的官僚政治模式进行了系统评述，得出该模式是研究美国外交决策首要方法的论断；④ 由她主编的《美国外交决策过程》从官僚政治理论切入，对美国外交决策过程各层次的影响因素进行系统论述，其中包括对国务院、国防部等机构多角度的探讨。⑤ 沈本秋从体系、国家、社会、组织以及个体等视角梳理了美国对外政策决策的众多理论模式，指出应在不同条件下选择不同的理论模式解释问题。⑥ 此外，近年有数本有关外交政策分析的著作陆续出版，极大地充实了该领域的研究。⑦

值得一提的是，许多研究中美关系的著作也对美国外交决策机制和外交政策制定执行过程进行了探讨，如邓鹏等著《剪不断理还乱：

---

① 冯玉军：《对外政策研究中的决策理论》，《世界经济与政治》2000 年第 2 期，第 30—34 页。

② 刘文祥：《影响美国对外决策的机构》，《国际论坛》2000 年第 4 期，第 68—73 页。

③ 张清敏：《外交政策分析的三个流派》，《世界经济与政治》2001 年第 9 期，第 18—23 页；张清敏：《"小集团思维"：外交政策分析的特殊模式》，《国际论坛》2004 年第 2 期，第 74—78 页；张清敏：《外交决策的微观分析模式及其应用》，《世界经济与政治》2006 年第 11 期，第 15—23 页；张清敏：《美国对台军售的官僚政治因素》，《国际政治科学》2006 年第 1 期，第 28—61 页。张清敏、罗斌辉：《外交决策模式与美国对台军售政策决定因素分析》，《美国研究》2006 年第 3 期，第 29—48 页；张清敏：《美国对台军售政策研究：决策的视角》，世界知识出版社 2006 年版。

④ 周琪：《官僚政治模式与美国外交决策研究方法》，《世界经济与政治》2011 年第 6 期，第 34—51 页。

⑤ 周琪主编：《美国外交决策过程》，中国社会科学出版社 2011 年版。

⑥ 沈本秋：《美国对外政策决策的分析——层次、视角与理论模式》，《世界经济与政治》2011 年第 4 期，第 122—142 页。

⑦ 熊志勇主编：《美国政治与外交决策》，北京大学出版社 2007 年版；张历历：《外交决策》，世界知识出版社 2007 年版；韩召颖：《美国政治与对外政策》，天津人民出版社 2007 年版；王鸣鸣：《外交政策分析：理论与方法》，中国社会科学出版社 2008 年版。

美国外交与美中关系》，单列一章对美国的外交理念与决策机制进行
论述；① 杨洁勉著《后冷战时期的中美关系外交政策比较研究》、郝
雨凡著《白宫决策：从杜鲁门到克林顿的对华政策内幕》均对美国
的外交决策机制进行了剖析。② 另外，国内出版的多部译著对美国外
交政策过程及国务院与国防部的角色亦有深入论述。③

2. 国务院、国防部及跨部门协调机制研究

国内学者对美国国务院和国防部在外交政策过程中的角色和作用
论述不多，研究视角和领域也比较零散。李旭对国务院在小布什政府
对华政策过程中所发挥的作用进行分析，指出国务院发挥着对鹰派立
场的"平衡器"、白宫政策的"回音壁"的作用。④ 豆艳荣探讨了美
国国务卿杜勒斯在美日媾和中所发挥的协调作用。⑤ 刘文锋对 20 世纪
50 年代两次台海危机时期美国国务院与国防部之间政策冲突与协调
进行了分析。⑥ 徐艳秋研究了美国国务院和国家安全委员会的"决策
中层"对美国外交政策的影响。⑦ 江澄对 21 世纪初期美国外交机构
的调整进行研究，其中涉及国务院、国家安全委员会等机构。⑧

---

① 邓鹏、李小兵、刘国力：《剪不断理还乱：美国外交与美中关系》，中国社会科学
出版社 2000 年版，第 195—218 页。

② 杨洁勉：《后冷战时期的中美关系外交政策比较研究》，上海人民出版社 2000 年
版；郝雨凡：《白宫决策：从杜鲁门到克林顿的对华政策内幕》，东方出版社 2002 年版。

③ ［美］约翰·普拉多斯：《掌权者——从杜鲁门到布什》，封长虹译，时事出版社
1992 年版；［加］夏尔 - 菲利普·大卫：《白宫的秘密：从杜鲁门到克林顿的美国外交决
策》，李旦等译，中国人民大学出版社 1998 年版；［加］夏尔 - 菲利普·戴维、路易·巴尔
塔扎、于斯丹·瓦伊斯：《美国对外政策：基础、主体与形成》，钟震宇译，社会科学文献
出版社 2011 年版；［美］赫德里克·史密斯：《权力游戏——华盛顿是如何工作的》，肖峰、
姬金铎等译，中国人民大学出版社 1991 年版。

④ 李旭：《小布什政府对华政策决策过程中的美国国务院》，复旦大学硕士学位论文，
2009 年，第 36 页。

⑤ 豆艳荣：《杜勒斯与美日媾和》，《历史教学》2004 年第 10 期，第 27—31 页。

⑥ 刘文锋：《两次台海危机时期美国对台政策研究》，西北师范大学硕士学位论文，
2010 年。

⑦ 徐艳秋：《决策中层与美国外交决策——肯尼迪和约翰逊政府对华政策解析
（1961—1968）》，上海外国语大学博士学位论文，2008 年。

⑧ 江澄：《21 世纪初期美国外交机构的调整研究》，外交学院硕士学位论文，2010 年
6 月。

　　国内学者对美国国务院与国防部跨部门协调机制的研究比较少，相关著述主要集中在决策领域，尤其是在国家安全委员会体制下的政策协调研究。李志东对国家安全事务助理在外交事务中的作用进行了论述，并分析了国家安全事务助理拥有巨大权力的原因。① 朱婧以"多方辩护理论"为视角，分析美国国家安全委员会在外交政策过程中的协调和管理作用，对影响决策质量的因素进行探讨。② 夏立平对国家安全委员会在美国对外、对华政策中的作用进行论述，并对其演变阶段进行分析。③ 郭永虎对 20 世纪 50 年代美国制定和执行西藏政策的跨部门过程进行研究，探讨总统、国家安全委员会、国务院、国防部和中情局之间的互动。④

　　值得一提的是，中国共产党的十八届三中全会决定成立国家安全委员会以来，国内学术界对世界各国国家安全委员会的兴趣骤增，涌现出一批研究成果。孙成昊撰文对奥巴马政府时期的美国国家安全委员会的调整、奥巴马与国家安全委员会的互动及国家安全委员会未来可能的变化进行分析；⑤ 他还对美国国家安全委员会的模式变迁进行论述，并总结相关经验和教训。⑥ 张骥从制度视角，分析各国国家安全委员会产生的原因、制度基础、构建理念和具体制度设计，提出国家安全委员会的政治地位、职权功能和运作方式应与各国基本政治制

---

① 李志东：《国家安全顾问在美国外交事务中的作用》，《解放军外国语学院学报》1998 年第 2 期，第 115—121 页。

② 朱婧：《"多方辩护理论"与美国国家安全委员会的决策机制》，《湖北行政学院学报》2009 年第 5 期，第 91—96 页。

③ 夏立平：《美国国家安全委员会在美对外和对华政策中的作用》，《国际观察》2002 年第 2 期，第 9—14 页。

④ 郭永虎：《20 世纪 50 年代美国制定和执行西藏政策的跨部门分析》，《东北师大学报》（哲学社会科学版）2011 年第 2 期，第 81—85 页。

⑤ 孙成昊：《奥巴马对美国国家安全委员会的调整评析》，《国际研究参考》2014 年第 1 期，第 8—14 页。

⑥ 孙成昊：《美国国家安全委员会的模式变迁及相关思考》，《现代国际关系》2014 年第 1 期，第 28—35 页。

度和实际安全需要相适应的观点。① 彭光谦主编《世界主要国家安全机制内幕》，对各国国家安全委员会的组织架构、职能任务、运作模式、效果评估等进行分析，并从各国国家安全机制建设提炼一般规律和经验教训。② 由于国家安全委员会是国务院与国防部在国家层面政策协调的主要平台，上述研究成果对于深化理解两部门在国家层面的跨部门协调机制提供了重要支撑。

此外，国内不少学者对国外政府跨部门合作机制进行研究，尽管大多数研究属于管理学领域理论问题的探讨，与外交政策无关，但这些著述对本书的研究提供了有益的理论借鉴。③

综上所述，国内学界对外交政策过程的研究主要集中在外交决策理论与实践的阐述，对美国国务院与国防部的研究大多限于两者在国家安全委员会框架下的政策互动。与西方相比，国内对美国国务院与国防部在国家安全委员会体制之外的政策协调与互动研究比较薄弱，对两部门之间协调机制的研究更是寥寥无几。这一方面导致本书难以得到国内学者相关论述的有力支撑，另一方面也给笔者尝试填补该研究领域的空缺留下了空间。

四　研究问题与假设

本书从外交决策过程的视角切入，以"美国国务院与国防部协调机制"为研究对象，旨在解答以下问题：（1）美国国务院与国防部协调机制经历了怎样的发展演变过程？（2）推动该协调机制演变的

---

① 张骥：《比较视野下的国家安全委员会》，《现代国际关系》2014 年第 3 期，第 22—29 页；张骥主编：《世界主要国家国家安全委员会》，时事出版社 2014 年版。

② 彭光谦主编：《世界主要国家安全机制内幕》，江苏人民出版社 2014 年版。

③ 参见周志忍：《整体政府与跨部门协同——〈公共管理经典与前沿译丛〉首发系列序》，《中国行政管理》2008 年第 9 期，第 127—128 页；蔡翔、赵君：《组织内跨部门合作的内涵及其理论阐释》，《科技管理研究》2008 年第 6 期，第 268—269 页；孙迎春：《国外政府跨部门合作机制的探索与研究》《中国行政管理》2010 年第 7 期，第 102—105 页；朱玉知：《跨部门合作机制：大部门体制的必要补充》，《行政与法》2011 年第 10 期，第 13—16 页。

因素有哪些？（3）当前该协调机制形成了怎样的架构？（4）该协调机制如何运作？有何特点？运行效果如何？（5）该协调机制对他国外交与军事部门协调机制建设有何借鉴意义？

相关研究假设如下：

（1）美国国务院与国防部协调机制经历了从简单到复杂、从国家层面直至一线基层逐渐完善的过程。

（2）美国国务院与国防部协调机制是随着美国国家利益的拓展，在国际战略环境和国内政治因素共同塑造下得以建立并不断演进的，其演进是满足不同历史时期外交决策的需要。

（3）当前美国国务院与国防部协调机制已形成国家层面、部门层面和一线基层的梯次架构，在各层级具备相对完善的组织机构、运作规则和运行程序，这些共同构成了当前美国外交与军事政策的协调机制。

（4）美国国务院与国防部协调机制在各层级的运作遵循相应的规则和程序，在机构设置、协调规则、人员配备和协调方式等方面形成了突出的特点，总体而言，协调机制运行产生了积极的效果。

（5）美国国务院与国防部协调机制对于其他国家外交与军事部门协调机制建设具有积极的借鉴意义，在协调机制建设应具备的主客观条件、加强协调机制建设的具体举措、保障协调机制有效运行和良性发展等方面都提供了有益的启示。

五　研究内容与框架

本书从外交决策过程的视角，选取美国国务院与国防部的协调机制为研究对象，考察该机制的演变过程、整体架构、运作情况及效果，从而深化对协调机制运行机理的认识，提炼可资借鉴的一般经验。具体而言，本书纵向以协调机制的历史演变为主线，梳理该机制在不同阶段的发展情况；横向以研究协调机制的整体架构为导向，阐述该机制从上到下的机构设置、运作规则和运行程序，并考察其在外交政策过程的实际运作情况。在此基础上，分析协调机制演变的原因，提炼归纳协调机制的特点，评价协调机制的运行效果，并对影响协调机制运行效果的因素进行阐述。最后，就国家外交与军事部门协调机制建设提供启示与建议。研究重点着眼于两个层面：实证层面阐述协调机制的历史演变、整体架构和运作方式；理论层面分析协调机制的沿革动因、总体特点、运行效果和机制运行的影响因素。

论文包括绪论、五章正文及结语，共七部分。

绪论部分对选题由来及意义、核心概念界定、研究现状、研究问题与假设、主要内容与研究框架、研究方法与创新等进行说明。

第一章在论述美国外交决策过程及其影响因素的基础上，阐述美国国务院与国防部的历史沿革、当前职能、组织机构和部门文化，并分析国务院与国防部政策协调的必要性、主要协调领域和协调类型。

第二章回顾美国国务院与国防部协调机制的历史沿革。本书将两部门协调机制的发展过程宏观分为孕育及萌芽期、建立与发展期、稳定与成熟期三大阶段，在论述各阶段协调机制架构和运作特征的同时，对促使机制演变的原因作出阐释。

第三章详细阐述了奥巴马政府国务院与国防部协调机制的整体架构与特征。包括国家层面、部门层面以及一线基层的机构设置、运作规则、运行程序和特点等。

第四章选取伊拉克战争为案例，研究美国国务院与国防部协调机制的实际运作和实施效果。重点包括战前决策阶段在国家安全委员会框架下的政策协调，计划制定阶段在部门层面的协调，战后重建阶段在一线基层的协调。

第五章对美国国务院与国防部协调机制进行评价分析，并对加强国家外交与军事部门协调机制建设的启示进行阐述。主要包括对推动协调机制演变的原因进行分析，对当前协调机制的特点和运行效果作出评价，以及对机制运行的影响因素进行阐述，在综合分析的基础上提出六条启示。

结语部分阐述了论文主要的研究发现，并对研究前景进行展望。

六 研究方法与创新

"研究方法就是研究人员为实现研究目标所选取和使用的手段。"[1] 本书的宏观指导方法是定性分析，并综合采用文献研究法、历史研究法、比较研究法、制度研究法、案例研究法等多种研究方法。[2]

本书采用文献研究法对美国政府的官方文件、政府官员的回忆录或访谈录、学者的有关著述，以及媒体的相关报道进行梳理，在综合分析的基础上确定本书的研究框架和总体思路。其中政府的官方文件（包括总统的行政命令、国会听证记录及研究报告、国防部的相关条令与命令、国务院的相关文件等）提供了对国务院与国防部协调机制的体制架构和制度安排进行分析的依托，学者的研究著述提供了对相关问题丰富深入的探讨，政府官员的回忆录为本书提供了生动的一手素材，媒体的报道评论为分析问题提供了多方位视角。通过对大量一手和二手文献资料的研究整理，本书的论述得到了丰富的事实和理论支撑。

本书利用历史研究法，把美国国务院与国防部协调机制的演变历程置于特定的历史背景中进行研究，对该机制在不同历史阶段的特点

①　阎学通、孙学峰：《国际关系研究实用方法》，人民出版社 2007 年版，第 20 页。

②　鉴于分析视角的差异，学者对政治学研究方法尚无统一定论，国内多部政治学著作对研究方法的归类差别较大，仅举两例加以说明：燕继荣认为，政治学研究方法一般分为传统和现代两大类，其中传统法包括哲学研究、历史研究、制度研究等，现代法包括社会学、经济学、心理学、政治系统分析、政治沟通分析等，另外，他将马克思主义研究方法单独列为一类；而陈振明则将政治学研究方法分为六大类，分别是经济分析、阶级分析、历史、比较、跨学科和计量方法。参见燕继荣：《政治学十五讲》，北京大学出版社 2004 年版，第 59—63 页；陈振明、陈炳辉主编：《政治学：概念、理论和方法》，中国社会科学出版社 2007 年版，第 67—73 页。国外学者对研究方法的阐述也迥异，参见 David Marsh & Gerry Stoker, *Theories and Methods in Political Science*, New York: Palgrave Macmillan, 2010, pp. 181 –324; Robert K. Yin, *Case Study Research and Design*, Thousand Oaks, California: Sage Publications, Inc., 2003, p. 1.

进行分析，对机制发展的一般规律进行提炼。

本书运用比较研究法，对国务院与国防部协调机制在不同总统任期的特征进行纵向比较，通过比较进行鉴别，有助于克服片面性，开阔视野，深化认识，探求协调机制发展的规律。更重要的是，通过比较方法和历史方法的结合，对协调机制在不同历史阶段的表现进行比较研究，避免主观臆断，保证了研究的客观性。

本书使用制度研究法对美国行政部门两大机构的协调机制进行探讨。"制度研究方法注重对正式的政治制度的结构、关系和原则的研究。传统政治学研究中，制度研究经常被用于立法、行政和司法等政治组织和制度的研究方面。"① 本书的研究对象是美国国务院与国防部的协调机制，是对行政部门的政治组织形式和制度的细致考察，目的是对国务院与国防部协调机制的架构、部门间关系和机制运行规则等进行系统研究。

本书还采用案例研究的方法，选取伊拉克战争为案例，分析美国国务院与国防部协调机制从战前决策到战后重建整个过程的运作情况，在案例基础上对机制运作过程进行针对性考察，对机制运作特点进行准确阐释，对机制发挥的效果进行深入评估。

本书拟在以下几个方面实现创新：

第一，本书的选题具有前瞻性和针对性。笔者认为，国家经济实力的崛起必将带来国家利益的拓展，进而催生国家统筹运用外交和军事手段保护国家利益的需求，这必然对加强外交与军事部门协调机制建设提出新要求，因此笔者选取美国国务院与国防部协调机制为研究对象，总结其机制运作的经验和教训以期对国内外交决策机制研究的理论发展有所贡献。

第二，本书拟在跨学科交叉领域研究作出突破。本书研究横跨政治学和管理学两个一级学科，具体而言，涉及政治学的国际政治学和

① 燕继荣：《政治学十五讲》，北京大学出版社 2004 年版，第 59 页。

行政学，以及管理学的公共管理学和组织行为管理学。① 本书博采众长，通过研读上述学科的理论和实践著述，在汲取各领域专家学者论述的基础上，实现对外交政策领域跨部门协调的理论阐述和实践分析，在跨学科研究方面作出积极尝试。

第三，本书对美国国务院与国防部协调机制的研究具有开创性。首先，国内研究美国外交政策的学者较少关注国务院与国防部两个部门在机制上的协调，本书从体制机制层面考察和研究它们协调机制的形成、演变和发展，更清晰地说明了美国外交政策的制定过程。其次，本书将美国外交政策协调机制分为国家、部门、基层三个层次，清晰建立了美国外交政策协调机制的分析框架。国内学者很少从"上、中、下"三个层面阐述美国外交政策的制定过程，本书力戒单维度分析研究，把美国国务院与国防部在高层、中层和下层的协调机制统揽考察，更全面地展现美国外交政策的制定过程，并搭建起对美国外交政策协调机制进行分析的框架。再次，本书在综合分析的基础上，对加强国家外交与军事部门协调机制建设的必要性、可行性和具体措施等方面提出六条启示。因此，本书在研究美国国务院与国防部协调机制的历史演变和全面架构方面具有开创性，为丰富美国外交政策跨部门协调领域的研究做出了积极贡献，为他国借鉴美国外交政策跨部门协调的经验提供了有益参考。

---

① 参见全国哲学社会科学规划办公室《国家社会科学基金项目申报数据代码表》，2014 年。（笔者按：目前国家不同权威机构对人文社会科学学科分类的标准并不统一，相关论述可参见袁曦临、刘宇、叶继元《人文、社会科学学科分类体系框架初探》，《大学图书馆学报》2010 年第 1 期，第 35—40 页）

第一章 美国外交决策过程中的
国务院与国防部

美国哈佛大学教授厄内斯特·梅（Ernest R. May）曾这样描述美国外交政策制定的场景：

> 每周四早上，国家安全委员会成员都围坐在白宫内阁厅一张巨大的长桌旁。桌上摆放着国家政策议题的审议简报。简报由国家安全委员会工作班子起草，汇总了多家机构和部门的观点。在委员会讨论过程中，各成员和顾问会将这些观点重新梳理一遍。国务卿和其他人员提出政策议题的适当建议，国防部长和参谋长联席会议主席则陈述各种行动方案的军事风险，然后由总统作出决定。这样美国就制定出新的外交政策，或者对既定外交政策做出新调整。①

上述情景展现了美国总统利用国家安全委员会机制对国务院和国防部意见进行协调的一个片段，也体现了美国国务院和国防部在外交决策过程中所发挥的重要作用。事实上，美国的外交政策过程要复杂得多，涉及不同政府部门、官僚机构、党派政治、利益团体、媒体舆论以及国际环境等因素的影响。本章旨在分析美国外交

---

① Ernest R. May, "The Development of Political-Military Consultation in the United States", *Fateful Decisions*: *Inside the National Security Council*, eds., Karl F. Inderfurth & Loch K. Johnson, New York: Oxford University Press, 2004, p. 7.

政策过程的特征和影响因素，并对国务院与国防部的历史演变、职能作用、组织机构、部门文化进行总体阐述，从理论层面对部门间的政策协调进行论述。

第一节 美国外交决策过程的理论视角

美国政治学家罗赛蒂指出，"外交决策过程，即外交决策的政治，指的是政府决定和政策如何提上议程，如何制定并予以执行"。① 因美国独特的政治体制，其外交决策过程具有鲜明的美国特色。本节通过阐述美国外交决策过程的特点，旨在分析美国国务院与国防部进行互动的政治环境；通过介绍美国外交决策过程的静态和动态分析模型，旨在剖析美国外交政策过程的影响因素和主要环节；此外，本节利用分析模型，直观地阐述了美国国务院与国防部在外交决策过程中的相对地位，并对两大机构在各环节发挥的作用进行说明。

一 美国外交决策过程特点

美国外交决策过程是一个参与角色多元、权力相当分散、高度政治化的复杂过程，具体表现如下：②

（一）角色与机构多元化

美国外交政策过程参与角色与机构众多，除美国总统外，还包括总统顾问、行政部门的高层官员、外交政策官僚机构、国会、法院、

---

① Jerel A. Rosati & James M. Scott, *The Politics of U. S. Foreign Policy*, Boston, MA：Wadsworth, 2011, p. 5.

② Ibid. , pp. 5 – 6；Eugene R. Wittkopf, Christopher Martin Jones & Charles W. Kegley, *American Foreign Policy：Pattern and Process*, Belmont, CA：Cengage Learning, 2008, p. 17；Clayton K. S. Chun & Frank L. Lones, "Learning to Play the Game：The National Security Policy-making Process", *Affairs of State：The Interagency and National Security*, ed. by Gabriel Marcella, Carlisle, PA：U. S. Army War College, 2008, pp. 179 – 181.

州政府与地方政府、公众、政党、利益团体、媒体等；此外，社会运动、国际组织和国外政府等都可能对外交决策施加影响。由于不同角色与机构对同一政策问题的视角不同，利益诉求各异，都想将拥护的议程变为外交政策，这些因素使得外交决策过程变得异常复杂。

（二）权力分散化和碎片化

在美国外交决策过程中，权力高度分散于不同参与者手中，且参与者针对不同的政策议题所能施加的影响也不同。这表现在没有任何一个角色或机构能够明确决定政策结果。总统虽然在外交决策过程中扮演关键角色，但"三权分立"的制度设计使总统权力受国会和法院制衡，同时总统在政策制定和执行方面还受官僚机构的制约。正如理查德·纽斯塔特（Richard E. Newstadt）所言，总统一般都是在使用命令或劝说方法中作出选择。[①]就美国国务院与国防部而言，通常国务院在外交政策（diplomatic policy）议题方面较之其他行政机构拥有更大的主导权，而国防部在防务与军事政策议题方面拥有主导权。权力分散化和碎片化带来的直接影响，就是能否有效协调并整合不同部门和机构的立场，往往决定着外交政策能否顺利制定或执行。

（三）政策过程政治化

政治学家拉斯韦尔（Harold D. Lasswell）称，政治即是"谁得到什么，什么时候得到及如何得到"。[②]该定义强调政治是涉及得失、利益与成败的较量，是不同人物和势力相互角力的结果。美国外交政策过程也涉及个人和团体之间的竞争，涉及权力在整个政府和社会中的流动和消长，正是在这种政治过程中国家利益才得以界定。正如马西拉所言，政策过程涉及"各种不同的个人和复杂的机构，他们具有不同的文化观和世界观，对于什么有利于国家利益、如何追求国家利

---

① Richard E. Neustadt, *Presidential Power*, *The Politics of Leadership*, New York: John Wiley and Sons Inc. , 1976, pp. 77 - 100.

② Harold D. Lasswell, *Politics*: *Who Gets What*, *When and How*, New York: McGraw-Hill, 1938.

益持不同见解，所有这一切都因保护和扩展地盘使然"。① 通过权力博弈，不同机构或个人的政策特权得到确立，各种矛盾和分歧通过协商或妥协达成一致，外交政策就是在这种政治环境中得以制定并执行。

总之，美国外交决策过程的复杂性给政策的制定与执行带来巨大的挑战。同时，由于外交政策涉及领域的广泛性以及外交政策对国际和国内的双重影响，政府在制定政策时必须通盘考虑，统筹协调，努力保证政策的统一性和一致性。因此，建立跨部门、跨领域的协调机制是有效制定与执行外交政策的必然要求。从这种意义上讲，美国国务院与国防部的协调机制是其整个外交决策过程的有机组成部分。

二 美国外交决策过程的分析模型

鉴于美国外交决策过程的复杂性，学者提出不同的分析模型，在理论层面上抽象且直观地呈现各种因素对外交政策的影响，或者展示外交决策过程的步骤与环节。例如，"同心圆"和"漏斗"模型分别体现了相关因素对外交决策过程的影响力和整体施加影响的方式；动态过程模型则呈现了外交政策过程的各个环节。

（一）"同心圆"分析模型

美国学者罗杰·希尔斯曼最先提出将美国外交政策过程比作一系列"同心圆"的构想（图 1.1）。② 后来这种分析模式被许多学者借鉴或采用。③

---

① Gabriel Marcella, "National Security and the Interagency Process", *U. S. Army War College Guide to National Security Issues*, ed. by J. Boone Bartholomees, Carlisle, PA: U. S. Army War College, 2008, pp. 35 – 36.

② Roger Hilsman, *To Move a Nation*, New York: Doubleday, 1967, pp. 541 – 544.

③ James M. McCormick, *The Domestic Sources of American Foreign Policy: Insights and Evidence*, Lanham, Maryland: Rowman & Littlefield Publishers, Inc., 2012, pp. 158 – 160; Eugene R. Wittkopf, Christopher Martin Jones & Charles W. Kegley, *American Foreign Policy: Pattern and Process*, Belmont, CA: Cengage Learning, 2008, pp. 328 – 330; John W. Spanier & Eric M. Uslaner, *American Foreign Policy Making and the Democratic Dilemmas*, New York: Macmillan Publishing Company, 1994, pp. 28 – 30.

　　在"同心圆"分析模型中，居于外交决策过程权力核心的是总统、总统顾问、重要的政治任命官员（如国务卿、国防部长、国家情报总监以及与决策执行密切相关的副部长或助理部长）。原则上，美国的重大外交政策是由核心圈的人员制定的。

　　从内向外处于同心圆第二层的是行政分支各部门机构、其他职业官员（非核心圈官员）。第二层也包括在外交政策领域的次要机构，或者主管国内事务但需在外交政策议题提供意见或建议的部长，或者是核心外交政策机构的中层官员、总统顾问等。换言之，第二层包括为政策执行提供延续性的官员和机构，他们的主要任务是为高层决策者提供必要信息，并将决策付诸实施。①

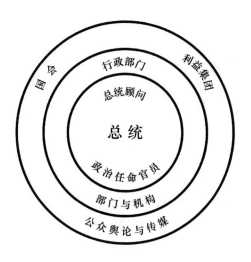

图 1.1　外交政策制定的"同心圆"模型②

　　居于最外层的是被称为"公共层次"（public circle）的因素，包括国会、利益集团、公众舆论和传媒。根据希尔斯曼的模型，这一层

---

　　①　Eugene R. Wittkopf, Christopher Martin Jones & Charles W. Kegley, *American Foreign Policy: Pattern and Process*, Belmont, CA: Cengage Learning, 2008, pp. 329 – 330.

　　②　Eugene R. Wittkopf, Christopher Martin Jones & Charles W. Kegley, *American Foreign Policy: Pattern and Process*, Belmont, CA: Cengage Learning, 2008, p. 330.

次的机构、团体和个人在日常外交政策过程中的参与程度最低。

从"同心圆"的分析模型可以看出，相关机构和人员离圆心越近，在外交政策过程占据的地位就越关键，影响力就越强；反之，离圆心越远，政策参与程度就越低，影响力就越弱。因此，美国的重大外交政策议题或危机处理政策通常由核心层决定；一项外交政策往往随着决策过程延长，会从核心层逐渐转移到更外的层次。

（二）"漏斗"分析模型

罗森诺认为，国际政治中影响国家行为的因素可以分为五大类，分别是国外（国际）环境、社会环境、政策制定的政府环境、决策者的角色（roles）、决策精英的个性特征。① 基于这一论断，维特科普夫提出美国外交政策分析的"漏斗"模型（图 1.2），他认为这一模型有助于对美国外交政策的影响因素进行系统分析，并可作为评估美国在国际政治方面表现和美国外交政策发展方向的指导方针。②

从图 1.2 可以看出，"外交政策输入"（Foreign Policy Inputs）包括国外因素、社会因素、政府因素、角色因素和个人因素。这些因素对美国对外活动的目标、方式和手段施加影响，而美国对外活动的目标、方式和手段则可被视为外交政策过程的"输出"（output）。外交决策过程是将输入转化为输出的过程，即美国决策者作出抉择、决定外交政策方向的过程。漏斗模型直观地体现了五大影响因素如何相互联系且逐级制约，决策者个人受其政策制定者角色的约束；角色由其在政府机构中担任的职务所决定；而政府又在更大范围的社会背景下运作并受其影响；社会背景又存在于更大的国际环境中，从而受到其

---

① James N. Rosenau, "Pretheories and Theories of Foreign Policy", *Approaches to Comparative and International Politics*, ed. by R. Barry Farrell, Evanston, IL: Northwestern University Press, 1966, pp. 27 – 92.

② Eugene R. Wittkopf, Christopher Martin Jones & Charles W. Kegley, *American Foreign Policy: Pattern and Process*, Belmont, CA: Cengage Learning, 2008, p. 18.

他国家、非国家行为体和全球趋势或议题的影响。①

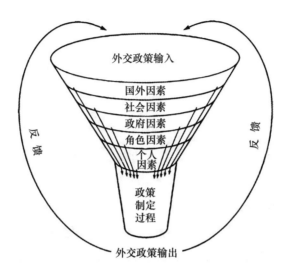

图 1.2　外交决策过程的"漏斗"分析模型②

在"漏斗"分析模型中，国外因素指的是国际体系的属性以及构成体系的国家与非国家行为体的特征和行为。其中包括美国国外环境的各个方面，以及国外正在发生、可能影响官员选择权的行动，如现实地缘位置、来自潜在侵略国意识形态的挑战等。同样，权力分配的变化、相互依存度的提高、全球化的扩展等也被列入国外因素。广义上讲，国外因素指的是世界态势对美国的影响。

社会因素包括影响美国看待世界的国内社会和政治体系特征，如美国的文化与价值观。由于美国外交政策植根于美国的历史和文化之中，所以社会因素会对外交政策施加潜移默化的影响。例如，美国19 世纪的领土扩张和海外帝国主义在"天赋使命"和"上帝选民"

---

① Eugene R. Wittkopf, Christopher Martin Jones & Charles W. Kegley, *American Foreign Policy: Pattern and Process*, Belmont, CA: Cengage Learning, 2008, pp. 18 – 19.

② Eugene R. Wittkopf, Christopher Martin Jones & Charles W. Kegley, *American Foreign Policy: Pattern and Process*, Belmont, CA: Cengage Learning, 2008, p. 18.

的信念下获得合理化支撑；美国意识形态的倾向性也影响美国对他国的外交政策，如打着人权和自由民主的旗号干涉他国内政。

政府因素指的是"政府组织架构的各个方面，对决策者的外交政策选择权发挥限制或增强作用"。① 换言之，美国政府外交机构的组织模式和运作方式对外交政策具有实质性的影响。正如美国前总统尼克松所言："如果要为未来制定新的外交政策，我们首先必须对政策制定过程进行根本性的调整。"② 其他总统如卡特、里根和克林顿都曾对政府机器对外交政策的影响发出类似的感慨。③ 事实上，本书研究的对象，即美国国务院与国防部协调机制属于政府因素的范畴。

角色因素是指决策者的职位对其行为产生的影响。正所谓"在其位，谋其政"，人们对官员的职务及其履行的义务有约定俗成的预期，官员也自然而然地受到社会规范和法律制度对其角色规定的制约。由于官员的职位影响其行为，政策结果也必然受官员承担的政治角色的影响。西方有一句话，"位置决定立场"（Where you stand depends on where you sit）讲的也是同样的道理。因此，一般而言，国务卿在外交政策中更希望发挥外交手段的主导能力，注重通过外交谈判和交涉处理国际问题；国防部长则注重军事手段在外交政策中的作用，强调军队在保卫国家安全和推行外交政策中的重要地位，并随时为总统选择武力作为外交政策的最后手段作好准备。

个人因素指的是决策者的价值观、才能、信念与经历等，这些因素因人而异，并且会潜移默化地影响外交政策。领导人的性格往往影响其与外交政策团队的互动方式，如肯尼迪倾向于采取非正式的决策咨询方式，而军人出身的艾森豪威尔则喜欢正式、有条理的决策咨询

---

① James N. Rosenau, *The Scientific Study of Foreign Policy*, London: Frances Pinter, 1980, p. 128.

② Eugene R. Wittkopf, Christopher Martin Jones & Charles W. Kegley, *American Foreign Policy: Pattern and Process*, Belmont, CA: Cengage Learning, 2008, p. 20.

③ Eugene R. Wittkopf, Christopher Martin Jones & Charles W. Kegley, *American Foreign Policy: Pattern and Process*, Belmont, CA: Cengage Learning, 2008, p. 21.

模式。领导人的政治技能也决定其能否有效应对官僚政治冲突，如富兰克林·罗斯福总统鼓励不同机构和官员在某一问题上进行争论，有时还有意安排不同机构同时处理某一问题，他能游刃有余地在部门冲突中得出结论，作出政策决定。同样，国防部长或国务卿的信念和个性特征也往往会决定其在政策议题上采取强硬或灵活的立场。如在小布什政府第一任期内，国防部长拉姆斯菲尔德（Donald Rumsfeld）作为新保守主义代表人物之一，加上其固执己见的个性，在伊拉克战争议题上持强硬的观点；而国务卿鲍威尔（Colin Powell）性格相对温和，在外交政策议题上持相对务实、灵活的立场。

总之，"漏斗"分析模型呈现了外交决策过程的多层次影响因素，为外交政策分析提供了多维度视角。需要指出的是，该模型中不同层次的影响因素相互联系，外交政策就是各层次因素共同作用的结果。本书在研究美国国务院与国防部的协调机制时，会综合考察"漏斗"分析模型各层面因素对协调机制的历史演变和运作模式等方面的影响。

（三）动态过程模型

约翰·洛维尔（John Lovell）提出理想化的外交决策过程模型（图1.3），将外交过程划分为相互联系的八个步骤。① 如图1.3所示，这些步骤分别是目标设定，情报，备选方案，计划、方案、决定，宣示政策，执行，监视与评估，记忆存储与回收。

根据理想化的外交政策模型，决策者设定完美的政策目标，拥有全面准确的情报保障，对情报进行全面综合分析之后作出最佳选择，然后制定计划与方案并作出决定，之后清楚无误地将政策和依据进行宣示，在政策得到有效执行后，再持续深入地对政策效果进行评估，最后，决策者得心应手地从以往政策中学习经验并加以利用。

然而现实外交决策过程并非如此，相反，外交决策过程的各个环

---

① John P. Lovell, *The Challenge of American Foreign Policy: Purpose and Adaptation*, New York: Collier MacMillan, 1985, p. 7.

节都受到种种因素的制约。具体表现在：在目标设定环节，国家利益的界定因人因机构而异，最终可能是竞争方作出妥协的结果，政策目标也是通过政治斗争才得以确立。在情报环节，决策者无法获得全面的情报，而是要从大量的冗余情报中筛选有用信息，情报工作时有延误，并可能因分析人员的误读或偏见而导致情报失真。在提供备选方案环节，决策者得到的备选方案数量有限，只能根据个人喜好大致比较备选方案，无法进行精确的成本效益分析。在制定计划、方案和作出决定环节，决策者往往只是根据主导意见作出选择，并且易受"小团体思维"（group thinking）和政治妥协的影响。①

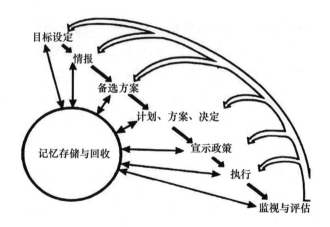

图 1.3 外交决策过程的理想模型②

同样，在政策宣示环节，各政策部门的表态往往不尽一致，甚至自相矛盾，从而导致政策模糊不清。有时政策宣示者出于个人形象或其他

---

① Gabriel Marcella, "Understanding the Interagency Process: The Challenge of Adaptation", *Affairs of State: The Interagency and National Security*, ed. by Gabriel Marcella, Carlisle, PA: U. S. Army War College, 2008, p. 19.

② Gabriel Marcella, "Understanding the Interagency Process: The Challenge of Adaptation", *Affairs of State: The Interagency and National Security*, ed. by Gabriel Marcella, Carlisle, PA: U. S. Army War College, 2008, p. 18.

利己因素的考虑，一味迎合媒体需求，不能清晰阐释政策。在执行环节，命令下达过程可能出现沟通障碍，有时权责不清、部门利益、官僚政治、拖延迟滞等原因导致政策不能有效贯彻执行。在监视与评估环节，可能会因标准模糊、信息缺口、反馈失败等原因导致监视与评估失误。在记忆存储与回收环节，可能会因记忆零散、缺乏可靠性而导致失真，也可能因主观选择或经验借鉴不当而导致其他失误。①

洛维尔动态过程模型的贡献在于将复杂的外交决策过程进行理论抽象，并将其简化成相互联系的若干步骤，增强了决策过程研究的可操作性。这一模型为本书研究美国国务院与国防部在决策议题各阶段的互动提供了分析框架，有助于对国务院与国防部协调机制在外交决策过程各阶段的运行情况进行分析研究。

三　从分析模型看国务院与国防部的影响力

上述三种分析模型分别从不同角度展现了美国外交决策过程的影响要素和政策环节。利用"同心圆"和"漏斗"分析模型，可以对美国国务院和国防部在外交决策过程中的影响力进行直观评估与定位；利用动态分析模型，可以对两部门在决策过程各环节的作用进行阐述。总体而言，针对国务院和国防部在外交决策过程中的影响力和作用可以作出如下判断：

（一）美国国务卿和国防部长属于外交决策的核心咨询圈

从"同心圆"分析模型（图1.1）可以看出，国务卿和国防部长是总统的政治任命官员，他们居于"同心圆"的核心圈。事实上，国务卿和国防部长的重要地位体现在以下方面：首先，国务卿是总统的主要外交政策顾问、最重要的内阁成员；国防部长是总统的主要防务政策顾问。其次，国务卿和国防部长是国家安全委员会的法定成

① Gabriel Marcella, "Understanding the Interagency Process: The Challenge of Adaptation", *Affairs of State: The Interagency and National Security*, ed. by Gabriel Marcella, Carlisle, PA: U. S. Army War College, 2008, p. 19.

员。再次，国务卿和国防部长掌管庞大的外交和军事机构，掌握来自国外的大量信息，能为总统的外交决策提供重要的信息支撑。

（二）美国国务院和国防部是外交决策的关键权力机构

从"同心圆"分析模型（图1.1）还可以发现，美国国务院和国防部作为联邦政府的行政机构，居于"同心圆"的第二层。国务院是美国最早成立的行政部门之一，在二战之前是美国主管外交政策的主要机构。现在国务院的地位虽然受到其他部门的冲击，但在法律上仍居于参与制定和执行外交政策的各部之首，并且在日常外交政策的制定和执行中处于权威地位。国防部作为美国联邦政府中专门负责管理武装力量、保障国家安全的部门，在美国的外交决策中具有重要的地位和影响力。这体现在国防部及其武装力量是美国对外政策的重要依托；国防与军事战略是国家安全战略的重要基础，也是外交决策的重要依据。①

（三）美国国务卿和国防部长的个性与角色因素影响外交政策

从"漏斗"分析模型（图1.2）看，在影响美国外交政策的五大类因素中，与国务卿和国防部长相关的主要是官员个性和角色两方面。首先，两位官员的个性因素不仅影响其外交政策立场和政策建议，而且影响其合作共事的效果，这些都会对外交政策产生冲击。其次，国务卿与国防部长的角色因素也会影响外交政策。这是因为，作为行政机构的领导，他们不可避免地会考虑部门利益，有时为获得部门利益最大化，国务卿或国防部长在提供政策建议时甚至会牺牲国家利益。

（四）美国国务院和国防部的组织架构和运作方式影响外交政策

从"漏斗"分析模型（图1.2）看，美国国务院和国防部的组织架构和运作方式属于政府因素的范畴，也会对外交政策产生相当的影响。首先，如果两大机构内部的组织架构合理，职能分工明确，工作

---

① 参见周琪主编《美国外交决策过程》，中国社会科学出版社2011年版，第154—162页。

运行有序，就能优化外交政策过程，减少因机构内部运行不畅而带来的损耗。其次，如果两大机构之间的组织架构能够兼容互补，就能减少职能交叉，减少政策协调的难度；同时，在需要进行跨机构政策协调时，如果协调机制运作良好，也会优化外交政策过程。

（五）美国国务院和国防部需要在外交决策过程的各个环节加强协调

从动态分析模型（图1.3）看，为保证外交政策的全面性、统一性和一致性，需要在外交政策过程的各个步骤加强国务院与国防部的情报统筹，加强两机构的立场和政策协调。具体表现在：在目标设定环节，有效结合外交与防务需求，对外交政策目标进行合理界定；在情报环节，对来自国务院和国防部的情报进行有效综合；在计划、方案、决定环节，集中发挥国防部的规划优势和利用国务院的国际视野，统筹分析后作出决定；在政策宣示环节，确保国务院和国防部的对外表态口径一致；在执行环节，努力实现外交与军事手段相辅相成，形成整体合力；在监视与评估环节，对外交与军事措施的执行效果进行客观、公正的分析；在记忆存储与回收环节，加强国务院与国防部对历史经验的吸收与传承。

第二节　美国国务院与外交政策

在美国政府行政部门中，国务院排名居首，是主管外交事务的首要机构。如今，国务院在全球拥有250多个外交机构，以使馆、领事馆和驻国际组织代表的形式代表美国利益。事实上，在美国参加二战前的150多年间，国务院是负责对外政策的主要部门。[①] 随着冷战开始，美国推行遏制政策，总统致力于掌管外交政策，国务院的影响力

---

① ［加］夏尔－菲利普·戴维、路易·巴尔塔扎、于斯丹·瓦伊斯：《美国对外政策：基础、主体与形成》，钟震宇译，社会科学文献出版社2011年版，第152页。

日渐衰落。① 尽管国务院不再占据外交决策过程的中心位置，但它仍然是外交政策制定与执行的关键机构。

罗赛蒂指出，要对官僚机构作出相对全面的阐述，必须对四个方面的基本要素和特征进行考察，这包括历史背景、职能、组织架构和部门文化。② 以该分析框架为指导，本节将分别对国务院的设立与演变、国务院的职能、国务院的组织架构、国务院的部门文化进行论述。

一 国务院的成立与演变

1775 年 11 月 29 日，北美殖民地举行第二次大陆会议，创立"秘密通讯委员会"（The Committee of Secret Correspondence），这通常被视为美国外交历史的开端。③ 独立革命爆发后，大陆会议于 1777 年 4 月将秘密通讯委员会更名为"外交事务委员会"（The Committee for Foreign Affairs），事实上外交权力仍由大陆会议主管。由于外交事务委员会形同虚设，且不受重视，所以几名大陆会议成员建议成立一个专门处理外交事务的行政部门，使之从大陆会议分离出来。④ 1781 年 1 月 10 日，大陆会议成立了外交部（Department of Foreign Affairs），但外交部长由大陆会议选派，并对其负责，受其制约和监督。但事实证明，外交部的职权依然有限，发挥作用不大。⑤

后来，美国联邦政府取代了邦联政府。1789 年 4 月，华盛顿宣誓就任美国第一任总统。1789 年 7 月 27 日，美国国会通过法案，成立

---

① Jerel A. Rosati & James M. Scott, *The Politics of U. S. Foreign Policy*, Boston, MA：Wadsworth, 2011, p. 127.

② Jerel A. Rosati & James M. Scott, *The Politics of U. S. Foreign Policy*, Boston, MA：Wadsworth, 2011, p. 128.

③ Thomas S. Estes & E. Allan Lightner, *The Department of State*, New York：Praeger Publishers, 1976, p. 3.

④ Thomas S. Estes & E. Allan Lightner, *The Department of State*, New York：Praeger Publishers, 1976, p. 21.

⑤ 周琪主编：《美国外交决策过程》，中国社会科学出版社 2011 年版，第 105—106 页。

政府首个行政机构，并命名为外交部，由外交部长（Secretary to the Department of Foreign Affairs）领导。① 尽管名称没有变化，但此时的外交部与先前已有实质不同。外交部按法律成立，部长由总统任命并对总统负责，由参议院批准。② 同年 9 月 15 日，美国国会通过法案，将新成立的外交部更名为国务院（Department of State），外交部长也相应地改称国务卿（Secretary of State）。③

在最初十几年间，国务院的职员由 6 人逐渐增长到 10 人。1801 年国内人员工资总额为 11500 美元，国外花销平均每年约 40000 美元，主要用于支付国外使节的工资和补贴。④ 此后国务院进入逐步整顿与发展的时期。1818 年，约翰·昆西·亚当斯（John Quincy Adams）任国务卿，开始着手对国务院进行整顿。他对国务院的工作进行了分工，并建立了有效的工作程序。⑤ 1833 年，时任国务卿路易斯·麦克莱恩（Louis Mclane）对国务院进行了首次重大改组，成立了包括外交司、领事司、内政司在内的 7 个司。1870 年，国务卿汉密尔顿·费什（Hamilton Fish）又对国务院进行了重组。

美西战争后，美国正式加入西方强国之列，加快了海外扩张的步伐。在 19 世纪和 20 世纪之交，美国对外贸易增长了 3 倍，外交活动也日益频繁。1909 年，美国国务院进行了 1870 年以来首次全面重组，增加了新的岗位和职能。国务院雇员名额增加到 210 名官员，外加其他工作人员。然而国务院员工数量的增长并不足以应对第一次世界大战带来的工作压力和需求，战时长期雇员人数达到 350 人，还有

---

① Thomas S. Estes & E. Allan Lightner, *The Department of State*, New York: Praeger Publishers, 1976, p. 29.

② Elmer Plischke, *U. S. Department of State: A Reference History*, Westport, CT: Greenwood Press, 1999, p. 38.

③ 周琪主编：《美国外交决策过程》，中国社会科学出版社 2011 年版，第 107 页。

④ Thomas S. Estes & E. Allan Lightner, *The Department of State*, New York: Praeger Publishers, 1976, p. 30.

⑤ Thomas S. Estes & E. Allan Lightner, *The Department of State*, New York: Praeger Publishers, 1976, p. 31.

400 多名临时雇员。①

值得一提的是,1924 年美国国会通过《罗杰斯法案》(The Rogers Act),要求统一管理美国的使领馆事务,外交官的考核和日常工作也开始职业化。② 后来第二次世界大战爆发,尽管国务院在战争决策过程中参与程度不高,但在提供经济援助和处理海外侨民事务等方面的业务还是相当繁重,在此期间也暴露出国务院机构的很多问题。

二战结束不久,美国与苏联开展争夺全球霸权的冷战。1947 年 7 月,美国国会通过《国家安全法》,成立了国防部、中央情报局等新机构,相对抑制了国务院在外交决策中的地位。1949 年,根据政府组织委员会(The Commission on Government Organization)提出的计划,国务院进行了全面重组,开始按照职能和地区分工划分为美洲事务司、远东事务司、欧洲事务司、远东与非洲事务司以及国际组织司与国际关系司。③

冷战结束后,随着国际格局的变化和全球化的发展,美国开始面临许多新的挑战,对外关系也变得更为复杂。20 世纪 90 年代,克林顿政府对外交部门重新进行改组。1998 年美国新闻署和美国军控与裁军署被并入国务院,只有国际开发署仍然保留了其在美国联邦政府中独立机构的地位。2006 年 3 月,国务卿赖斯对美国驻外使馆人员的比例和分配又进行了调整。④

经过历史的演变,国务院的人员规模和组织机构都得到了巨大发展。到 2010 年,国务院在全球设有 250 多处外交使团,预算超过 160 亿美元,雇员人数约 6000 人,其中包括约 13500 名驻外使、领馆人员(foreign service professionals),6500 名外交官(foreign service of-

---

① Thomas S. Estes & E. Allan Lightner, *The Department of State*, New York: Praeger Publishers, 1976, p. 34.
② 周琪主编:《美国外交决策过程》,中国社会科学出版社 2011 年版,第 109 页。
③ 周琪主编:《美国外交决策过程》,中国社会科学出版社 2011 年版,第 110 页。
④ 周琪主编:《美国外交决策过程》,中国社会科学出版社 2011 年版,第 111 页。

ficers），以及 5000 名外事专员（foreign service specialists）。①

二　国务院职能

国务院最初成立时，国会不仅赋予其外交政策职能，还包括一些具体的内政业务。国务院建立了美国第一家造币厂；负责保管所有官方档案；还负责政府文件印刷业务；进行人口普查；颁发专利和版权；掌管国玺；负责邮政业务；此外，国务卿还是联邦政府与各州州长联络的主渠道。② 但后来随着历史的演变，国务院的内政业务逐渐移交其他机构，而主要负责对外事务。

在美国参加二战前的 150 多年间，国务院是负责对外政策的主要部门。1942—1968 年，国务院的地位日趋重要，它利用美国外交转向国际主义和干预主义之机迎来了自己的荣耀与扩张时代。③ 但此后国务院的地位逐渐受到挑战，处于下降趋势。这主要是以下原因造成的：首先，美国实力的上升和国际事务重要性的增长，使得总统越来越倾向于亲自掌管外交事务，并建立起以白宫为核心的外交决策体制；其次，通信方式的变革拓展了白宫情报获取和政策宣示的渠道，进一步弱化了国务院和使馆的外交汇报和谈判作用；此外，外交政策对军事手段的倚重使得国防部和情报部门的地位上升；最后，国际经济与能源等议题的重要性日益凸显，使得经济部门在外交决策过程中发挥的作用增大，相应地对国务院的地位造成冲击。④

如今，国务院的职能主要包括五大方面：在国外代表美国政府、

---

① Jerel A. Rosati & James M. Scott, *The Politics of U. S. Foreign Policy*, Boston, MA：Wadsworth, 2011, p. 132.

② Thomas S. Estes & E. Allan Lightner, *The Department of State*, New York：Praeger Publishers, 1976, pp. 28 – 30.

③ ［加］夏尔 - 菲利普·戴维、路易·巴尔塔扎、于斯丹·瓦伊斯：《美国对外政策：基础、主体与形成》，钟震宇译，社会科学文献出版社 2011 年版，第 153 页。

④ ［加］夏尔 - 菲利普·戴维、路易·巴尔塔扎、于斯丹·瓦伊斯：《美国对外政策：基础、主体与形成》，钟震宇译，社会科学文献出版社 2011 年版，第 156—158 页；Jerel A. Rosati & James M. Scott, *The Politics of U. S. Foreign Policy*, Boston, MA：Wadsworth, 2011, pp. 129 – 130.

向政府汇报国外立场、进行外交谈判、分析研判国外事件、提供政策建议。①

（一）在国外代表美国政府

国务院最重要的职能之一就是在海外代表美国政府与其他国家打交道。国务院的外交官通常派驻于国外的使馆、领事馆、国际组织，或承担其他任务，他们作为政府代表，向别国政府传达美国的外交政策。在通讯和交通都不发达的时代，国务院的这一角色至关重要。当时外交官是政府对外交流的主渠道。如今，美国政府的许多机构都在海外派驻相应的代表，因此，国务院作为美国政府代表的角色有所削弱。同时，由于通讯和交通的迅速发展，美国总统对外交官传达官方立场的依赖程度也逐渐下降。

（二）向政府汇报国外立场

国务院的第二个职能就是向美国政府汇报外国人员，尤其是外国政府的立场。国务院外交官的重要任务就是与海内外的国外政府官员交流，了解其对国际问题的官方立场，并将其汇报至美国政府的其他部门。国务院的这一使命使得一些外交官更关注国外政府的态度立场，有意无意地忽视国内政治对外交政策的影响。

（三）进行外交谈判

在通讯与交通不发达的时代，美国总统要想与外国政府缔结条约，或者想就某项议题达成共识，主要依靠驻外大使和外交官代表政府与对方进行磋商。大使和外交官不仅是美国政府的代表，而且是谈判者。如今随着通讯与交通日益发达，总统可以有更多的选择。但在一些例行的外交事务上，大使和外交官通常会代表政府与外国进行先期磋商或谈判，最终由国务卿或总统与外国签订相应协议，或就某议

---

① Jerel A. Rosati & James M. Scott, *The Politics of U. S. Foreign Policy*, Boston, MA: Wadsworth, 2011, pp. 130 – 132；[加] 夏尔-菲利普·戴维、路易·巴尔塔扎、于斯丹·瓦伊斯：《美国对外政策：基础、主体与形成》，钟震宇译，社会科学文献出版社 2011 年版，第 153 页。

题进行最后拍板。

（四）分析研判国外事件

美国国务院派驻国外的许多外交官员大部分工作时间都在写报告，将国外发生的事件进行综合分析，并通过传真电报的形式发回国内。华盛顿的国务院官员也会花大量时间阅读国外传回的电报，并将其作为一手资料向上级汇报，最终汇总至国务卿或总统。美国外交政策的决定或指示也会以电报的形式发往国外的使馆、领事馆或其他外交使团。因此，从某种意义上讲，收发电报是国务院的核心工作之一。

（五）提供政策建议

国务院的最后一项重要职能就是为总统提供政策建议。二战前，国务院是外交政策的核心机构。但之后，外交政策的重心逐渐向白宫转移。1947 年通过《国家安全法》后，总统越来越依靠国家安全事务助理及其工作班子提供制定外交政策所必需的建议和信息。国务院的政策建议通常也要通过国家安全委员会体系逐级上报。近年来，国土安全部和其他经济部门也日益侵蚀国务院的地位。总统在进行外交决策时倾向于依赖小范围的顾问团体，国务卿往往只是成员之一。因此，国务院政策地位的高低通常取决于国务卿与总统关系的好坏。

三　国务院组织架构

国务院是一个等级分明的官僚机构，它的组织架构如图 1.4 所示。实际上，国务院的领导层级主要分为五个层级，分别是国务卿、常务副国务卿（Deputy Secretary of State）、副国务卿（Under Secretary of State）、助理国务卿（Assistant Secretary of State）和助理国务卿帮办（Deputy Assistant Secretary of State）。由于前三层官员的办公室都位于国务院办公大楼的顶层，即第七层，所以他们被称为"七楼长官"（seventh floor principals）。各级领导的职能分工通常以区域性或职能性领域划分，其中地区司体现了国务院对全球事务的区域划分定位，功能司体现了应对全球各项议题的需求。

国务卿是国务院的最高领导，全面负责国务院的事务。常务副国务卿有两位，一位负责协助国务卿制定和实施美国的对外政策，以及监督和指导国务院的日常工作，并在国务卿缺席的情况下代理国务卿的事务；另一位负责管理与资源（Management and Resources），是国务院的"首席运营官"，并负责监督与协调美国对外援助与外交活动事宜。六名副国务卿分管不同职能领域，以支持政策的规划、协调与执行。这六大职能领域分别是：政治事务（Political Affairs），管理（Management），公共外交与公共事务（Public Diplomacy and Public Affairs），军控与国际安全（Arms Control and International Security），民事安全、民主与人权（Civilian Security, Democracy, and Human Rights），经济增长、能源与环境（Economic Growth, Energy, and the Environment）。

助理国务卿通常担任国务院各事务司的领导，其副手是助理国务卿帮办，两者分别构成了国务院领导层的第四和第五层级。国务院下属各事务司分成地区事务司和职能领域司两大类，其中地区事务司有六个，分别是非洲事务司（Bureau of African Affairs）、东亚与太平洋事务司（Bureau of East Asian and Pacific Affairs）、欧洲与欧亚事务司（Bureau of European and Eurasian Affairs）、近东事务司（Bureau of Near Eastern Affairs）、南亚与中亚事务司（Bureau of South and Central Asian Affairs）和西半球事务司（Bureau of Western Hemisphere Affairs）；另外还有分管不同议题的职能领域司，如政治军事事务司（Bureau of Political-Military Affairs）、国际安全与防扩散事务司（Bureau of International Security and Nonproliferation）等。国务院的日常业务大部由各事务司完成。

国务院的决策权限遵循严格的等级制度。重大决定由国务卿作出，然后依次是常务副国务卿、副国务卿。通常由助理国务卿和助理国务卿帮办对日常例行事务进行决策。各事务司的组长和工作人员通常是具体负责处理日常事务的人员。同样，国务院的工作汇报遵循由下到上的流程，通常由组长向分管助理国务卿帮办汇报工作，然后再逐级上报形成最终决策。

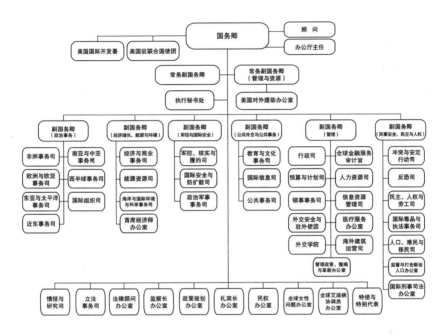

图 1.4　美国国务院组织机构①

四　国务院部门文化

所谓部门文化，又称亚文化（subculture），指的是对机构的核心任务和机构内人际关系的一种长期的思维定式。② 由于国务院的核心力量是外交官队伍，所以这一精英团体长期以来塑造了国务院独特的部门文化。具体而言，国务院部门文化包括四个方面：精英主义和排

---

① 笔者根据美国国务院网站制作。参见 http：//www. state. gov/documents/organization/187423. pdf，登录时间 2014 年 12 月 4 日。

② James Q. Wilson，*Bureaucracy：What Government Organizations Do and Why They Do It*，New York：Basic Book，1989，p. 91；Jerel A. Rosati & James M. Scott，*The Politics of U. S. Foreign Policy*，Boston，MA：Wadsworth，2011，p. 144.

外主义倾向；偏重海外经历，熟悉外国立场；强调将外交与谈判作为政策工具；办事谨慎有余而闯劲不足。①

（一）精英主义和排外主义倾向

国务院的外交官通常被认为是一个精英群体，这主要体现在两个方面。首先，进入外交官队伍要经过苛刻的考试选拔程序，选拔过程的淘汰率极高，最终能够成为外交官的都是佼佼者。例如，在一次共有 17000 人参加的笔试中，只有 2500 人过关，这些人再经过面试后，只有 600 人合格，而最终能够进入外交官行列的只剩下 200 人。② 其次，外交官的晋升制度也很严格，在一定年限内如果不能晋升就被淘汰。因此，能够留下来的外交官员通常都具备优良的素质。正是由于外交官的精英主义倾向，导致许多外交官不欢迎，甚至轻视其他部门人员的意见，从而助长了排外主义的风气。

（二）偏重海外经历，熟悉外国立场

外交官通常每隔两三年，就会被派驻海外任职。在国内呆的时间过长，不利于职业发展，海外任职经历是其晋升的必由之路。况且，在海外工作的外交官待遇优厚，经常与国外官员和名流打交道，能够开阔视野，富有挑战性和刺激性。由此带来的结果是，与国内事件相比，外交官对国外事件更感兴趣，从而更了解国外的情况。因此他们通常被视为认同外国立场，把外国利益放在第一位，而牺牲了美国的利益。这一点不利于国务院对外交决策过程施加影响。

（三）强调将外交谈判作为政策工具

外交官认为其核心使命是代表美国政府与外国进行外交谈判，并把

---

① Jerel A. Rosati & James M. Scott, *The Politics of U. S. Foreign Policy*, Boston, MA：Wadsworth, 2011, pp. 144 - 148；Eugene R. Wittkopf, Christopher Martin Jones & Charles W. Kegley, *American Foreign Policy: Pattern and Process*, Belmont, CA：Cengage Learning, 2008, pp. 372 - 374；[加]夏尔 - 菲利普·大卫：《白宫的秘密：从杜鲁门到克林顿的美国外交决策》，李旦等译，中国人民大学出版社 1998 年版，第 48—49 页。

② Donald M. Snow & Eugene Brown, *Puzzle Palaces and Foggy Bottom: U. S. Foreign and Defense Policy-Making in the 1990s*, New York：St. Martin's Press, 1994, pp. 98 - 99.

谈判当作一门艺术。外交谈判的技能通常都是通过实际经验获得，因此外交官在提供政策建议时往往会强调外交手段的重要性。但问题是，随着冷战的开始，美国越来越注重军事、经济、文化等手段的作用；冷战结束后，美国更是扩大了除外交以外其他政策工具的运用。结果就是外交官一味强调外交谈判的作用反而降低了国务院的政策影响力。

（四）办事谨慎有余而闯劲不足

外交官通常强调办事要慎重，总是提一些四平八稳、没有风险的政策建议，而对有争议的政策建议犹豫不决。造成这种现象的原因可以追溯到 20 世纪 50 年代"麦卡锡主义"（McCarthyism）。当时参议员麦卡锡（Joseph McCarthy）指控国务院的许多外交官出卖美国利益，投靠共产主义，从而对外交官队伍进行肆意迫害和清洗，毁掉了大量忠诚的外交官的职业生涯，也给其他外交官带来了长久的负面影响。[1] 这导致国务院"办事极为谨慎，由此形成的体制氛围就是把责任分担给不同岗位和同事，而不是个人承担责任"。[2] 由此，国务院的政策建议往往优先考虑维持现状，很少主动采取行动或进行创新。

总之，国务院的部门文化显示出外交官作为一个群体的独特性。新成员在工作过程中会迅速发现，他们需要学习并融入这一文化圈，以便在国务院有更好的发展。国务院的这种部门文化基本上成为外交政策圈里的共识，这无疑会影响其他外交政策机构（包括国防部）对国务院的看法，也会对国防部与国务院的外交政策协调产生潜移默化的影响。

第三节 美国国防部与外交政策

国防部是美国政府最大的官僚机构，其总部五角大楼也是世界上

---

① Donald M. Snow & Eugene Brown, *Puzzle Palaces and Foggy Bottom: U. S. Foreign and Defense Policy-Making in the 1990s*, New York: St. Martin's Press, 1994, p. 100.

② John Franklin Campbell, *The Foreign Affairs Fudge Factory*, New York: Basic Books, 1971, p. 129.

最大的办公建筑。如今，国防部拥有超过 130 万名现役军人，74.2
万名文职人员。[1] 美国拥有世界上最强大的军队，而且在全球范围维
持海外驻军，海外驻军人数超过 45 万。[2] 美国 2019 财年的军费开支
是 8920 亿美元，比军费开支排名其后的 9 个国家军费开支的总和还
要多。[3] 作为如此庞大的政府机构，国防部在美国的全球战略和外交
政策中发挥着重要作用。

尽管国防部是当前美国政府规模最大的机构，但历史上美国的军
事力量规模很小，在外交政策上所起的作用因时而异，现在的国防部
在 1949 年以前还不存在。因此，有必要首先对国防部设立与演变的
历史背景进行介绍，然后对国防部的职能、组织架构和部门文化逐一
进行阐述。

一 国防部的成立与演变

美国陆军、海军和海军陆战队因独立战争而产生，成立于 1775
年。1789 年陆军部（War Department）成立，这是现在国防部的前身
机构。[4] 1790 年成立海岸警卫队，后来于 1798 年成立海军部（De-
partment of the Navy）。[5]

但美国早期通常只维持规模很小的职业军队，部分原因是具备有

---

① 数据来源于美国国防部网站：http：//www. defense. gov/about/，登录时间 2018 年 8
月 2 日。

② 数据来源于美国国防部网站：http：//www. defense. gov/about/，登录时间 2018 年 8
月 2 日。

③ Kimberly Amadeo，"U. S. Military Budget，Its Components，Challenges，and Growth：
Why Military Spending Is More Than You Think It Is"，available at：https：//www. thebal-
ance. com/u-s-military-budget-components-challenges-growth – 3306320，登录时间 2018 年 9
月 10 日。

④ 参见美国国防部网站：http：//www. defense. gov/about/，登录时间 2014 年 12 月 5
日；也有说法认为美国战争部和海军部是国防部的前身机构，参见维基百科"美国国防部"
条目，http：//zh. wikipedia. org/wiki/% E7% BE% 8E% E5% 9B% BD% E5% 9B% BD% E9%
98% B2% E9% 83% A8. 登录时间 2014 年 12 月 5 日。

⑤ Anthony Cowden，*The Naval Institute Almanac of the U. S. Navy*，Annapolis，MD：Naval
Institute Press，2005，p. 71.

利的地缘环境，国家安全面临的威胁有限；另外"开国元勋"们对英国军队对殖民地的压迫记忆犹新，他们认识到欧洲国家穷兵黩武的军事主义带来严重后果，所以普遍反对维持大规模的职业军队。[①] 因此，美国在 1812 年"第二次独立战争"、美西战争以及第一次世界大战时，每次战前必须大规模地进行战争动员，并在战争和军事行动结束后使大批军人复员。由此造成一种默认的规则就是除非因应战争和冲突需要，军队扮演的日常角色通常是大陆防御、镇压印第安人、援助国内建设、保护贸易、制订应急计划，以及为奉行孤立主义外交政策提供保障。[②] 尽管职业化军队的规模不大，但美国军队仍在外交政策方面扮演着相当活跃的角色。自 1798 年到二战前夕，在从陆上大国发展成为区域性强国的过程中，美国海外用兵的次数达 162 次，[③] 这彰显了军队在外交政策中发挥的积极作用。

二战对美国军事力量的发展和国防部的建立产生了重大影响。首先，战争推动了美军军种分工和一体化指挥的进程。战争暴露出美国军种组织结构松散、缺乏协调等弊病，促使美国于 1947 年通过《国家安全法》，组建统一的国家军事机构，也就是国防部的雏形；二战前美军只设陆、海军两个军种，《国家安全法》宣布成立空军部，由国家军事机构负责管理陆、海、空三军。其次，二战是美国建立大规模常备军的开端。战争需求使军队的规模迅速扩大，但军队在 1945 年战争结束时并未完全解散——这是美国军事史上的重要转折点。冷战的开始促使美国于 1947 年重新启用征兵制，加强军备；出于保卫国家安全的需要和对"共产主义威胁"的恐惧，美国开始保持大规

① Jerel A. Rosati & James M. Scott, *The Politics of U. S. Foreign Policy*, Boston, MA: Wadsworth, 2011, p. 159; Amos A. Jordan, William J. Taylor, Jr., Michael J. Meese & Suzanne C. Nielsen, *American National Security*, Baltimore, MD: Johns Hopkins University Press, 2009, p. 170.

② Amos A. Jordan, William J. Taylor, Jr., Michael J. Meese & Suzanne C. Nielsen, *American National Security*, Baltimore, MD: Johns Hopkins University Press, 2009, p. 172.

③ Jerel A. Rosati & James M. Scott, *The Politics of U. S. Foreign Policy*, Boston, MA: Wadsworth, 2011, p. 160.

模常备军来维护和平。① 随着冷战的演变，国防部作为外交决策重要力量的角色日益凸显，在美国与苏联争夺全球霸权的过程中发挥着关键作用。

1949 年，美国国会通过《国家安全法》修正案，将国家军事机构变成国防部，各军种部长归国防部长统一管辖，撤销陆、海、空军部长在国家安全委员会的席位，并增设参谋长联席会议主席一职。② 尽管 1949 年修正案体现了将军事管理和军事决策集中化的努力，但由于新组建的国防部权力集中程度不高，工作效率仍很低下；另外，参联会主席的影响力还比较小。

艾森豪威尔时期，《国家安全法》增加两条修正案，加强了国防部长和参联会主席的权力。一方面，从 1953 年起，国防部长接管军火委员会（Munitions Board）、研发委员会（Research and Development Board）等机构的职能，参联会主席取代参谋长联席会议行使联合参谋部的人事任命权和人事管理权；③ 另一方面，1958 年《国防部改组法》进一步确立行政管理与作战指挥相分离的国防领导体制——通过总统、国防部长、各军种部长和参谋长、各联合司令部下属的军种司令部对全军实施行政领导，通过总统、国防部长（通过参谋长联席会议）、各联合司令部和专业司令部实施作战指挥。④

20 世纪 80 年代，美军在伊朗（1980 年）、黎巴嫩（1983 年）和格林纳达（1983 年）的军事行动均不同程度地暴露出联合作战指挥

---

① Jerel A. Rosati & James M. Scott, *The Politics of U. S. Foreign Policy*, Boston, MA: Wadsworth, 2011, pp. 160 – 161.

② Douglas T. Stuart, *Creating the National Security State: A History of the Law That Transformed America*, Princeton, New Jersey: Princeton University Press, 2008, pp. 196 – 201. 美国的参谋长联席会议成立于二战期间，旨在方便与英国的"参谋长委员会"（Chiefs of Staff Committee）进行对口军事协调，参谋长联席会议首次正式会议于 1942 年 2 月 9 日举行。参见 Steven L. Rearden, *Council of War: A History of the Joint Chiefs of Staff*, *1942 – 1991*, Washington D. C.: National Defense University Press, 2012, p. 5.

③ Norman A. Graebner, *The National Security: Its Theory and Practice*, *1945 – 1960*, New York: Oxford University Press, 1986, p. 223.

④ 周琪主编：《美国外交决策过程》，中国社会科学出版社 2011 年版，第 138 页。

的缺陷，这促使国会于 1986 年通过了《戈德华特—尼科尔斯法案》（*Goldwater-Nichols Act*）。该法案主要解决了各军种不能有效联合作战的问题，并建立起清晰的指挥链，赋予战场指挥官作战指挥权，这一改革为美军在 20 世纪 90 年代取得的辉煌战果奠定了基础。[1] 该法案还明确规定，参联会主席是总统、国家安全委员会和国防部长的首席军事顾问，并增加了参联会主席的其他职权。但法案规定，参谋长联席会议不再拥有作战指挥权，这样就形成了从总统到国防部长再到联合作战司令部司令的三级作战指挥体系。[2] 但按照惯例，虽然参联会主席没有作战指挥权，但总统或国防部长下达的命令一般要通过参联会主席传达至各联合作战司令部。

　　到 1989 年柏林墙倒塌时，国防部军事开支达到政府总支出的 30%，人员达到 400 万人，其中 50 万部队长期驻扎于全球 3000 多个军事设施，包括位于海外 20 多个国家的 330 多个军事基地。[3] 冷战结束后，美国军队在海湾战争取得了压倒性胜利，并参与索马里、海地、波斯尼亚、科索沃等多次军事行动。2001 年 "9·11" 事件后，美国先后发动阿富汗战争和伊拉克战争，军队在外交政策中的作用更加突出，这令许多学者惊呼美国外交政策军事化倾向愈加明显。[4] 未来随着美国领导人使用军事力量作为外交政策手段偏好的改变，国防部在美国外交政策过程扮演的角色也会相应地变化，但可以肯定的是，国防部不会倒退至二战前的角色。

---

[1]　James R. Locher, III, *Victory on the Potomac*: *The Goldwater-Nichols Act Unifies the Pentagon*, College Station: Texas A&M University Press, 2002, p. xii.

[2]　周琪主编：《美国外交决策过程》，中国社会科学出版社 2011 年版，第 144 页。

[3]　Jerel A. Rosati & James M. Scott, *The Politics of U. S. Foreign Policy*, Boston, MA: Wadsworth, 2011, p. 161.

[4]　David P. Forsythe, Patrice C. MacMahon & Andrew Wedeman, *American Foreign Policy in a Globalized World*, New York: Routledge, 2006, p. 292; Sally Burt & Daniel Añorve, *Global Perspectives on US Foreign Policy*: *From the Outside In*, New York: Palgrave Macmillan, 2013, p. 148; Stephen Glain, "The American Leviathan", *The Nation*, September 28, 2009, pp. 18 – 23.

二　国防部职能

美国国防部的使命是提供遏制战争和保卫国家安全所需的军事力量。[①] 为此，国防部"第5100.01号命令"对其职能规定如下："按照上级规定，国防部维持并运用武装部队，保障并保卫美国政体不受国内外敌人侵犯，并及时采取有效军事行动，确保美国国家、财产和核心利益地区安全，捍卫并推进美国国家政策和利益。"[②]

（一）保障并保卫美国政治体制

美国政体确立了人民主权、共和制、联邦制、三权分立等政治原则，是美国开国元勋智慧的结晶，也是美国民主的象征。国防部作为国家军事力量的代表，旨在为国家的政治体制提供保障，为保卫其政治制度服务。早在内战时期，国防部的前身（陆军部和海军部）为阻止内部分裂势力颠覆国家政体、为保卫宪法统一而战；冷战时期，国防部成为美国与苏联争夺霸权的重要保障力量，在与苏联的军事力量竞争中捍卫美国的政治体制，保卫美国的宪法制度。

（二）采取军事行动确保美国安全

当美国国家安全或者核心地区利益受到威胁时，国防部提供了最后诉诸武力的手段，通过采取有效军事行动予以应对。历史上美国政府动用战争机器，利用军事手段来捍卫国家安全和核心地区利益的案例屡见不鲜。例如，1991年伊拉克入侵科威特，打破了中东地缘政治格局和全球石油资源均势，对美国地区利益和国家能源利益都构成重大威胁。面对萨达姆政权的挑衅，老布什迅速下令调动军事力量，发动"沙漠盾牌"和"沙漠风暴"等军事行动对其实施打击，并取得压倒性的胜利。又如，美国遭受"9·11"恐怖袭击后，发动阿富汗战争，利用武装力

---

① U. S. Department of Defense，"About the Department of Defense，DOD"，available at：http：//www. defense. gov/about/#mission，登录时间2014年12月5日。

② U. S. Department of Defense，*Functions of the Department of Defense and Its Major Components*，Directive No. 5100. 01，December 21，2010. Available at：www. dtic. mil/whs/directives/corres/pdf/510001p. pdf.

量对阿富汗的基地组织和塔利班政权实施毁灭性打击，旨在以实际行动确保美国安全，对潜在的恐怖袭击威胁形成威慑。

（三）推进外交政策捍卫国家利益

国防部利用武装部队推行美国的外交政策，捍卫美国在世界各地的利益。国防部全球部署的军事力量体现了美国的前沿存在，强大的军事实力对潜在的地区威胁形成威慑。国防部还通过开展军事外交，如与盟国及伙伴国家开展军事交流与合作、向其他国家提供军事援助和军事人员培训等方式，促进美国的外交关系。作为外交政策的重要执行机构，国防部派员参与国际维和、维稳和重建行动，为推进美国外交政策作出贡献。

三　国防部组织架构

美国国防体制是总统和国防部长统一领导下的军令、军政双轨制。军令系统指挥链由总统到国防部长再到联合作战司令部司令，参谋长联席会议主席没有指挥权，但总统或国防部长的命令通过他传达给联合作战司令部司令；军政系统指挥链由总统到国防部长再到军种部长，以此实现对各军种的行政、部队建设、战备训练、兵役动员、武器采购和后勤等事务的指挥管理。①

美国国防部（图1.5）作为总统领导与指挥美国武装力量的最高统帅机关，是一个等级森严、分工明确的庞大的官僚机构，由国防部长办公厅（Office of the Secretary of Defense）、参谋长联席会议（Joint Chiefs of Staff）、国防部所属各局（Defense Agencies）与专业机构（DoD Field Activities）、陆海空三个军种部以及各联合作战司令部等组成。其中，国防部长办公厅是国防部长的首要办事机构，负责政策制定、计划、资源管理、财政和项目评估等职责；参谋长联席会议是总统

---

① U. S. Department of Defense, *Functions of the Department of Defense and Its Major Components*, Directive No. 5100.01, December 21, 2010. Available at: www. dtic. mil/whs/directives/corres/pdf/510001p. pdf. 登录时间 2014 年 12 月 9 日。

和国防部长的最高军事咨询机构；国防部所属各局与专业机构负责为国防部的整体运作提供相应服务与保障；各军种部负责部队的训练、装备与管理工作；联合作战司令部负责应对所辖地区的安全需求，或者负责各自职能领域的安全议题，对所辖部队拥有作战指挥权。

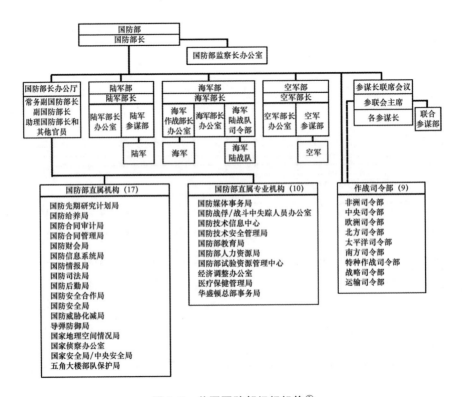

图1.5　美国国防部组织机构①

国防部长办公厅（图1.6）的工作人员将近4000名，包括军人和文职人员。② 办公厅的主要领导包括国防部长、常务副部长、五名

① 根据美国国防部网站制作：http：//odam. defense. gov/Portals/43/Documents/Func-
tions/Organizational% 20Portfolios/Organizations% 20and% 20Functions% 20Guidebook/DoD_ Or-
ganization_ March_ 2012. pdf，登录时间2014年12月9日。

② Roger Z. George, Harvey Rishikof, eds. , *The National Security Enterprise*：*Navigating
the Labyrinth*，Washington DC：Georgetown University Press，2011，p. 100.

副部长（分别负责政策，审计，人员与战备，情报，采办、技术与后勤）、各助理部长等。国防部长是文职官员，由总统提名并经参议院批准，是国防部的最高领导，在总统的领导下对国防部行使指挥和控制权，是总统的首席防务政策顾问。常务副部长是国防部排名第二位的领导，负责代理国防部长行使全部职权。五名副部长分别领导各自职能领域的工作，并通过常务副部长向国防部长汇报工作。各助理部长领导下属参谋人员，负责制定政策、编制预算和分析保障等事宜，处理各职能领域的日常事务。

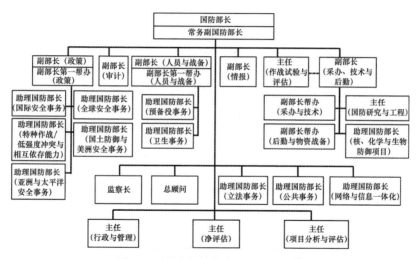

图 1.6　国防部长办公厅组织机构①

参谋长联席会议由主席、副主席、陆军参谋长、空军参谋长、海军作战部长、海军陆战队司令和国民警卫局局长（Chief of the National Guard Bureau）②组成。参联会主席是美军最高军事长官，也是总统

　　①　根据美国国防部网站制作：http://www.defenselink.mil/odam/omp/pubs/Guide-Book/Pdf/Osd.PDF，登录时间 2014 年 12 月 10 日。
　　②　根据奥巴马于 2012 年 12 月 31 日签署的《2012 年国防授权法案》，国民警卫局局长成为参谋长联席会议成员。参见 Jim Greenhill，"Guard Bureau Chief Joins Joint Chiefs of Staff"，available at：http://www.defense.gov/news/newsarticle.aspx? id = 66649，登录时间 2014 年 12 月 11 日。

和国防部长的首席军事顾问。参谋长联席会议下设联合参谋部（Joint Staff），由参联会主席全权领导。

军种部包括陆军部、海军部和空军部，是各军种的最高行政领导机关，负责军种战略和政策的制定。各军种部所属的参谋部（海军为海军作战部和海军陆战队司令部）是各军种的最高军事职能部门，平时主要负责部队的行政管理、军事训练、拟定作战和动员计划、制定装备发展计划和各种条令条例，战时负责向各联合作战司令部提供作战部队。

联合作战司令部是美国武装力量的作战指挥机构，它们通过参联会主席领受总统和国防部长下达的命令，并就完成任务向国防部长负责。美军现有九大联合作战司令部，分为六个战区级司令部（北方司令部、中央司令部、南方司令部、太平洋司令部、非洲司令部和欧洲司令部）和三个职能司令部（特种作战司令部、战略司令部和运输司令部）。

国防部下属各局是负责军队共同业务的职能部门，包括国防高级研究计划局（Defense Advanced Research Projects Agency）、国防物资局（Defense Commissary Agency）、国防合同审计局（Defense Contract Audit Agency）等17个局。国防部直属业务机构包括防务宣传局（Defense Media Activity）、国防部战俘及失踪人员办公室（Defense POW/Missing Personnel Office）等9个机构。

四 国防部部门文化

要全面了解美国国防部的特征，必须了解其部门文化。众所周知，不同军种有其职业特点和相应的部门文化，如陆军文化强调进攻作战和抵近作战，主张用压倒性火力歼灭敌人，喜欢周密计划而不是危机行动计划；相反，海军和海军陆战队文化则强调具备强大的危机行动计划和远征作战能力。[1] 但国防部的部门文化主要指美军作为一

---

① D. Robert Worley, *Shaping U. S. Military Forces: Revolution or Relevance in a Post-Cold War World*, Westport, Connecticut: Praeger Security International, 2006, pp. 52, 72, 160.

个整体所共同拥有的文化。综合学者论述，其部门文化主要体现以下特征：纪律严明，管理严格；注重制定战略、计划与方案；技术至上，注重采购高端装备；主张军事指挥与政治划清界限。①

（一）纪律严明，管理严格

纪律是取得战斗胜利的保证，因此，美军各军种都强调纪律的重要性。在平时注重通过严苛的训练来强化纪律，这是军队的通行准则。此外，美军还是一支注重管理的军队。由于军队机构规模和复杂性不断扩大，进行有效管理是保证整个武装机器正常运转的前提。从麦克纳马拉（Robert McNamara）担任国防部长以来，国防部开始大力整顿管理工作，使其更好地满足总统需求。在这种传统的影响下，具有管理技能的军官是军队里最有前途的军官。②

（二）注重制定战略、计划与方案

美军基层强调作战前要制定进攻方案，总部则强调要制定完善的战略规划，注重制定战略、计划与方案是美军军队文化的另一大特色。这也反映出军队对作战准备的现实需求。艾森豪威尔说过，"计划本身不重要，但制定计划的过程才是关键"。③ 在制订战争计划时，能够明确战争各阶段可能遇到的问题，并对潜在的问题进行分析并提出解决方案，以求获得更高胜算。美国前国务卿希拉里感慨，当她还是参议员时，国防部的《四年防务评估》（*Quadrennial Defense Review*）给她留下了深刻印象。④ 为加强国务院的战略规划能力，她指示国务院效仿国防部制定《四年外交与发展评估》（*Quadrennial Di-*

① Jeffrey A. Weber & Johan Eliasson, *Handbook of Military Administration*, Boca Raton, FL: CRC Press, 2008, pp. 292–293; Jerel A. Rosati, *The Politics of U. S. Foreign Policy*, Boston, MA: Wadsworth, 2004, pp. 177–179.

② Jerel A. Rosati, *The Politics of U. S. Foreign Policy*, Boston, MA: Wadsworth, 2004, p. 177.

③ Daniel W. Drezner, *Avoiding Trivia: The Role of Strategic Planning in American Foreign Policy*, Washington, D. C.: Brookings Institution Press, 2009, p. 134.

④ Hillary Rodham Clinton, *Leading Through Civilian Power: The First Quadrennial Diplomacy and Development Review*, U. S. State Department, 2010, p. i.

plomacy and Development Review)。可见，国防部强大的战略规划能力为政府其他部门树立了榜样。

（三）技术至上，注重采购高端装备

美国一直相信科技的力量，美国军队更强调采购代表高科技水平的新式武器。现代军队斥重金采购大量高端武器装备已成为常态，自美军引领"新军事变革"（Revolution in Military Affairs）以来，这种趋势愈加明显。高端武器装备不仅意味着更强的战斗力，而且代表着庞大的军事实力。其实，先进武器装备在战争中具有巨大的威慑力，甚至能达到"不战而屈人之兵"的效果。美军对高科技武器的青睐也会对美国政治带来影响，因为国防部和各军种的高层领导（会同军工企业）经常建议总统并游说国会，要求采购更多更先进的武器装备。

（四）主张军事指挥与政治划清界限

美国宪法规定，以总统和国会为代表的文职领导对军队行使指挥与控制权。但美国职业军人通常认为应该将政治与作战分离开来。换言之，军方认为总统和国会可以决定何时何地用兵，但是一旦开战，文职领导和政客就该靠边站，由军队决定如何作战。然而总统和其他文官并不这样认为，他们认为总统作为武装部队总司令，应该自始至终保持对军队的绝对指挥与管控。由于军、政双方观点不同，所以军队和文职领导人通常会在平时或战时发生分歧。最典型的例子是在朝鲜战争中，杜鲁门总统因麦克阿瑟不服从命令而将其解职，这在美国引发了关于作战指挥的争议。

总之，国防部的部门文化体现了鲜明的特征，这些特征会影响国防部在外交政策中的作用，也会对国防部与国务院之间的政策协调产生潜移默化的影响。

第四节　美国国务院与国防部的外交政策协调

美国国务院与国防部分别作为外交手段和军事力量的代表，对美国外交政策的制定和执行发挥了不可替代的作用。在外交政策过程中，为了使外交和军事手段达到优势互补、统筹一致，共同促进美国的国家利益，需要在相关政策领域运用相应的协调方式，对国务院和国防部发挥的作用进行协调。本节将对国务院与国防部协调的必要性、主要政策协调领域及协调方式展开论述，以便为后面章节的论述做好铺垫。

一　国务院与国防部协调的必要性

在当前时代背景下，美国必须加强国务院与国防部之间的政策协调，这主要取决于以下因素。

（一）美国战略地位变化带来的挑战

随着冷战结束，美国成为世界上唯一的超级大国，占据全球政治、军事、经济和文化领域的主导地位。为了捍卫和巩固其世界领导者地位，美国注重利用各种外交政策工具，尤其是外交和军事手段来维护国家利益。美国在全球各国的使馆、领事馆以及国际组织机构设有约 250 个外交使团，并在世界多国设有军事基地，常年派驻军队，国防部的九大联合作战司令部职能范围覆盖全球，甚至包括太空。美国还倾心打造了一系列的军事和政治同盟，以此作为干涉和影响全球事务的重要依托。所以，美国的实力和影响可谓无所不在。在这种背景下，为更好地应对战略地位变化带来的挑战，加强国务院与国防部的协调、统筹外交和军事政策就显得尤为必要。

（二）外交政策议题的复杂性与交叉性

随着全球化进程的持续发展，国家间相互依存程度不断提高，外交政策议题也愈发显得错综复杂，相互交织。在传统安全领域，国家之间军事、政治、外交领域的互动具有联动效应；在非传统安全领域，如恐怖主义、大规模杀伤性武器扩散、重建维稳等，许多议题都超出单独的军事或外交范畴，需要综合运用国家的整体资源来应对。有学者称，"自冷战结束以来，国家安全挑战就包括全球相互依存、冷战时期联盟的弱化、次国家行为体和非国家行为体影响力的上升、对外交手段更强的抵制能力、以及新的生化和网络威胁"。① 为此，加强外交政策部门的整体统筹已经成为当务之急，而国务院和国防部作为外交决策的核心部门，更应该加强部门协调，提高应对外交议题复杂性与交叉性的能力。

（三）单个部门能力的局限性

如上文所述，外交政策和国家安全议题往往涉及外交、军事、政治和其他领域，远非单个部门的能力能够解决。就国务院与国防部而言，尽管人员规模和预算差别很大，但两个机构掌握着不同的资源、人员和技能，在执行外交政策时需要互相支持。国防部在向海外部署军队、建立军事联盟、为解决冲突进行交涉谈判、将本国公民从战乱国家撤离时，都需要国务院通过外交途径进行沟通和协商；同样，国务院在很多方面也需要国防部的大力协助，例如在危机期间依靠国防部的后勤输送能力，将国务院的人员和物资运送到位，利用军事力量后盾开展遏制性外交，利用国防部与别国的军事交流提供军事外交支撑，并且依靠国防部为同盟关系和防务关系提供实质性保障。因此，单个行政机构职能的局限性促使不同部门必须在外交政策领域进行协调与合作。

（四）部门文化的差异

国务院与国防部作为外交政策制定和执行的核心部门，各自具有特色鲜明的部门文化，这在上文已有深入阐述。总体而言，国务院的部门文化偏向于自由主义，而国防部的部门文化则带有比较浓厚的保守性色彩。由于部门文化的差异，国务院与国防部在外交政策理念和具体办事风格方面都存在明显的区别，有时部门外交政策立场的不同完全是由于文化和理念差异使然。在外交政策过程中，两部门因部门文化差异而产生矛盾和隔阂时有发生，因此，对国务院与国防部之间

① Geoffrey C. Davis & John F. Tierney, "The Need for Interagency Reform: Congressional Perspective and Efforts", *Interagency Journal*, Vol. 3, Issue 1, Winter 2012, p. 4.

进行政策协调，目的之一就是化解因部门文化差异而产生的羁绊。

总之，美国超级大国的战略地位、外交政策议题的性质、单个部门能力的局限性以及国务院与国防部之间的文化差异决定了美国政府必须统筹协调外交政策的"硬权力"和"软权力"。一味依赖外交手段很可能达不到政治目的，但过度偏重武力也会导致外交政策的"军事化"，带来负面国际影响。只有综合运用国务院的外交优势和国防部的军事实力，有效搭建部门协调与沟通的桥梁，才能使外交与军事资源取得优势互补的效果，更好地推进外交政策。

二　国务院与国防部的主要协调领域

国务院与国防部需要在外交政策领域开展广泛的协调或合作。这不仅包括在国家层面进行政策协调，还需要在部门层面和基层执行层面进行合作。为了使论述条理清楚，本书将国务院与国防部的政策协调领域划分为地区事务政策协调和职能领域政策协调两方面。

（一）地区事务政策协调

从美国国务院和国防部的组织架构可以看出，两个机构都设有负责全球地区事务的职能部门。一方面，美国国务院设有六个地区事务司，分别是非洲事务司、东亚与太平洋事务司、欧洲与欧亚事务司、近东事务司、南亚与中亚事务司和西半球事务司；国防部设有六大战区级联合作战司令部，分别是北方司令部、中央司令部、南方司令部、太平洋司令部、非洲司令部和欧洲司令部。另一方面，国务院在大多数国家设有使、领馆，负责搜集该国的政治、经济情报并向总部汇报；而国防部则在许多国家设有武官处，负责搜集当地的军事情报。由此可见，全球各地发生任何危机、冲突或动荡，国务院和国防部的一线职能部门将分别对事件的政治和军事影响进行分析，并汇报。国务院与国防部的总部机关在综合分析事件后，得出政策建议，然后再通过国家安全委员会或部门间的相应渠道进行政策沟通或协调。

（二）职能领域政策协调

国务院与国防部除在地区事务进行外交政策协调外，还在一系列职能领域进行政策协调。当前美国外交政策重要的职能领域主要包括亚太再平衡、反对极端主义和恐怖主义、确保全球共享空间（Shared Spaces）（包括网络、太空、海、空）安全、防止大规模杀伤性武器扩散、打造预防冲突能力、巩固联盟战略等。[①] 在上述职能领域，国务院与国防部之间需要开展合作，密切协调，保证政策制定与执行的一致性和统一性。通常由国防部牵头对防务政策相关的议题进行协调，由国务院牵头对发展或人道主义救援等相关议题进行协调，而对于综合性的重要议题，则由白宫主导，分别在部长、副部长和助理部长等层级进行跨部门协调。

在美国发动战争和遂行军事行动时，国务院与国防部需要通力合作，密切协调。冷战后美国进行了几场局部战争，"9·11"后又发动反恐战争，建立联盟、采取联合军事行动是美国一贯坚持的作法。这就需要国务院采取积极的外交行动建立并维持广泛的联盟，需要国防部在制定与执行军事行动时与盟国及伙伴国进行合作，其间国务院与国防部之间必须保持密切协调与沟通，以确保外交与军事手段的同步性和有效性。

此外，在一些例行的涉外军事职能领域，如军售、军舰靠港、军机飞越领空、联合军事演习等，国务院与国防部也需要密切协调。近年来，国务院与国防部又加强了在制定政策文件方面的协调与合作，如国务院在撰写《四年外交与发展评估》时，会邀请国防部派员参与，而国防部在撰写《四年防务评估》时，也会邀请国务院派员参与。

可以肯定的是，鉴于当前国际形势的复杂性以及美国外交事务的

[①] 2015 年 2 月美国颁布《国家安全战略》报告，其中列举了关键的职能政策领域。参见 Barack Obama, *National Security Strategy*, Washington D. C. : The White House, February 2015, pp. 7 – 27.

不断拓展，美国国务院与国防部针对地区事务进行政策协调的频度会不断提高，针对职能领域进行政策协调的范围也会不断扩大，跨部门政策协调的重要性也将日益凸显。

三　国务院与国防部的协调类型

在美国外交政策过程中，国务院与国防部的政策协调主要分为纵向协调、横向协调和交叉协调（diagonal coordination）三种类型。

纵向协调一般指有隶属关系的上一级与下一级间的协调活动。[①] 对国务院与国防部而言，纵向协调分为两方面：一是外部协调，由总统颁布行政命令来规范和协调两部门权力和行为，或者由总统利用个人权威，对国务院和国防部的政策立场进行调解或仲裁；二是内部协调，由国务卿和国防部长分别颁布命令性或指导性文件，对国务院或国防部处理跨部门外交事务议题进行规范性指导。纵向协调是通过等级关系实现的自上而下的协调。以马克斯·韦伯（Max Weber）和赫伯特·西蒙（Herbert A. Simon）为代表的传统管理学派认为，由于上级领导拥有职务权威，通过指挥链条对下级进行协调相对容易。[②]

横向协调是指国务院与国防部部门之间或下属平行机构之间的协调活动。由于两部门在横向协调时没有纵向系统权威的前提，不存在层级节制的职权关系，因此，在某种程度上其工作量、难度和广度均超过纵向协调。[③] 在国务院与国防部之间，横向协调可以通过同级官员之间沟通、文件流转、成立跨部门委员会或工作组、制定统一政策和标准性规章制度等方式达成。此外，国务院专门设立了政治军事事务司，作为与国防部的联络机构，这给部门间的横向协调提供了便利条件。

---

　　①　夏玉章主编：《行政管理学》，中山大学出版社 2013 年版，第 277 页。

　　②　参见 R. Satya Raju & A. Parthasarathy, *Management: Text and Cases*, 2nd Ed., New Delhi: PHI Learning Private Limited, 2009, p. 179.

　　③　关于纵向协调与横向协调模式的差异，参见夏玉章主编《行政管理学》，第 278 页。

交叉协调指的是不同部门处于不同层级机构之间进行协调,① 也指组织机构的不同部门通过总部集中管辖的机构进行协调。② 由于国务院与国防部的机构庞大,事务繁杂,所以部门间进行交叉协调的情况并不少见。例如,国防部的战区司令部与国务院的地区事务司原则上不属于同一层级,但是因管辖区域互有重叠,战区司令部与地区事务司之间经常需要"跨级"协调。另外,国务院与国防部例行通过国家安全委员会体系进行外交事务的交叉协调。国家安全事务助理可以通过"主官委员会"或非正式的工作渠道对两部门主官的立场进行调解;"副主官委员会"和"政策协调委员会"分别可以在两部门的副部长(副国务卿)和助理部长(助理国务卿)级别进行政策协调。

总体而言,国务院与国防部的协调机制建立于上述三种协调模式的基础之上。在美国外交政策过程中,基于外交议题的性质和协调的复杂程度,国务院与国防部往往会综合运用纵向、横向和交叉三种政策协调模式。

小　　结

本章在对美国外交决策过程三种分析模型进行阐述的基础上,探讨了国务院和国防部在美国外交决策过程中的地位和作用,并对两大机构的历史演变、职能角色、组织结构和部门文化进行了剖析;然后分析了国务院与国防部进行外交政策协调的必要性,概括介绍了两大机构在外交政策方面的主要协调领域和协调类型。

为了更好地了解美国国务院与国防部协调机制的当前架构和运作

---

① 参见 Lewis B. Dzimbiri, *Organization and Management Theories: An African Focus*, Gñttingen: Cuvillier Verlag, 2009, p. 151.

② 参见 R. D. Agarwal, *Organization and Management*, New Delhi: Tata McGraw-Hill Education, 1982, p. 239.

模式，需要对协调机制的历史演进过程进行总体回顾，分析在美国的政治体制框架下国务院与国防部协调机制建立与发展的历史背景及推动因素，并对协调机制在不同发展阶段的特征和规律进行总结。本书第二章将针对这些问题展开论述。

第二章　美国国务院与国防部协调机制的历史演进

　　美国国务院与国防部的协调机制是随着美国国家实力不断增长、国家利益和外交政策领域的不断拓展，在国内外多种因素的作用下逐渐形成并完善的，是国际战略环境和国内政治因素共同作用的结果。国际战略环境主要包括美国在国际格局中的地位和面对威胁的性质；国内政治背景包括美国宪法体制框架、官僚政治运作、领导人的个人喜好等方面。除此之外，科学技术的进步以及公共管理模式的创新也会对协调机制的演变产生影响，因为军事技术的进步可以改变国家面对威胁的状况，通信技术的进步可以改变部门沟通的方式，而公共管理模式的发展可以改变政府机构的组织和运作方式。

　　美国国务院与国防部协调机制的架构分为国家层面、部门层面和一线基层三个层面。国家层面的协调机制主要是国家安全委员会，其演变轨迹相对清晰，根据国家层面协调机制从无到有、逐步完善的发展过程，笔者将其划分为三大阶段，分别是孕育与萌芽期、建立与发展期、稳定与成熟期。孕育与萌芽期包括从美国建国到二战时期；建立与发展期包括从二战结束到里根政府时期；稳定与成熟期包括从老布什政府时期至今。在部门层面和一线基层，协调机制的演变宏观上受国家层面的影响，其发展脉络虽然不如国家层面那样鲜明，但演进轨迹与国家层面的总体趋势相吻合。

　　本章在对国务院与国防部协调机制的演变过程进行梳理时，重点阐述了其在不同历史阶段组织架构的发展情况，以便突出纵向发展脉

络，清晰勾勒出协调机制演变的历史轨迹，为行文简洁，本章并未对
各时期协调机制的运作规则和运行程序等要素详细展开论述，相关要
素将在第三章集中阐述。

第一节　孕育与萌芽期

从建国到二战，美国国务院与军方的协调机制经历了一个漫长的
孕育与萌芽期。建国以来，由于美国长期奉行"孤立主义"外交政
策，军政事务协调与统筹的需求不突出，总统通常是军政事务的主要
协调者。战争成为促使美国军政协调机制发展的催化剂，美西战争、
一战直至二战屡屡暴露军政协调的不足与缺陷，促使美国开始探索新
的军政协调手段。在此期间，美国军政协调机制呈现从孕育至萌芽逐
渐加速的趋势——美西战争后军政协调的发展十分缓慢，一战之后军
方的提议因国务院担心地盘之争而流产，但二战的到来加速了军政部
门尝试建立军政协调机制的进程。

一　从建国到一战

美国建国后很长一段历史时期，依靠优越的地缘政治条件——东
西临两洋，南北无强国——享受着得天独厚的国家安全优势。首任总
统华盛顿在告别演说中提出，美国要避免卷入欧洲事务和国际纷争，
这奠定了美国长期奉行"孤立主义"外交政策的基调。到1823年，
门罗总统提出"门罗主义"，警告欧洲列强不要干涉美洲事务。事实
上"告别演说"和"门罗主义"奉行的理念一脉相承，美国要发展
成为世界强国，需要一定时间和空间来自我壮大，因此要避免卷入列
强纷争，并抵制欧洲列强的侵犯。在上述理念指导下，美国在整个
19世纪致力于推进"天赋使命"的大陆扩张政策，逐渐发展成为一
个横跨两洋的大国。在此期间，外交政策目的相对单一，政策范围相
对有限，几乎不需要专门的国家安全协调机制。按一位学者的说法，

"常年与外界隔绝所带来的安全感闷熄了军政合作想法的火花"。① 在外交政策与决策中,总统通常是唯一的协调人,由总统本人或临时咨询个别顾问作出决定。

美国国务院和陆军部成立于 1789 年,海军部成立于 1798 年,在建国后的最初 150 年里,这三个部门构成了美国的国家安全机构。② 国务卿、陆军部长和海军部长都是内阁成员,直接向总统汇报工作,而且国会针对三个部门分别设有相应的委员会,负责拨款审批等事项,所以国务院、陆军部和海军部彼此独立,每个部门都发展了自己的制度文化、组织理念和运作特点。总统对各部门的自主性不加干涉,也不要求其制定共同的战略,因此部门之间并没有相应的政策协调机制。此外,由于三个部门办公地点距离不远,这给解决临时的协调事宜提供了方便。③

美西战争首次凸显了美国政府军政协调的缺陷。在太平洋战场,时任助理海军部长西奥多·罗斯福在未得到总统命令的情况下,下令美国亚细亚舰队在菲律宾沿海集结,并率先向西班牙部队发起进攻。但因缺乏与国内外交和政府部门的协调,在长达数周的时间里,增援部队迟迟未到,美国亚细亚舰队呆在马尼拉港碌碌无为。后来直到增援部队赶到,才攻下马尼拉城。美军占领马尼拉后,由于国务院与军方在前方缺乏必要的沟通与协调,美军面对严峻的叛乱挑战束手无策。④

美西战争暴露出军政协调的缺陷,促使国务院、陆军部和海军部

① Richard A. Best Jr. , *The National Security Council: An Organizational Assessment*, CRS Report RL30840, Washington, DC: Congressional Research Service, January 2011, p. 2.

② Roger Z. George & Harvey Rishikof, *The National Security Enterprise: Navigating the Labyrinth*, Washington, D. C. : Georgetown University Press, 2011, p. 12.

③ 在美国内战之前,国务院、陆军部和海军部的办公楼与白宫位于同一街区,内战之后国务院、陆军部和海军部合署办公,这种状况一直持续到二战前。参见 Roger Z. George & Harvey Rishikof, *The National Security Enterprise: Navigating the Labyrinth*, Washington, D. C. : Georgetown University Press, 2011, p. 14.

④ Roger Z. George & Harvey Rishikof, *The National Security Enterprise: Navigating the Labyrinth*, Washington, D. C. : Georgetown University Press, 2011, p. 15.

加强沟通与协调。但这一过程的进展却非常缓慢。直到西奥多·罗斯福时期，在陆军部长艾利胡·鲁特（Elihu Root）的提议下，成立了"陆海军联合委员会"（Joint Board of the Army and the Navy），就军种间事务进行协调，这才改变了军种间缺乏沟通的状况。① 但委员会在计划制定与部门协调方面发挥的作用依然有限。美西战争后的二十年间，三个部门的领导仍然通过信函往来的陈旧方式就军、政事宜进行磋商，这种方式并不能取得有效的政策协调。②

真正推动军政协调从信函往来向会议磋商方式转变的是威尔逊政府。在威尔逊执政的第一年，美国与墨西哥关系趋紧，国务卿布莱恩（William Jennings Bryan）与陆军部长、海军部长、陆军参谋长和海军总委员会首长（Head of the Navy General Board）一起赴白宫开会，讨论应对事宜。这样，"身着戎装的军官与西装革履的外交官共坐一席，就外交政策问题进行讨论"。③ 之后，随着欧洲爆发战争，国务卿及其下属需要经常与陆军和海军代表进行专门磋商。另外，由于中立国的权利和义务不明确，美国成立了"国务院与海军部联合中立委员会"（Joint State and Navy Neutrality Board），作为外交和国际法方面的咨询机构。这样，三个部门助理部长之间的联系较之战前增长了三倍，布莱恩的继任者兰辛（Robert Lansing）几乎每天都与陆、海军官员会面。

尽管会议、信函和委员会磋商的方式开始将国务院、陆军部和海军部联系到一起，但美国的外交政策却并未从中受益。因为威尔逊总统在决策时几乎不需要这三个部门的任何帮助。国务院在威尔逊政府

---

① Roger Z. George & Harvey Rishikof, *The National Security Enterprise*：*Navigating the Labyrinth*, Washington, D. C.：Georgetown University Press, 2011, p. 15.

② Ernest R. May, "The Development of Political-Military Consultation in the United States", *Fateful Decisions*：*Inside the National Security Council*, eds. by Karl F. Inderfurth & Loch K. Johnson, New York：Oxford University Press, 2004, p. 8.

③ Ernest R. May, "The Development of Political-Military Consultation in the United States", *Fateful Decisions*：*Inside the National Security Council*, eds. by Karl F. Inderfurth & Loch K. Johnson, New York：Oxford University Press, 2004, p. 9.

的外交决策中所占份量有限，而"陆海军联合委员会"因一项政策建议令总统恼火，几乎遭到解散。正如学者所言，"无实权部门之间的合作充其量只能导致无效的协调。"①

　　一战的到来使美国必须应对广泛的国内与国际协调事务，这大大超出总统的能力负荷。为此，美国于 1916 年成立了国防委员会（Council of National Defense），成员包括陆军部、海军部、内政部、农业部、商业部和劳工部的部长。因为国务卿不是其中的成员，这反映出国防委员会主要是一个经济动员协调机构。国防委员会于 1921 年解散，但它开启了跨部门协调工作的先例，美国在二战时将再次成立类似机构。②

二　两次世界大战之间

　　尽管一战期间美国国务院和军事部门之间的协调努力并没有给外交政策带来多大影响，但军政合作的观念却保留下来。由于一战暴露出国务院和陆、海军仍存在不少缺陷，战后三个部门都进行了改革。1924 年的《罗杰斯法案》将国务院的外交和领事人员进行整合，使外交官的选拔工作制度化，通过竞争性考试，择优录取。陆军总参谋部进行了重组，海军作战办公室（Office of Naval Operations）也着手改进，两军种部重新设立了更完备的"陆海军联合委员会"。

　　一战之后，陆军部和海军部的官员认识到与国务院进行官方定期磋商的必要性，并先后两次提议设立相关的磋商机制。第一次是1919 年 5 月 1 日，时任代理海军部长富兰克林·罗斯福致函国务卿，提议成立一个由陆、海军和国务院官员组成的联合作战规划机构。但遗憾的是，该信函被错误地发给国务院的拉美事务部，最终并未送达

① Ernest R. May, "The Development of Political-Military Consultation in the United States", *Fateful Decisions: Inside the National Security Council*, eds. by Karl F. Inderfurth & Loch K. Johnson, New York: Oxford University Press, 2004, p. 9.

② Richard A. Best Jr., *The National Security Council: An Organizational Assessment*, CRS Report RL30840, Washington, DC: Congressional Research Service, January 2011, p. 2.

国务卿。① 第二次是 1921 年 12 月 7 日，由陆、海军部长联合倡议，建议国务院任命一名官员定期参加陆海军联合委员会会议，就国家政策中的军事和外交议题进行联合磋商。但国务卿查尔斯·埃文斯·休斯（Charles Evans Hughes）认为军事部门的倡议等于限制了国务院在外交政策上的自主性，因而予以否决。他的批示是："在我看来，这本质上是建议至少一些临时性的外交政策事务要提交联合委员会讨论，我对这种作法的可取之处表示怀疑。"② 可见，平级单位推动建立协调机制会面临很大的阻力，尤其是涉及官僚政治和地盘之争。

尽管国务院、陆军部和海军部的上层协调机制未取得太多进展，但在此期间，军队的中层军官和国务院外交官之间的友好交流得到加强。他们开始交换情报信息，并且经常参加跨部门工作会议；在 1920 年代早期，外交官开始参加陆军战争学院和海军战争学院的课程，也有外交官到战争学院授课，这为未来部门间领导层的合作打下了基础。③

到 1930 年代末期，国际战略环境的演变和军事技术的发展对美国国家安全带来新挑战。一方面，独裁政府在全球漫延，给美国民主带来巨大威胁；另一方面，作战技术手段的变革给美国因地理位置优势而产生的国家安全感造成冲击。当时，独裁政体展现出超越民主社会的政治和经济优势，令许多人担忧民主时代即将终结；另外，美国领导人坚信独裁政府倾向于通过侵略来巩固国内统治进位，扩展国外势力范围。当时"新地缘政治"学说强调科技进步能够克服时间和

---

① Ernest R. May, "The Development of Political-Military Consultation in the United States", *Fateful Decisions: Inside the National Security Council*, eds. by Karl F. Inderfurth & Loch K. Johnson, New York: Oxford University Press, 2004, pp. 9 – 10.

② Ernest R. May, "The Development of Political-Military Consultation in the United States", *Fateful Decisions: Inside the National Security Council*, eds. by Karl F. Inderfurth & Loch K. Johnson, New York: Oxford University Press, 2004, p. 10.

③ Ernest R. May, "The Development of Political-Military Consultation in the United States", *Fateful Decisions: Inside the National Security Council*, eds. by Karl F. Inderfurth & Loch K. Johnson, New York: Oxford University Press, 2004, p. 11.

空间带来的传统局限，空中力量的快速发展意味着全球空间距离的缩短，机械化战争意味着坦克等重型装备的大规模运用，这些进步大大削弱了美国传统的国家安全优势。[1]

后来，随着第二次世界大战日益迫近，时任国务卿科德尔·赫尔（Cordell Hull）于 1938 年 4 月致函罗斯福总统，正式提议组建由国务院、陆军部和海军部为主体的协调委员会，总统批准了这一建议。新成立的机构名为"常设联络委员会"（Standing Liaison Committee），成员包括副国务卿、陆军参谋长和海军作战部长，由此美国成立了首个就外交政策定期进行军、政磋商的机构。[2] 尽管常设联络委员会主要作为一个信息交流的平台，而不是协调与指挥机构，但它给军事首长们提供了一个了解国务院政策思维的机会，也使副国务卿能够了解高度机密的陆海军作战计划，而国务院之前无法接触这些材料。

常设联络委员会在重要议题上取得的成就寥寥，其职能逐渐转移到其他委员会，后于 1943 年被撤销。

三　二战时期

1940 年 11 月后，美国加快了军政协调与统筹的步伐。陆军部长、海军部长与国务卿开始每周召开会议，就重要议题进行协商。总统开始绕过国务卿，甚至军事部门的文职部长，直接与陆军参谋长和海军作战部长打交道。到 1941 年秋天，总统开始召开战争委员会（War Council）会议，委员会成员包括国务卿、陆军部长、海军部长、陆军参谋长和海军作战部长。尽管战争委员会与后来的国家安全委员会相

---

① Douglas Stuart, "Constructing the Iron Cage: The 1947 National Security Act", *Affairs of State: The Interagency and National Security*, ed. by Gabriel Marcella, Carlisle, PA: U. S. Army War College, 2008, pp. 56 – 59.

② Mark S. Watson, *Chief of Staff: Prewar Plans and Preparations*, Washington DC: Historical Division, Department of the Army, 1950, pp. 89 – 92; Richard A. Best Jr., *The National Security Council: An Organizational Assessment*, CRS Report RL30840, Washington, DC: Congressional Research Service, January 2011, p. 3; 周琪主编:《美国外交决策过程》，中国社会科学出版社 2011 年版，第 71 页。

似，但总统在陆军参谋长和海军作战部长的帮助下事先作出决策，战争委员会只是总统宣布既定决策的一个平台。①

1941 年 12 月 7 日，日本偷袭珍珠港，这给美国人民和政府造成史无前例的冲击。正如约翰·甘迪斯（John Gaddis）所言："……突如其来的攻击将陈旧的国家安全观念和做法一扫而光。"② 珍珠港事件的独特意义在于它将国家安全概念树立为美国外交政策的指导原则。该事件还充分暴露了美国政策机构的缺陷，主要体现在情报收集与分析、两大军种之间、军种内部、军政领导人之间的协调存在巨大问题。③ 事实上，军方认为国务院应该为珍珠港事件负责，因为之前军方一直竭力试图延迟开战，以便加固太平洋战区的基地，但国务院却一直保持对抗态势，不断向东京施加政策压力，最终导致日本对美开战。④

美日交战后，总统不再邀请国务卿赫尔参加战争委员会会议，战争委员会实际上成为战略与指挥的委员会。总统出国会见英国或苏联领导人时，国务卿往往呆在国内；总统在华盛顿和魁北克会见丘吉尔时，国务卿被留在门外等候。在战争的大部分时间，国务院几乎成为军种部的附庸。

与此同时，军官承担起外交官的职责。艾森豪威尔、史迪威（Joseph Stilwell）、魏德迈（Albert Wedemeyer）与盟国政府进行谈判；为了便于与英国进行对口交流，美国成立了参谋长联席会议（参联

① Ernest R. May, "The Development of Political-Military Consultation in the United States", *Fateful Decisions: Inside the National Security Council*, eds. by Karl F. Inderfurth & Loch K. Johnson, New York: Oxford University Press, 2004, p. 12.

② John Gaddis, *Surprise, Security, and the American Experience*, Cambridge, MA: Harvard University Press, 2004, p. 37.

③ Douglas Stuart, "Constructing the Iron Cage: The 1947 National Security Act", *Affairs of State: The Interagency and National Security*, ed. by Gabriel Marcella, Carlisle, PA: U.S. Army War College, 2008, pp. 60 – 61.

④ Douglas Stuart, "Constructing the Iron Cage: The 1947 National Security Act", *Affairs of State: The Interagency and National Security*, ed. by Gabriel Marcella, Carlisle, PA: U.S. Army War College, 2008, p. 61.

会），与盟军军事首长进行对口谈判，签订协议。尽管参联会一再宣称在政治事务上没有权力，但其决策事实上指导着美国政策。例如，参联会认为美国外交应该服从其他目标，以争取苏联向日本宣战；1944年，当国务院提议在敦巴顿橡树园会议上讨论战后边界问题时，参联会予以制止，认为这样可能会导致苏联推迟参加太平洋战争。[①]总之，在战争过程中，军方的观点通常占主导地位。

直到战争的最后一年，国务院才开始恢复之前的地位。随着战争胜利的天平不断向盟军倾斜，美国决策者开始思考军事占领和战后重建问题，在国家层面建立国务院与军种部协调机制的需求也愈加明显。1945年，在陆军部长和海军部长的提议下，美国成立了"国务院、陆军部、海军部协调委员会"。委员会下设秘书处以及数个地区性和议题性的分委会，由相关部门的助理部长组成，职责是"帮助上级处理军政事务，并就共同关心的议题——尤其是涉及外交政策和对外关系议题——协调各部门的观点……"[②] 委员会的设立显著改进了军政联络工作，并能很好地与参联会体系接轨。由于委员会的议题大多涉及各战区的舰队或部队，所以决议需要参联会联审。在实际运作中，代表参联会的军官与委员会的工作班子一起开会讨论。这样，在委员会建议提交给国务卿和总统之前，其与参联会的分歧已经得到处理或研究。[③]

虽然委员会的大部分工作由助理部长完成，但它实际上已开始接近权力核心，并逐渐成为美国战时制定计划、权衡政策的权力实体之一。它制订了占领德国、奥地利和日本的计划，并研究了许多其他的

---

① Ernest R. May, "The Development of Political-Military Consultation in the United States", *Fateful Decisions: Inside the National Security Council*, eds. by Karl F. Inderfurth & Loch K. Johnson, New York: Oxford University Press, 2004, p. 13.

② Richard A. Best Jr., *The National Security Council: An Organizational Assessment*, CRS Report RL30840, Washington, DC: Congressional Research Service, January 2011, p. 3

③ Ernest R. May, "The Development of Political-Military Consultation in the United States", *Fateful Decisions: Inside the National Security Council*, eds. by Karl F. Inderfurth & Loch K. Johnson, New York: Oxford University Press, 2004, p. 13.

战后政策。该委员会构成了 1947 年国家安全委员会的雏形。①

第二节 建立与发展期

美国国务院与国防部协调机制的建立与发展期始于二战后，直至里根执政结束。战后美国的国际地位急剧提升，外交政策的职能领域迅速拓展，促使其建立国家安全委员会，完善国家层面的军政协调机制。冷战期间，美国军政协调机制因应美苏争霸的需要，在历届政府都经历了调整与磨合的过程。这一时期，国务院与国防部协调机制的发展呈现如下特征：一方面，国家层面的协调机制以国家安全委员会为依托，在体系架构和运作模式等方面持续经历了探索、磨合与调整的过程；另一方面，部门层面逐渐建立并固化对口协调渠道，国务院还专门设立了与国防部的联络机构，外交与军事部门工作层面的协调机制不断完善。

一 从"埃伯斯塔特报告"到《国家安全法》

第二次世界大战后，美国全球地位的变化使得加强国家安全机构政策协调的需求愈加明显。1945 年后，面对苏联的威胁，美国采取并延续了一系列军事与外交政策——维持全球部署的大规模常备军，制造核武库来遏制全面大战，为欧洲和太平洋盟友提供安全保障等。这样，美国的国防政策扩大到世界范围，安全的概念在历史上首次具有全球性质。国际战略环境的变化对美国统筹国家安全部门间的政策协调提出了新要求，这首先体现在美国需要整合陆、海、空军力量，统一应对各种武装冲突；其次，美国需要更加慎重地管控外交手段，

---

① Ernest R. May, "The Development of Political-Military Consultation in the United States", *Fateful Decisions: Inside the National Security Council*, eds. by Karl F. Inderfurth & Loch K. Johnson, New York: Oxford University Press, 2004, p. 13；周琪主编：《美国外交决策过程》，中国社会科学出版社 2011 年版，第 71 页。

以便恰如其分地向对手展现意图与能力；① 再次，美国需要更好地统筹外交与军事力量，为保障其全球利益服务。

在美国国内，公共行政管理研究的进步逐渐改变了政府机构的政策制定程序，聘用"顾问"成为政府机构的普遍做法。例如，1946—1949 年，胡佛委员会针对政府外交事务管理发表研究报告，提出政府应该与高校学者、专家合作，从而改进国家的安全政策评估。② 另外，美国政界普遍对罗斯福总统在二战中独揽大权、随心所欲的外交决策风格感到不满，加上珍珠港事件听证会引起的广泛关注，这些都构成推动美国国家安全体制和军政协调机制改革的背景。

其实早在二战结束之前，陆军参谋长乔治·马歇尔（George C. Marshall）就提议建立统一的军事机构，对陆、海军实施集中领导。1944 年，国会开始考虑建立统一军事机构的可行性，但遭到海军的反对。海军认为陆军会主导新成立的统一军事机构，从而损害海军利益。到 1945 年夏，陆军部大张旗鼓地宣传军种联合的好处，新任总统杜鲁门也公开表示将此作为工作重心之一，看来支持军种整合的势头已经不可阻挡。海军部长詹姆斯·福莱斯特（James Forrestal）认识到，此时海军采取公开对抗的姿态并非良策，于是他委托好友斐迪南·埃伯斯塔特（Ferdinand Eberstadt）撰写一份研究报告，要求他从更宽泛的范围研究战后国家安全体制的架构。福莱斯特希望通过支持建立一个高层规划与协调机构，来避免海军部和陆军部整合的命运。

福莱斯特在致埃伯斯塔特的函中提出了三个问题，分别是：

1. 将陆军部和海军部整合并交由一人领导，是否会改善国家安全形势？

2. 否则，根据战争经验，应如何改变当前军种及军种部之间的

---

① Roger Z. George, Harvey Rishikof, eds., *The National Security Enterprise: Navigating the Labyrinth*, Washington DC: Georgetown University Press, 2011, p. 17.

② ［加］夏尔－菲利普·大卫：《白宫的秘密：从杜鲁门到克林顿的美国外交决策》，李旦等译，中国人民大学出版社 1998 年版，第 59—60 页。

关系以保障国家安全？

3. 战后应建立什么机构来有效促进军队和政府其他部门保障并保卫国家安全？①

为此，埃伯斯塔特带领由 30 名专家组成的研究团队，历时 3 个月完成研究报告。他反对整合军种部，指出"与简单化的军种统一相比，当前形势要求我们采取更加果断、目光长远的行动，要求我们彻底重组政府机构以服务国家利益……"② 他建议成立"国家安全委员会"，负责协调军政事务。国家安全委员会成员包括总统，国务卿，陆、海、空军部长，国家安全资源委员会（The National Security Resources Board）主席；参谋长联席会议作为国家安全委员会组成部分，应参加会议；他还建议成立中央情报局，作为国家安全委员会的下属单位。他在报告中提出，国家安全委员会应该作为"政策制定和咨询机构，而不是执行机构"。③

"埃伯斯塔特报告"旨在将争论重心从军队本身转移到华盛顿政策圈高层军政协调领域，因其建议与福莱斯特的观点一致，所以得到其大力支持。事实上，报告中关于成立国家安全委员会的建议很快被称为"福莱斯特的报复"。尽管海军部长最终未能阻止军种整合，但"埃伯斯塔特报告"关于国家安全委员会的大部分建议都被 1947 年《国家安全法》采纳。

杜鲁门对建立国家安全委员会心存疑虑。一方面他希望设立一个就整合外交和军事政策提供建议的机构，另一方面，他坚决反对建立

① Ferdinand Eberstadt, "Postwar Organization for National Security", *Fateful Decisions: Inside the National Security Council*, eds. by Karl F. Inderfurth & Loch K. Johnson, New York: Oxford University Press, 2004, p. 17.

② Douglas Stuart, "Constructing the Iron Cage: The 1947 National Security Act", *Affairs of State: The Interagency and National Security*, ed. by Gabriel Marcella, Carlisle, PA: U. S. Army War College, 2008, p. 69.

③ Ferdinand Eberstadt, "Postwar Organization for National Security", *Fateful Decisions: Inside the National Security Council*, eds. by Karl F. Inderfurth & Loch K. Johnson, New York: Oxford University Press, 2004, p. 20.

任何可能削弱总统权力的实体。为此，杜鲁门最初建议不要将总统纳入委员会，这样就可以避免被委员会决议所约束。后来他改变想法，同意将总统纳入委员会班子，但将法案草稿中关于国家安全委员会职能的界定作出修改，把"委员会的职能是整合外交和军事政策……"改为"委员会的职能是就整合外交和军事政策向总统建言……"①

在《国家安全法》立法辩论过程中，国会争论的焦点集中在军种整合问题上，而对设立国家安全委员会并无太大争议。国会普遍接受设立一个对国家安全政策进行协调的固定机制，在立法辩论环节，有关国家安全委员会的争论主要涉及组织机构的细节、法定成员、确保军方观点不会垄断委员会决议等方面。1947 年 7 月 26 日，国会通过了《国家安全法》，同日，法案经杜鲁门签署生效。

1947 年《国家安全法》第 101 款对国家安全委员会作出明确规定，指出国家安全委员会的职能是"就整合与国家安全有关的内政、外交及军事政策向总统建言，以确保军队与政府其它部门和机构在国家安全事务领域更有效地进行合作"。② 另外，该法规定国家安全委员会成员包括总统，国务卿，国防部长，陆、海、空军部长和国家安全资源委员会主席，总统也可以根据需要指定其他成员参加会议；委员会下设一个工作班子（NSC Staff），由总统任命的文职执行秘书领导。③

这样，经过多年的不断尝试，美国终于建立了一个整合国家安全与外交政策的高层协调委员会。较之以往的协调方式与组织机构，国家安全委员会有着明显优势，它将外交、军事和国家资源的最高领导召集到一起，与总统共商政策大计。国家安全委员会的成立标志着国

---

① Douglas T. Stuart, *Creating the National Security State: A History of the Law That Transformed America*, Princeton, New Jersey: Princeton University Press, 2008, p. 130.

② Richard A. Best Jr., *The National Security Council: An Organizational Assessment*, CRS Report RL30840, Washington, DC: Congressional Research Service, January 2011, p. 6.

③ Richard A. Best Jr., *The National Security Council: An Organizational Assessment*, CRS Report RL30840, Washington, DC: Congressional Research Service, January 2011, p. 6.

务院与国防部在国家层面协调机制的正式建立。其作为总统建议咨询机构的性质和灵活的组织形式意味着国家安全委员会可塑性强，总统可按自己的意图加以利用。因此，国家安全委员会的使用、组织架构和最终效果很大程度上取决于总统的风格与愿望。

二 从杜鲁门到艾森豪威尔政府

在杜鲁门和艾森豪威尔执政期间，美国国务院与国防部的协调机制经历了初始磨合期。在国家层面，两部门开始通过新成立的国家安全委员会进行政策协调，委员会成为军政议题协调的重要平台，尤其在艾森豪威尔执政后，通过严格规定议事程序，国务院与国防部在这一平台的政策协调向机制化方向转变。在部门层面，新成立的国防部对改进与国务院的沟通进行了探索，除了高层领导间的会议和信函沟通外，在工作层面逐渐形成了以主管国际安全事务的助理国防部长为主导的部门协调渠道；国务院最初由国务卿和副国务卿统筹协调与国防部的政策沟通，直到艾森豪威尔执政末期，主管政治事务的副国务卿帮办成为统一协调与国防部军政事务的枢纽。

（一）国家层面协调机制

1947 年 9 月 26 日，杜鲁门在签署《国家安全法》两个月后，主持召开第一次国家安全委员会会议。他强调委员会只是咨询机构，将委员会看作研究和评估问题并提出政策建议的平台，而不是制定或执行政策的机构。由于杜鲁门最初与会的频率不高，所以国家安全委员会主要成为国务院与国防部等部门进行政策讨论与协调的平台，许多需要跨部门协商的政策文件通过国家安全委员会系统起草。这些政策文件大体分为四类：宏观性、区域性、职能性和组织机构类。宏观性政策文件包括广泛的国家安全议题以及政治、军事、经济战略文件等；区域性政策文件主要针对热点地区和对象国；职能性政策文件包括国防动员、军控、原子能和贸易政策等；组织机构类文件主要针对国家安全委员会、国外情报活动和国内安全机构的组织架构。①

　　国家安全委员会系统的运作需要委员会工作班子提供保障。最初，工作班子只有3人，后来随着委员会事务的拓展，其规模逐渐扩大。在朝鲜战争之前，工作班子主要由执行秘书、执行秘书办公室和书记处、幕僚（the Staff）和执行秘书顾问构成。执行秘书由索厄斯（Sidney W. Souers）担任，负责向总统提交委员会建议、每日向总统汇报有关委员会和情报事宜等。执行秘书办公室和书记处人员是国家安全委员会的长期雇员，主要承担会务保障工作，如准备会议议程、传达会议文件、作会议记录等。幕僚几乎全是从政府各部门借调的中下层官员，由国务院借调的一名协调员统一领导，他们并不是各部门驻国家安全委员会的代表，而主要作为委员会的工作人员，负责起草委员会研究报告，撰写政策建议供委员会审议。执行秘书顾问由委员会各成员机构主管政策和作战规划的领导构成，包括国务院的政策规划司（Policy Planning Staff）司长和国防部的联合参谋部主任。②

　　国务院和国防部在国家安全委员会框架内的政策协调一般分三步走。首先，由国家安全委员会工作班子或国务院政策规划司起草政策文件；其次，由国务院和国防部等部门组成的资深顾问组（即执行秘书顾问）对文件进行初步研究，提出建议与意见；最后，将政策文件提交国家安全委员会正式讨论，此时国务卿、国防部长针对相关议题交换意见，阐释立场，而委员会最终的政策建议由执行秘书提交总统，由总统作出最后仲裁和批示。③

　　总体而言，国家安全委员会对国务院与国防部在国家层面的政策

　　①　Sidney W. Souers, "Policy Formulation for National Security", *American Political Science Review*, Vol. 43, No. 3, June 1949, p. 539.

　　②　Stanley L. Falk, "The NSC under Truman and Eisenhower", *Fateful Decisions: Inside the National Security Council*, eds. by Karl F. Inderfurth & Loch K. Johnson, New York: Oxford University Press, 2004, p. 36.

　　③　Alfred Goldberg, Steven L. Rearden & Doris M. Condit, *History of the Office of the Secretary of Defense: The Formative Years, 1947–1950*, Washington, D. C.: Government Printing Office, 1984, p. 125.

协调发挥了积极作用，通过这一平台，许多政策文件经由两部门的争论与探讨而逐渐成熟，使总统在决策时可以更准确地作出判断。杜鲁门曾评价道，国家安全委员会是其所能利用的最佳工具，使总统在政策文件得到充分协调的基础上作出决策。① 但是，作为两部门在国家层面的协调机制，国家安全委员会还存在一些不足。首先，委员会并不是最高政策制定机构，甚至也不是总统的首要咨询机构，因此其政策协调的影响力大打折扣。其次，有时国家安全委员会与会人员过多，影响了议事效率和决策效果。这是因为各部门首长经常携顾问与会，本部门人员在场使得国务卿和国防部长必须考虑部门利益，而不是抛开部门成见，对问题作出客观分析。再次，委员会工作班子的运作也存在缺陷，从国务院和国防部借调的幕僚被认为逐渐与部门情况脱节，被当作"局外人"；而作为幕僚协调员的国务院借调官员处于两难境地，难以在照顾国务院利益和作为公正协调者的角色中作出选择；执行秘书顾问因本机构事务繁杂，无暇兼顾国家安全委员会的事务，导致委员会在讨论政策文件时，常因缺少充分准备而产生混乱和延误。②

1949 年 8 月，国会通过《国家安全法》修正案，对委员会构成作出调整，撤销陆、海、空三军部长席位，增设副总统为法定成员。这样，国家安全委员会法定成员包括总统、副总统、国务卿、国防部长和国家安全资源委员会主席。该修正案同时指定参谋长联席会议作为委员会的"首席军事顾问"，这为参联会主席后来与会铺平道路。从 1950 年起，参联会主席开始参加会议。

---

① U. S. Department of State, *Foreign Relations of the United States*, *1945 – 1950*, Retrospective Volume, Emergence of the Intelligence Establishment, Washington, D. C.: United States Government Printing Office, 1998, Document 382, available at: https://history. state. gov/historicaldocuments/frus1945 – 50Intel/d382. 登录时间 2014 年 12 月 9 日。

② Stanley L. Falk, "The NSC under Truman and Eisenhower", *Fateful Decisions*: *Inside the National Security Council*, eds. by Karl F. Inderfurth & Loch K. Johnson, New York: Oxford University Press, 2004, pp. 38 – 39；［加］夏尔 – 菲利普·大卫:《白宫的秘密：从杜鲁门到克林顿的美国外交决策》，李旦等译，中国人民大学出版社 1998 年版，第 127—132 页。

朝鲜战争爆发后，外交与军事协调的需求进一步凸显，杜鲁门加大了对委员会的依赖。从 1950 年 6 月开始，他参与并主持大部分国家安全委员会会议，并于 7 月末下令对国家安全委员会进行整顿和重组。与会人员仅限法定成员和总统指定的其他人员；取消工作班子幕僚和执行秘书顾问职务，分别替换为高级幕僚（Senior Staff）和幕僚助理（Staff assistants），高级幕僚由国务院、国防部、参联会等机构的助理部长及以上级别官员组成，由执行秘书担任领导，幕僚助理由高级幕僚指派。1951 年春，国家安全委员会增设心理战略委员会（Psychological Strategy Board），成员包括副国务卿、常务副国防部长和中央情报总监（Director of Central Intelligence），委员会下设主任和工作人员。整顿之后国家安全委员会的工作得到了改善。

1953 年 1 月，艾森豪威尔入主白宫后，对国家安全委员会进行重组，赋予其更大的职能。他扩大委员会工作班子规模，拓展组织机构，固化工作程序，使委员会能够有条不紊地开展工作。艾森豪威尔对委员会的重组主要包括以下三个方面：第一，设立国家安全事务特别助理，[1] 由其负责国家安全委员会及执行秘书的工作。第二，成立国家安全委员会计划委员会（NSC Planning Board），由助理部长级官员组成，负责拟定研究报告、政策建议和国家安全委员会协调文件草案，国家安全事务助理任计划委员会主席。第三，成立行动协调委员会（Operations Coordinating Board），成员包括副国务卿、常务副国防部长、中央情报总监等，负责统筹协调国家安全政策执行。[2]

这样，国务院与国防部在国家安全委员会层面的政策协调被形象

---

① "总统国家安全事务特别助理"（Special Assistant to the President for National Security Affairs）通常被称为 "总统国家安全事务助理"（Assistant to the President for National Security Affairs）、"国家安全事务助理"、"国家安全顾问"（National Security Advisor），有时也非正式地被称为 "国家安全委员会顾问"（NSC advisor）。参见 Wikipedia，"National Security Advisor, United States"，available at：http：//en. wikipedia. org/wiki/National_ Security_ Advisor _ (United_ States)，登录时间 2014 年 12 月 20 日。

② Richard A. Best Jr. , *The National Security Council：An Organizational Assessment*，CRS Report RL30840，Washington，DC：Congressional Research Service，January 2011，pp. 8 - 9.

地称为"政策山"，在山坡底部，由国务院或国防部起草文件并提出政策建议方案，然后提交国家安全委员会的计划委员会；在山坡中部，由国家安全事务助理领导的计划委员会对政策方案进行修改、扩充或重写，并尽可能消除国务院与国防部之间的分歧，然后提交国家安全委员会全体会议讨论；在山巅，在总统主持下，经国务卿和国防部长等人讨论后，总统从各部门方案中选择最佳方案；总统批准政策建议后，政策文件从山坡另一面下山，在半山腰，由行动协调委员会按总统的批示对执行部门提出建议，并对跨部门执行政策进行协调。[①]

　　国务院与国防部在国家层面的政策协调可以有序进行，这主要得益于国家安全委员会严格遵循工作程序。但在艾森豪威尔任期末，出现了对国家安全委员会的批评声音。有人质疑委员会已经成为一个"造纸厂"（paper mill），出台的政策文件量大于质，许多政策建议是部门妥协的结果，缺少真知灼见；委员会人员过于臃肿，死板的程序往往扼杀政策创新性；对重大问题领域未能给予足够关注。[②] 但有学者后来研究认为，事实并非如此，他们称艾森豪威尔政府的国家安全委员会会议和流程打造出了信息掌握全面、分析缜密的国家安全团队，有助于保持外交政策的连贯性。[③]

　　总之，针对国务院与国防部在杜鲁门和艾森豪威尔执政期间的政策协调，可以得出以下结论：首先，因两位总统的管理风格不同，国家安全委员会的架构和运作程序迥异，这表明总统的喜好和决策风格是影响国务院与国防部在国家层面政策协调的重要因素。其次，杜鲁门政府的执行秘书和艾森豪威尔政府的国家安全事务助理的地位和作

　　[①]　周琪主编：《美国外交决策过程》，中国社会科学出版社 2011 年版，第 75 页；Robert Cutler, "The Development of the National Security Council", *Foreign Affairs*, Vol. 34, No. 3, April 1956, pp. 448 - 449.

　　[②]　Richard A. Best Jr., *The National Security Council: An Organizational Assessment*, CRS Report RL30840, Washington, DC: Congressional Research Service, January 2011, p. 9.

　　[③]　Fred I. Greenstein & Richard H. Immerman, "Effective National Security Advising: Recovering the Eisenhower Legacy", *Fateful Decisions: Inside the National Security Council*, eds. by Karl F. Inderfurth & Loch K. Johnson, New York: Oxford University Press, 2004, p. 51.

用都没有超过内阁成员，国务卿与国防部长仍是政策制定和执行的核心，也是部门间政策协调的主导力量。最后，两位总统为国务院与国防部在国家层面的跨部门协调树立了先例，例如，杜鲁门政府在国家安全委员会设立了针对特定议题的专门委员会，这为以后历届政府所效仿；艾森豪威尔将国家安全委员会的运作制度化，除后来的肯尼迪和约翰逊政府外，其他政府也都沿袭了这一先例。

（二）部门层面协调机制

除了国家安全委员会框架下的政策协调之外，国务院与国防部在部门之间的沟通与协调中也发挥着重要作用。部门间直接交流既可以减轻国家安全委员会的工作负担，又便于对紧急议题快速协调并采取行动，成为外交政策过程必不可少的环节。福莱斯特任国防部长后，亲自处理大部分同时涉及国家军事机构与国务院的事务。最初他保持与国务卿马歇尔定期会晤的惯例，这种形式被称为"二人委员会"，但只举行过两轮定期会晤。此后，由于国家安全委员会开始投入使用，加上军种部长反对，国防部长与国务卿取消了定期会晤的做法，改由两人直接联系或者通过国家安全委员会对相关问题进行协商。[①]

在部长级别之下，二战期间成立的"国务院、陆军部、海军部协调委员会"依然是部门间直接联系的渠道，也是部门间对军政事务进行正式协调与磋商的机构。1947年10月，随着空军派员加入委员会，该机构更名为"国务院、陆、海、空军协调委员会"（State-Army-Navy-Air Force Coordinating Committee），国防部长办公厅也设置一名观察员与会。此时委员会机构已经相当庞大，包括一个书记处、10个常设委员会以及9个临时委员会，其主要职能是对"占领区"政策进行协调，同时也处理心理战、对外军事援助、对外发布外交政策和军事信息等事务。但随着国家安全委员会成立，政府内部对于是否应

---

① Alfred Goldberg, Steven L. Rearden & Doris M. Condit, *History of the Office of the Secretary of Defense: The Formative Years, 1947–1950*, Washington DC: Government Printing Office, 1984, p. 125.

继续保留"国务院、陆、海、空军协调委员会"产生争议。经过战争委员会以及国防部与国务院之间讨论，1948 年 8 月，国家安全委员会同意暂时继续保留该委员会，但委员会的许多职能都转移至国家安全委员会。直到 1949 年 6 月，"国务院、陆、海、空军协调委员会"才正式解散。①

事实上，在"国务院、陆、海、空军协调委员会"解散之前，除了国防部长本人外，基本上由国防部长办公厅负责处理与国务院之间日常外交政策事务的协调，通常由国防部长的特别助理约翰·欧利（John M. Ohly）负责与国务院的跨部门协调事宜。但由于办公厅人手有限，有些起草政策文件或建议的任务转交联合参谋部、军种部或办公厅下属机构负责。但随着签署《北大西洋公约》、制定全球范围军事援助项目计划等事务接踵而来，国防部亟须与国务院就军政事务协调建立明确的沟通渠道。为此，1949 年 3 月，国防部与国务院达成一致意见，决定在国防部长办公厅建立一个高层权力机构，负责代表军队协调外交事务。后来，约翰逊任国防部长后，很快就设立国务院联络处（State Liaison Section）作为国防部与国务院通信联系的核心枢纽；1949 年 11 月，约翰逊设立主管对外军事事务和军事援助的助理国防部长（后来更名为主管国际安全事务的助理国防部长）职务，并将所有军政事务职能交由其主管。②

与此同时，为了更好地实现外交政策从应对二战到处理超级大国国际关系的转变，国务院对其组织机构和部门领导也进行了重大调整。其中增加 15 个助理国务卿以上职位，奠定了国务院未来领导层

---

① Alfred Goldberg, Steven L. Rearden & Doris M. Condit, *History of the Office of the Secretary of Defense: The Formative Years, 1947 - 1950*, Washington DC: Government Printing Office, 1984, pp. 125 - 126.

② Alfred Goldberg, Steven L. Rearden & Doris M. Condit, *History of the Office of the Secretary of Defense: The Formative Years, 1947 - 1950*, Washington DC: Government Printing Office, 1984, pp. 127 - 128.

架构调整的基础。① 1950 年 12 月，国务院与国防部、财政部和经济合作署签署备忘录，声明设立国际安全与援助事务主任（Director for International Security and Assistance Affairs）一职，负责北约、国际项目以及对外军事与经济援助事务的跨部门协调，其中包括与国防部的政策协调。② 但此时国务院与国防部的政策协调呈现多头并进的情况，国务院的其他部门各自都有与国防部联络的渠道，如政策规划司负责在制定长期外交政策与调研宏观军政议题等方面与国防部协调。③ 直到 1955 年，国会通过《国务院重组法案》，授权其增加 3 个副国务卿帮办职位，其中之一是主管政治事务的副国务卿帮办（Deputy Under Secretary of State for Political Affairs），最初的职能是辅助国务卿与副国务卿制定并执行外交政策，自 1959 年后，该副国务卿帮办成为国务院协调跨部门事务（尤其是军政事务）的中心枢纽。④ 这样，国务院设立了与国防部政策协调的归口管理部门，理顺了军政部门协调的渠道。

三　从肯尼迪到里根政府

从肯尼迪到里根政府时期，历届政府根据总统的喜好和管理风格，对国家安全委员会的架构和使用方式不断进行调整与尝试，这意味着国务院与国防部在国家层面的协调机制经历了一个较长的调整与成长期。与此同时，国务院与国防部在部门层面的协调机制得到了进

① Elmer Plischke, *U. S. Department of State: A Reference History*, Westport, CT: Greenwood Press, 1999, p. 437.

② U. S. Department of State, *Foreign Relations of the United States, 1950*, Volume I, National Security Affairs; Foreign Economic Policy, Washington, D. C.: United States Government Printing Office, 1998, Document 133, available at: https://history. state. gov/historicaldocuments/frus1950v01/d133. 登录时间 2014 年 12 月 22 日。

③ Daniel W. Drezner, *Avoiding Trivia: The Role of Strategic Planning in American Foreign Policy*, Washington, D. C.: Brookings Institution Press, 2009, p. 70.

④ U. S. Department of State Office of the Historian, "Deputy Under Secretary of State for Political Affairs", available at: https://history. state. gov/departmenthistory/people/principalofficers/deputy-under-secretary-for-political-affairs. 登录时间 2014 年 12 月 24 日。

一步的发展与完善，两部门通过成立新的岗位和机构，使工作层面政策协调渠道趋于多元化。

（一）国家层面协调机制

1960 年 12 月，在肯尼迪上台之前，参议员亨利·杰克逊领衔的"杰克逊分委会"（Jackson Subcommittee）发表了一份关于国家安全委员会运作方式的评估报告。报告对艾森豪威尔政府的国家安全委员会提出了尖锐批评，并建议未来国家安全委员会取消制度化的工作流程，减少繁冗的议程和会议，限制与会人数以加强成员之间的思想交流，注重利用专门工作组为委员会准备政策文件。① 这是国家安全委员会成立 12 年以来首次对其运作方式进行深度审查，对以后历届政府都产生了不小的影响。

肯尼迪总体上采纳了报告提出的建议。他废除了行动协调委员会和计划委员会，并削减国家安全委员会工作班子人数，取消国家安全委员会等级森严的组织架构，逐渐将艾森豪威尔精心打造的国家安全委员会体制肢解。另外，他降低国家安全委员会在决策中的地位，采用非正式的运行程序，并临时组建专门跨部门协调小组进行政策协调。②

针对肯尼迪对国家安全委员会的调整，国家安全事务助理邦迪（McGeorge Bundy）解释说："《国家安全法》的一大优点在于其灵活性……每位总统都可以选择最适合的方式利用国家安全委员会……总统更喜欢与国务卿和国防部长进行小范围商谈，这决定了国家安全委员会的组织方式。"③ 尽管这种灵活的方式使总统能在更小的圈子里

① Jackson Subcommittee, "Organizing for National Security", *Fateful Decisions: Inside the National Security Council*, eds. by Karl F. Inderfurth & Loch K. Johnson, New York: Oxford University Press, 2004, pp. 57 – 61.

② Jerel A. Rosati & James M. Scott, *The Politics of U. S. Foreign Policy*, Boston, MA: Wadsworth, 2011, p. 112.

③ David Rothkopf, *Running the World: The Inside Story of the National Security Council and the Architects of American Power*, New York: Public Affairs, 2005, p. 85.

对国务院和国防部的政策立场进行协调，但是，由于废除了国家安全委员会的行动协调委员会和计划委员会，国务院与国防部在副部长和助理部长级别失去了常态化的战略协调平台，导致外交政策战略文件的制定与执行缺少机制性的军政协商渠道。从外交决策过程的视角看，由于在提供政策选项以及政策执行等环节，国务院与国防部无法通过国家安全委员会体制进行机制化协调，可能导致最终提交总统的决策文件质量不高、政策执行时军事与外交手段协调不力等问题。在肯尼迪执政初期，美国遭受"猪湾事件"（Bay of Pigs）挫败，其中有多种原因，但国家安全委员会松散、无序的管理方式难逃其咎。

肯尼迪经常通过单独谈话或小范围讨论的方式对国务卿与国防部长实施政策协调，只有当议题相当宽泛且需要白宫持续关注时，才通过国家安全委员会系统解决。[1] 遇到重大战略决策或危机时，总统一般设立专门委员会在国家层面进行政策协调，从而实现外交和军事手段的统筹。最典型的例子是"古巴导弹危机"，当时肯尼迪亲自指定包括国务卿和国防部长在内的 15 名成员组成"执行委员会"（Ex-Comm），作为危机决策和政策协调的核心机构。[2] 许多人并不看好肯尼迪这种随心所欲的外交政策协调体系，有学者在对肯尼迪与艾森豪威尔的决策体系进行比较之后，最终认为："看来艾森豪威尔及其体系要好得多。"[3]

肯尼迪遇刺后，约翰逊成为美国总统。为了使政府平稳过渡，保持政策的延续性，约翰逊保留了肯尼迪的工作班子和国家安全委员会的组织形式。国务卿与国防部长除了通过信函往来和文件会签的方式

① McGeorge Bundy, "Letter to Jackson Subcommittee", *Fateful Decisions*: *Inside the National Security Council*, eds. by Karl F. Inderfurth & Loch K. Johnson, New York: Oxford University Press, 2004, p. 83.

② Graham T. Allison, *Essence of Decision*: *Explaining Cuban Missile Crisis*, Boston: Little, Brown and Company, 1971, pp. 57 – 62.

③ I. M. Destler, "The Presidency and National Security Organization", *The National Security, Its Theory and Practice*: *1945 – 1960*, ed. by Norman A. Graebner, New York: Oxford University Press, 1986, p. 227.

进行沟通外，在国家层面还是通过总统临时召开协调会议的方式进行政策协调。约翰逊时期，"星期二午餐会"经常取代正式的会议协调，午餐会由国务卿、国防部长和国家安全事务助理等人参加，成为约翰逊政府指挥协调越南战争的主要平台。① 国家安全委员会系统作为国务院与国防部官员政策协调渠道的地位下降，因为国家安全事务助理与国家安全委员会工作班子主要成为总统的个人助理，而不是政策过程的协调员。② 总之，约翰逊采取个人化、非正式的管理方式，加强了总统对政策的控制，保持了组织形式的灵活性，但总体而言不利于国务院与国防部之间的政策协调。因为缺乏正式的组织架构，部门之间不能有效地对政策的计划、制定、评估与执行进行协调；另外，"星期二午餐会"的组织形式将中层领导排除于决策圈外，而这些人正是政策建议和执行的主要依靠，这往往导致外交决策和执行有所脱节。

尼克松就职后，迅速组建起正式的国家安全委员会制度，树立了以白宫为中心的外交决策和协调体系。国务院与国防部在国家层面的协调重新围绕着国家安全委员会的运作展开。在国家安全事务助理基辛格的领导下，国家安全委员会工作班子人数增加了两倍，其中专业人员约50名，保障人员约80名。③ 国家安全委员会下设一系列高层跨部门协调委员会，包括对苏联开展军控谈判的"核查小组"（Verification Panel）、负责危机管理的"华盛顿特别行动小组"（Washington Special Actions Group）、负责防务政策与计划审查的"防务计划评估委员会"（Defense Program Review Committee）等，这些委员会的基本成员包括国家安全事务助理、常务副国务卿、常务副国防部长、参联会主席、

① Eugene R. Wittkopf, Christopher Martin Jones & Charles W. Kegley, *American Foreign Policy: Pattern and Process*, Belmont, CA: Cengage Learning, 2008, pp. 341 – 342.

② Eugene R. Wittkopf, Christopher Martin Jones & Charles W. Kegley, *American Foreign Policy: Pattern and Process*, Belmont, CA: Cengage Learning, 2008, pp. 341 – 342.

③ Karl F. Inderfurth & Loch K. Johnson, eds., *Fateful Decisions: Inside the National Security Council*, New York: Oxford University Press, 2004, p. 68.

中央情报总监等，除"副部长委员会"（Under Secretaries Committee）是由常务副国务卿担任主席外，其他委员会都由基辛格主持。

国家安全委员会的这种组织方式能够确保白宫对外交政策实施管控，这意味着国务院与国防部在国家层面的政策协调几乎都由基辛格主导，国家安全委员会的工作程序也充分体现了这一点。具体而言，国务院与国防部的政策协调遵循以下程序：首先，通常总统和基辛格选定需要进行跨部门协调的政策议题，然后通过下达《国家安全研究备忘录》（National Security Study Memorandum），发动国务院或国防部等机构撰写研究报告，备忘录中会列出相关议题、涉及机构以及报告提交期限。之后，由基辛格主持跨部门会议，对政策选项进行讨论，然后向总统提交政策建议。此后，总统通常会与基辛格私下协商，然后作出最终决定。最后，基辛格及其工作班子以《国家安全决定备忘录》（National Security Decision Memorandum）的形式下发总统决议，并要求贯彻执行。① 以此达到国务院与国防部在政策制定和执行过程中的协调。由于得到尼克松的充分信任和支持，基辛格在国务院与国防部政策协调方面发挥着突出作用，他逐渐成为总统外交政策的管家、关键顾问、发言人，甚至执行者。1973 年 8 月，国务卿罗杰斯辞职后，基辛格兼任国务卿和国家安全事务助理，个人权力进一步扩大，这也导致国务院与国防部之间政策协调的天平明显向国务院倾斜。

尼克松因"水门事件"下台后，福特就任总统。福特基本上继承了前任的国家安全委员会体系，国务院与国防部在国家层面的协调机制基本上沿袭了尼克松时期的架构。后来，由于公众和国会对基辛格过度集权愈加不满，福特迫于压力，免去基辛格的国家安全事务助理职务，国家安全委员会下属的数个委员会主席也改由其他官员担任。

---

① 周琪主编：《美国外交决策过程》，中国社会科学出版社 2011 年版，第 84—85 页；Jerel A. Rosati & James M. Scott, *The Politics of U. S. Foreign Policy*, Boston, MA: Wadsworth, 2011, p. 114.

斯考克罗夫特（Brent Scowcroft）成为国家安全事务助理，他在处理国务院与国防部政策协调的过程中扮演中立的管理员和协调员的角色，这有助于改善两部门在国家层面政策协调的平衡，尽管基辛格在外交政策领域仍然发挥主导作用。

卡特上台后，对国家安全委员会的组织运作方式进行了大幅调整。卡特希望国家安全委员会架构"简洁明了"，着手削减委员会工作班子规模，把众多附属委员会精简为两个：一个是政策审查委员会（Policy Review Committee），负责长期政策研究和分析，根据研究问题的性质和领域，由国务卿、国防部长、财政部长轮流担任主席；另一个是特别协调委员会（Special Coordinating Committee），主要负责秘密情报行动和危机管理等短期事务，由国家安全事务助理布热津斯基担任主席。[1]

国务卿与国防部长在国家层面的政策协调主要通过以下途径：首先，除正式的国家安全委员会外，卡特通常采取"星期五早餐会"的形式，与国务卿、国防部长等人就重大外交议题进行讨论；其次，布热津斯基每周主持一场午餐会，与国务卿和国防部长就政策议题进行协商；[2]再次，通过国家安全委员会下设的政策审查委员会和特别协调委员会对政策议题进行协商。其实，国家安全事务助理在这两个委员会中都拥有极大的权力，虽然国务卿万斯主持政策审查委员会，但委员会呈送总统的报告却需先经布热津斯基签署，[3]这样等于赋予布热津斯基对政策审查委员会的审查权。另外，由于国家安全事务助理担任负责危机管理的特别协调委员会主席，而许多外交事件几乎都能归于"危机"领域，所以布热津斯基经常利用特别协调委员会平台处理外交政策议题，该委员会也逐渐成为国家安全委员会体系中最有影响力的机构。

国家安全委员会在部长级别之下保留了原来的跨部门工作组

---

[1]　David Rothkopf, *Running the World：The Inside Story of the National Security Council and the Architects of American Power*, New York：Public Affairs, 2005, p. 167.

[2]　David Rothkopf, *Running the World：The Inside Story of the National Security Council and the Architects of American Power*, New York：Public Affairs, 2005, pp. 171 – 172.

[3]　周琪主编：《美国外交决策过程》，中国社会科学出版社 2011 年版，第 87 页。

（Interdepartmental Groups），在政策审查委员会的指导下，工作组对外交政策议题进行协商。这样，跨部门工作组成为国务院与国防部的中高层官员在国家安全委员会体系的政策协调平台。[①] 卡特政府国家安全委员会正式的外交政策协调过程与尼克松政府相似，也是通过下发总统备忘录的形式发动外交政策机构进行政策研究，最后总统的决定也以书面命令的形式下发各部，予以执行。

由于国家安全事务助理布热津斯基在外交政策领域占强势地位，所以国务院与国防部在国家层面的政策协调很大程度上受布热津斯基及其下属工作班子的影响。国家安全事务助理通过安排工作班子成员参加跨部门工作组会议，可以随时掌握国务院与国防部的政策立场和议题进展情况，并能适时加以协调与干预。

里根上任伊始，决心扭转国家安全事务助理主导外交政策的状况，公开宣称要把国务卿作为"总统的首席顾问……和政府外交政策的最高制定者和发言人"。[②] 然而，当国务卿黑格（Alexander Haig）积极争取外交主导权，企图快速兑现总统承诺时，却发现自己的角色定位超出了总统和白宫幕僚支持的限度。最初，里根的国家安全委员会以强势的内阁成员和弱势的国家安全事务助理为特征。一方面，国家安全委员会最初成立了高级部际小组（Senior Interagency Group），由三个跨部门协调委员会组成，分别由国务卿、国防部长和中央情报总监主持，负责对传统外交政策、防务政策和情报事务进行协调；后来成立危机管理小组（Crisis Management Group），由副总统主持。[③]

---

① 参见 Jimmy Carter, "Presidential Directive/NSC - 2", *Fateful Decisions: Inside the National Security Council*, eds. by Karl F. Inderfurth & Lock K. Johnson, New York: Oxford University Press, 2004, p. 95.

② Eugene R. Wittkopf, Christopher Martin Jones & Charles W. Kegley, *American Foreign Policy: Pattern and Process*, Belmont, CA: Cengage Learning, 2008, p. 345.

③ Jerel A. Rosati, *The Politics of U. S. Foreign Policy*, 3rd ed., Boston, MA: Wadsworth, 2004, p. 125. 亦有学者称前两个高级部际小组分别由常务副国务卿和常务副国防部长主持。参见 Richard A. Best Jr., *The National Security Council: An Organizational Assessment*, CRS Report RL30840, Washington, DC: Congressional Research Service, January 2011, p. 18.

高级部际小组的架构体现了总统决心赋予内阁更大权力。另一方面，里根全面降低了国家安全事务助理及其工作班子的地位和职责：国家安全事务助理不再享受部长级待遇，其职责基本上仅限于管理工作班子，以及为正式的国家安全委员会提供保障；最初，国家安全事务助理不主持任何会议，且需通过白宫顾问向总统汇报工作。①

然而，将国家安全事务助理降格，非但未能改善国务院与国防部在国家层面的政策协调，反而使情况变得更差。这是因为强势的黑格一直想包揽外交政策的协调职能，但国务院与国防部在某些问题领域存在根深蒂固的分歧，导致政策协调经常陷入僵局。例如，在军控问题上，国防部持坚决反对态度，与国务院的立场截然相反，在会议讨论时双方各执一词，互不让步。② 再加上国家安全事务助理位卑言轻，不能有效加以干预，往往导致政策协调紊乱。此外，国家安全事务助理地位的下降也无助于解决国务卿与国防部长因政策分歧和个性差异而产生的矛盾，这一点在国务卿黑格辞职后暴露得更加明显，因为其继任者舒尔茨（George Shultz）与国防部长温伯格（Caspar Weinberger）不仅在政策立场上针锋相对，两人之间的关系也火药味十足，这使得国务院与国防部之间的政策协调变得更加困难。由于国务院与国防部在国家层面政策协调的困境，加上后来国家安全委员会工作班子陷入"伊朗门"丑闻，③ 迫使里根政府不得不对国家安全委员会的体系架构和运行程序进行整顿。

卡卢奇（Frank Carlucci）担任里根的国家安全事务助理后，对国家安全委员会进行了重大调整。国家安全事务助理的地位得到提升，

---

① Jerel A. Rosati, *The Politics of U. S. Foreign Policy*, 3rd ed., Boston, MA：Wadsworth, 2004, pp. 125 – 126.

② David Rothkopf, *Running the World：The Inside Story of the National Security Council and the Architects of American Power*, New York：Public Affairs, 2005, pp. 220 – 221.

③ "伊朗门"事件因国家安全委员会职员奥利弗·诺斯（Oliver North）卷入秘密行动而引发。他越权取代情报机构职能，参与向伊朗秘密出售武器并支持尼加拉瓜反政府武装，媒体披露后给里根政府造成严重的政治危机。

直接向总统汇报工作；建立高级审查小组（Senior Review Group），由除总统和副总统外的国家安全委员会法定成员构成，卡卢奇亲自担任小组主席；成立政策审查小组（Policy Review Group），由政府机构的二把手构成，由国家安全事务副助理担任小组主席；卡卢奇还加强了对工作班子的管理，杜绝其从事秘密活动。这样，国家安全委员会的运作趋于稳定。温伯格辞职后，卡卢奇担任国防部长，鲍威尔成为国家安全事务助理。人事调整后，国务卿、国防部长和国家安全事务助理的工作关系得到改善，政策协调过程也更加顺畅。

（二）部门层面协调机制

在肯尼迪任期，国务院与国防部在部门层面的协调机制有了改进。这是因为国务院主管政治事务的副国务卿帮办承担了与国防部进行协调的职责。国家安全事务助理邦迪非常重视该副国务卿帮办的工作，他在致总统的备忘录中指出，"这必将是国务院领衔采取行动并进行政策协调的关键岗位，副国务卿帮办应与国防部和中情局进行密切合作"。① 副国务卿帮办下辖一个主管军政事务的工作班子（Political Military Affairs Staff），对内负责国务院机构间军政事务的协调，对外代表国务院与国防部的国际安全事务局进行军政事务协调。尽管与国防部的对口单位相比，国务院军政事务工作班子规模较小，但它却成为国务院与国防部联系的关键渠道，工作班子与国防部国际安全事务局密切协作，确保军事行动与外交政策目标保持一致。②

1961年，国务院成立了"行动中心"（Operations Center），实际上是由国务院领衔的跨部门应急反应机构。国务卿通过"行动中心"

① U. S. Department of State, *Foreign Relations of the United States*, *1961 – 1963*, Volume XXV, Organization of Foreign Policy; Information Policy; United Nations; Scientific Matters, Washington, D. C.: United States Government Printing Office, 2007, Document 28, available at: https://history. state. gov/historicaldocuments/frus1961 – 63v25/d28. 登录时间：2014 年 12 月 24 日。

② Raymond L. Garthoff, *A Journey through the Cold War: A Memoir of Containment and Co-existence*, Washington, D. C.: Brookings Institution Press, 2001, p. 122.

对国际态势进行监督,对美国外交行动进行跟踪,对潜在的外交政策
问题进行跨部门评估,还可以迅速成立跨部门特别行动组。[①] 实际上,
国防部派遣专员长期在国务院"行动中心"工作,成为国防部与国
务院在工作层面应急协调的联络员,并与其他部门官员一起组成特别
行动组。一旦发生外交突发事件,主管政治事务的副国务卿帮办负责
总体协调,指挥国务院相应的地区事务司司长通过"行动中心"对
政府各机构进行跨部门政策协调。[②] 因此,"行动中心"成为国务院
与国防部就突发事件进行协调的重要机构。

在约翰逊政府时期,由于国家安全委员会在跨部门政策协调方面
的作用下降,国务院力争成为外交政策跨部门协调的主导。国务院在
1965 年撰写的一份文件中指出,要加强国务院主管地区事务的助理
国务卿在跨部门政策协调方面的领导作用,建议由各地区事务司成立
"跨部门地区政策委员会",作为与国防部等其他部门政策协调的平
台;同时建议成立"国务院协调委员会",作为国务院与国防部等其
他部门在副部长级别之上的政策协调平台。[③] 1966 年,约翰逊签署第
341 号"国家安全行动备忘录",使国务院的上述构想变为现实。总
统赋予国务卿对政府海外跨部门活动进行全面指导、协调与监管的职
权,要求成立由副国务卿主持的"高级跨部门工作组"(Senior Inter-

---

① U. S. Department of State, *Foreign Relations of the United States*, *1961 - 1963*, Volume XXV, Organization of Foreign Policy; Information Policy; United Nations; Scientific Matters, Washington, D. C.: United States Government Printing Office, 2007, Document 14, available at: https://history. state. gov/historicaldocuments/frus1961 - 63v25/d14. 登录时间: 2014 年 12 月 24 日。

② U. S. Department of State, *Foreign Relations of the United States*, *1961 - 1963*, Volume XXV, Organization of Foreign Policy; Information Policy; United Nations; Scientific Matters, Washington, D. C.: United States Government Printing Office, 2007, Document 14, available at: https://history. state. gov/historicaldocuments/frus1961 - 63v25/d14. 登录时间: 2014 年 12 月 24 日。

③ U. S. Department of State, *Foreign Relations of the United States*, *1964 - 1968*, Volume XXXIII, Organization and Management of Foreign Policy; United Nations, Washington, D. C.: United States Government Printing Office, 2004, Document 42, available at: https://history. state. gov/historicaldocuments/frus1964 - 68v33/d42. 登录时间: 2014 年 12 月 24 日。

departmental Group）和由负责地区事务助理国务卿主持的"跨部门地区工作组"（Interdepartmental Regional Groups）。①

这样，约翰逊政府建立了国务院与国防部在部门层面的政策协调架构。在副部长级别，由副国务卿主导，通过"高级跨部门工作组"与国防部的常务副国防部长进行政策协调，对外交政策跨部门议题进行审查，处理下级提交的跨部门事务等；在助理部长级别，由各地区事务助理国务卿主导，分别通过"跨部门地区工作组"与国防部长办公厅和联合参谋部的对等官员进行政策统筹，对地区性外交政策的制定与执行进行协调。②

在尼克松执政时期，国务院与国防部在重大外交议题方面的协调基本上通过国家安全委员会及其设立的专门委员会进行，在部门层面进行协调的议题大都属于例行外交事务。需要指出的是，国务院"政治军事事务司"成为与国防部进行军政事务协调的纽带。国务院于1969年撤销了主管政治事务的副国务卿帮办职位，并于同年9月18日成立"政治军事事务司"，取代肯尼迪政府时期主管政治事务的副国务卿帮办下属的军政事务班子。③"政治军事事务司"向主管政治事务的副国务卿汇报工作，并与国防部的国际安全事务局和联合参谋部保持密切联系。除了负责与国防部在国际安全、对外军事援助、军事行动、防务战略与政策以及军贸领域进行协调，还管理国务院与国防部的人员交流项目。

---

① U. S. Department of State, *Foreign Relations of the United States*, *1964 - 1968*, Volume XXXIII, Organization and Management of Foreign Policy; United Nations, Washington, D. C. : United States Government Printing Office, 2004, Document 56, available at: https://history. state. gov/historicaldocuments/frus1964 - 68v33/d56. 登录时间：2014 年 12 月 24 日。

② U. S. Department of State, *Foreign Relations of the United States*, *1964 - 1968*, Volume XXXIII, Organization and Management of Foreign Policy; United Nations, Washington, D. C. : United States Government Printing Office, 2004, Document 56, available at: https://history. state. gov/historicaldocuments/frus1964 - 68v33/d56. 登录时间：2014 年 12 月 24 日。

③ Wikipedia, "Assistant Secretary of State for Political-Military Affairs", available at: http://en. wikipedia. org/wiki/Assistant_ Secretary_ of_ State_ for_ Political-Military_ Affairs. 登录时间：2014 年 12 月 4 日。

尽管国务院在二战之后就开始派遣外交官赴国防部驻海外司令部担任政治顾问，但这种作法一直没形成固定化的机制。[①] 到尼克松政府时期，根据国务院与国防部的交流计划，国防部派遣大约15名军官赴国务院代职，任期两年，国务院也派同样数量的官员赴国防部代职，国防部军官通常在国务院的"行动中心""军控与裁军司"和"政治军事事务司"工作，而国务院外交官则通常担任国防部军种部或驻海外司令部的"政治顾问"（POLAD）。[②] 另外，每年国务院都派十五六名人员赴国家战争学院进行为期一年的学习，并派数名外交官担任军校的教员，国防部则派军官参加外交学院的高级外交政策研修班。[③] 这样，国务院与国防部的人员交流项目发展成为相对稳定的机制，成为加强部门间合作的重要举措。

在卡特政府，国务院与国防部在部门层面的外交政策协调大多限于普通的日常事务，主要由国务院的地区事务司、政治军事事务司与国防部的国际安全事务局和联合参谋部之间进行沟通。对于部门工作层面不能解决的议题，通常要提交国家安全委员会的跨部门工作组，通过国家安全委员会体系的运作加以解决。因此，国务院与国防部部门层面协调机制发挥的作用很有限。

到了里根执政时期，国务院与国防部在部门层面政策协调的广度和深度都在不断拓展。例如，在制定削减战略武器和军控政策过程中，两部门需要在工作层面保持密切联系，对部门立场进行反复磋商。其中国务院政治军事事务司和国防部国际安全事务局分别是部门立场的核心代表机构。当时理查德·伯尔特（Richard Burt）任政治军事事务司司长，理查德·珀尔（Richard Perle）任国际安全事务局

---

① Thomas S. Estes & E. Allan Lightner, *The Department of State*, New York: Praeger Publishers, 1976, p. 141.

② Thomas S. Estes & E. Allan Lightner, *The Department of State*, New York: Praeger Publishers, 1976, p. 142.

③ Thomas S. Estes & E. Allan Lightner, *The Department of State*, New York: Praeger Publishers, 1976, p. 142.

局长，二人通过"军备控制政策特别工作组"（Special Arms Control Policy Group）对部门政策进行协调，并将协调结果及时向国务卿和国防部长反馈，在得到部门首长的进一步指示后，继续在工作层面进行磋商。如此一来，工作层面政策协调的结果主导着里根政府对削减战略武器政策的立场。①

在对外安全援助领域，国务院在该领域享有政策主导权，国务院政治军事事务司在主管军控与国际安全事务的副国务卿领导下负责跨部门协调事宜。首先，政治军事事务司将政策文件和概预算（budget estimate）在国务院内部进行统筹协调后，通过跨部门工作组与国防部"国防安全援助局"（Defense Security Assistance Agency）进行协商，制定总体指导计划；其次，美国驻外使馆根据指导计划，并结合驻在国情况，制定"年度安全援助综合评估"（Annual Integrated Assessment of Security Assistance）计划；再次，使馆会征求驻在国所属联合作战司令部的意见，之后，使馆将计划报送国务院地区事务司，由该司通过跨部门会议或工作磋商等方式与国防部国际安全事务局、联合参谋部下属的计划与政策部（J5）进行协调；最后，由主管军控与国际安全事务的副国务卿解决跨部门协调过程中暴露出的问题（有时可能通过与主管政策的副国防部长进行协商），形成综合预算，报送国务卿。② 可见，随着国际形势的变化和美国外交政策的拓展，加上部门职能领域的交叉，美国国务院与国防部之间外交政策协调变得更加复杂。

总之，从肯尼迪政府到里根政府，国务院与国防部的协调机制经历了调整与成长期。在此期间，历届政府对国务院与国防部在国家层面的政策协调平台——国家安全委员会——的架构和运作方式多次进

① David Mitchell, *Making Foreign Policy: Presidential Management of the Decision-making Process*, Burlington, VT: Ashgate Publishing Company, 2005, p. 108.
② Randall B. Ripley & James M. Lindsay, eds., *US Foreign Policy after the Cold War*, Pittsburg: University of Pittsburg Press, 1997, pp. 218 – 219.

行革新，其中既有白宫集权型，又有权力下放型；既有正式的运作程序，又有非正式的议事方式。经过反复调整与尝试，国家安全委员会向着白宫集权的趋势发展，逐渐步入了一个延续性大于变化性的新时期。在部门层面，国务院的地区事务司、政治军事事务司等与国防部的国际安全事务局和联合参谋部等机构的工作协调趋于频繁，协调的深度和广度也不断扩展，为形成稳定的部门间机制化协调奠定了基础。

第三节　稳定与成熟期

老布什（George H. W. Bush）执政后，美国国务院与国防部的协调机制步入稳定与成熟期。这一时期的总体特征是：在国家层面，国家安全委员会的组织架构保持稳定，外交政策协调权力向白宫集中，总统依靠国家安全事务助理和国家安全委员会工作班子对外交政策进行统筹与协调，国家安全事务助理在政策协调过程中注重扮演"诚实的中间人"的角色；在部门和基层执行层面，国务院与国防部的协调机制进一步规范化，逐步建立了新的协调机构，并与时俱进地采取了新举措，部门间的政策协调趋向制度化。

一　老布什政府时期

老布什执政后，国务院与国防部在国家层面的政策协调仍然以国家安全委员会系统为主要平台。尽管国家安全委员会探讨的政策议题早已不止于政治和军事领域，还包括更加广泛的经济、贸易、情报等诸多领域，参加国家安全委员会的机构数量也不再限于法定代表机构，但是国家安全委员会给国务院和国防部相应级别的官员提供了一个定期会面并交换意见的机制性渠道，已经成为两部门官员例行工作必不可少的组成部分。事实证明，国务院与国防部在国家安全委员会体系的政策协调对于美国政府应对冷战结束后因国际格局剧变而带来的诸多挑战发挥了重大作用。

老布什就任后，立即着手组建新的外交政策团队。他选择自己充分信任并且能够与他人合作共事的人员担任要职，例如，由詹姆斯·贝克（James Baker）任国务卿，斯考克罗夫特任国家安全事务助理，切尼（Dick Cheney）任国防部长，鲍威尔任参联会主席，这样就保证了国家安全委员会成员能够在融洽的氛围中共事。他还优化了国家安全委员会的组织架构模式，进一步奠定了外交政策协调机制有序运行的制度基础。1989 年 1 月 30 日，老布什颁布"第一号国家安全命令"（National Security Directive 1），对国家安全委员会的构成和运作程序作出明确指示。① 他设立了三级架构的委员会来保障正式国家安全委员会体系的运作，这三个层级的委员会分别称为"主官委员会""副主官委员会"和"政策协调委员会"。

"主官委员会"成员包括国务卿、国防部长、中央情报总监、参联会主席、白宫办公厅主任、国家安全事务助理；司法部长和财政部长应邀参加相关会议；由国家安全事务助理担任主席。实际上，"主官委员会"相当于排除总统和副总统的国家安全委员会。"主官委员会"负责审查、协调、监督国家安全政策的制定与执行。斯考克罗夫特指出，"主官委员会"是他基于过去担任国家安全事务助理的经验，对国家安全委员会体系作出的重大改进。他称："我热切希望增设一个'主官委员会'，这有助于在向总统汇报工作之前，首先在主官中澄清问题与立场。这能大大节省总统的时间，而我相信，时间是总统最宝贵的财富。"②

在国家安全事务助理斯考克罗夫特的主持下，国务卿贝克与国防部长切尼在主官委员会开诚布公地交换意见，表达立场。斯考克罗夫

---

① Karl F. Inderfurth & Loch K. Johnson, eds., *Fateful Decisions: Inside the National Security Council*, New York: Oxford University Press, 2004, p. 97.

② George Bush & Brent Scowcroft, *A World Transformed*, New York: Alfred A Knopf, 1998, p. 31.

特的角色定位是作为"诚实的中间人",不偏不倚地向总统反映双方的立场或者分歧。贝克与切尼有在福特政府共事的经历,且双方都与总统布什关系密切,因此二人保持着友好的同事关系。这样,在主官委员会上,各位官员都能发扬团队精神,就事论事地交流想法,杜绝因个人恩怨或部门分歧而产生的隔阂。① 贝克曾在回忆录中谈起主官委员会的运作:"我们不仅喜欢彼此共事,而且相互信任。这并不意味着我们之间没有分歧……但我们的分歧从未形成基辛格—罗杰斯、万斯—布热津斯基时代那种互相诋毁的情形,也绝没发展到里根时期国家安全团队内讧的局面。"② 在这样的工作氛围下,国务卿与国防部长在国家安全事务助理的调解下对政策议题进行深入探讨,公开争论,确保政策得到有效协调,确保分歧能够如实反映给总统。

"副主官委员会"由国家安全事务副助理盖茨主持,国务院与国防部的代表分别是主管政治事务的副国务卿基米特(Robert Kimmitt)和主管政策的副国防部长沃尔夫维茨(Paul Wolfowitz)。"副主官委员会"负责对所辖外交政策事宜进行协调与审查,并负责准备"主官委员会"待议的政策议题、文件与建议。1989 年 10 月,斯考克罗夫特签署了一份"第一号国家安全命令"的增补文件,赋予"副主官委员会"另一项正式任务——危机管理。③ 学者称副主官委员会是老布什政府政策过程的发动机,因为其承担了许多重大外交政策议题的决策准备工作,是连接"主官委员会"和"政策协调委员会"承上启下的核心枢纽。④ 在国家安全事务副助理的主持下,副国务卿与副国防部长可以深入交换意见,阐述立场。这同样得益于成员之间建立

---

① David Rothkopf, *Running the World: The Inside Story of the National Security Council and the Architects of American Power*, New York: Public Affairs, 2005, pp. 261 – 264.

② James A. Baker III, *The Politics of Diplomacy*, New York: G. P. Putnam's Sons, 1995, pp. 21 – 22.

③ Karl F. Inderfurth & Loch K. Johnson, eds., *Fateful Decisions: Inside the National Security Council*, New York: Oxford University Press, 2004, p. 98.

④ David Rothkopf, *Running the World: The Inside Story of the National Security Council and the Architects of American Power*, New York: Public Affairs, 2005, p. 267.

起来的良好工作关系。副国务卿基米特称："我们这些副部长级的人员，包括盖茨和沃尔夫维茨在内，是在官场上共同成长起来的……我们彼此了解，合作共事，卓有成效地保障了上级工作的顺利进行。"①

"政策协调委员会"是由国务院、国防部和其他部门助理部长级别官员组成的议事协调机构，负责为上级拟定政策文件，提出政策选项，以及监督政策执行。"政策协调委员会"包括八个地区性和职能性常设委员会，以及其它临时性委员会。② 地区性委员会通常由负责相应地区事务的助理国务卿主持，职能性委员会通常由国防部、财政部、中央情报总监办公室等机构的助理部长级别官员主持，但所有委员会都由国家安全委员会工作班子的一名成员担任执行秘书，以加强白宫对政策协调的管控。③

总之，老布什政府的国家安全委员会系统在组织架构和运作方面都得到了全面优化，这为国务院与国防部在国家层面的政策协调奠定了坚实的体制基础。国务院与国防部各级官员之间的良好工作关系也有助于政策协调的顺利开展，有人称老布什的外交班子"是战后最融洽、磨合最好的一个国家安全班子"。④ 国家安全事务助理对于国务院与国防部的政策协调发挥了"诚实的中间人"的作用，许多学者认为就国家安全事务助理的角色和作法而言，斯考克罗夫特堪称典范。⑤ 事实上，由于老布什国家安全委员会体系的成功，后来历届政府基本上都沿用了其组织架构和运作模式。

---

① David Rothkopf, *Running the World*: *The Inside Story of the National Security Council and the Architects of American Power*, New York: Public Affairs, 2005, p. 268.

② Eugene R. Wittkopf, Christopher Martin Jones & Charles W. Kegley, *American Foreign Policy*: *Pattern and Process*, Belmont, CA: Cengage Learning, 2008, p. 347.

③ Jerel A. Rosati, *The Politics of U. S. Foreign Policy*, 3rd ed., Boston, MA: Wadsworth, 2004, p. 128.

④ ［加］夏尔-菲利普·大卫:《白宫的秘密：从杜鲁门到克林顿的美国外交决策》, 李旦等译，中国人民大学出版社 1998 年版，第 360 页。

⑤ Eugene R. Wittkopf, Christopher Martin Jones & Charles W. Kegley, *American Foreign Policy*: *Pattern and Process*, Belmont, CA: Cengage Learning, 2008, p. 348.

二　冷战后的演变

克林顿是首位冷战后就职的美国总统。冷战结束后，两极争霸的国际战略格局被美国主导的单极世界所取代。一方面，苏联解体和华沙条约组织解散使美国失去了战略对手；另一方面，全球部分地区出现权力真空，增加了地区局势动荡的可能性。国际战略环境的剧变促使美国调整角色定位，美国人认为美国需要承担全球领导者角色，建立美国主导的全球秩序，但安全威胁的分散化和多样化给冷战后的美国带来新挑战，而且振兴国内经济的需求超过国际安全的需求。面对变化了的国际、国内政治环境，美国外交决策机构的组织架构理应进行调整，以适应冷战后外交政策的需要。与此同时，老布什政府也给克林顿政府留下了积极与消极的政治遗产。一方面，老布什的国家安全委员会组织框架清晰简洁，运行顺畅，成员关系融洽，可资效仿；另一方面，新政府继承了一系列棘手的外交政策议题，从遏制伊拉克的萨达姆政权，到索马里的人道主义援助行动，乃至应对巴尔干半岛愈演愈烈的冲突。这些方面都对克林顿政府国务院与国防部协调机制的架构与运作产生了影响。

（一）国家层面协调机制

与老布什执政时期相比，国务院与国防部在国家层面的协调机制呈现显著的延续性，仍然以国家安全委员会体系为主。1993 年 1 月 20 日，克林顿在就职当天就颁布了"第二号总统决策令"（Presidential Decision Directive/NSC－2），对国家安全委员会新架构作出明确规定。克林顿沿用前任政府国家安全委员会的三级架构体系：主官委员会、副主官委员会和一系列"部际工作组"（Interagency Working Groups）（相当于老布什时期的政策协调委员会），但在委员会成员和工作班子方面作出一些重要调整。首先，国家安全委员会吸纳财政部长、美国驻联合国大使、总统经济政策助理（国家经济委员会负责人）作为新成员，上述官员及其副手分别成为国家安全委员会下属委员会的成员，这体现了总统对经济事务和多边事务的重视。其次，将国家安全委员会工作班子的欧洲事务办公室拆分成西欧事务办公室和俄罗斯、乌克兰与欧亚事务办公室，并设立防扩散政策办公室、环境事务办公室、民主事务办公室等，这些都反映出冷战后美国的政策关切。

国务院与国防部在国家层面的政策协调体现出白宫主导的特征，总统、国家安全事务助理及其工作班子在政策过程中发挥主要协调作用。在国家安全委员会，总统通常将需讨论的政策议题进行简要说明，然后一般由国务卿陈述国务院立场以及议题可能产生的外交影响，然后国防部长陈述国防部的立场和军事考量，必要时参联会主席会对议题的军事影响发表意见。总统作为委员会主席，会适时地对发言人的观点进行问询或质疑，并在其他与会成员发表观点之后，对国务院和国防部观点进行统筹分析，得出结论或者下达就问题进一步研究的指示。通过这种程序，将国务卿和国防部长的政策立场进行协调。除了正式的国家安全委员会跨部门协调过程外，总统还倾向于采用非正式会议的方式。克林顿经常与国家安全事务助理莱克（Anthony Lake）、国务卿克里斯托弗（Warren Christopher）、国防部长阿斯平（Les Aspin）（后来是其继任威廉·佩里）进行小范围非正式磋商。①

国家安全事务助理主持主官委员会，并对国务卿、国防部长和参联会主席等人的立场进行协调。在这方面，莱克努力争取国务卿与国防部长对政策议题取得共识，并如实将部门分歧汇报给总统。由于他致力于担当"诚实的中间人"的角色，避免因部门政策分歧引发官僚机构冲突，加上各部门主官的通力合作，政府官员普遍反映主官委员会的运行比较顺畅。②

---

① Jerel A. Rosati, *The Politics of U. S. Foreign Policy*, 3ʳᵈ ed., Boston, MA: Wadsworth, 2004, p. 129.

② Vincent A. Auger, "The National Security Council System after the Cold War", *Fateful Decisions: Inside the National Security Council*, eds. by Karl F. Inderfurth & Loch K. Johnson, New York: Oxford University Press, 2004, pp. 111 – 112.

副主官委员会由国家安全事务副助理主持，常务副国务卿、常务副国防部长、参联会副主席、中央情报副总监等是成员。在这一层面，国务院与国防部的代表主要就外交政策执行交换意见，评估既定政策命令的执行情况，并着力解决"部际工作组"难以处理的棘手问题；此外，副主官委员会还负责日常危机管理等事务。在国家安全事务副助理的协调下，国务院与国防部在该层面的政策分歧得到调解，或者上报主官委员会。

副主官委员会之下设有若干"部际工作组"，通常由助理部长级别的官员组成。国务院与国防部代表在"部际工作组"起草政策文件，研究政策选项，以便保障上级委员会对相关政策进一步探讨。尽管"第二号总统决策令"规定国务院、国防部的代表可以主持某些"部际工作组"，但实际上大多数"部际工作组"由国家安全委员会工作班子主持。[①] 在该层级，国务院与国防部官员通过撰写政策文件以及与会讨论的方式就部门立场进行沟通，并将部门分歧汇报上级部门。

外界普遍认为，在克林顿第一任期，国务院与国防部在国家层面的政策协调存在诸多不足，主要表现在：首先，总统对国家安全委员会缺乏有效指导。克林顿过于关注国内事务和经济问题，疏于管理外交政策，导致国务院与国防部官员缺乏明确的政策目标，降低了政策协调的效率。[②] 其次，国家安全事务助理莱克过度寻求政策共识而削弱了政策协调的效果。有时国务卿与国防部长政策分歧明显，导致会议往往得不出最终定论。[③] 再次，国家安全委员会工作班子事务过于

---

① Vincent A. Auger, "The National Security Council System after the Cold War", *Fateful Decisions: Inside the National Security Council*, eds. by Karl F. Inderfurth & Loch K. Johnson, New York: Oxford University Press, 2004, p. 112.

② Vincent A. Auger, "The National Security Council System after the Cold War", *Fateful Decisions: Inside the National Security Council*, eds. by Karl F. Inderfurth & Loch K. Johnson, New York: Oxford University Press, 2004, p. 117.

③ Eugene R. Wittkopf, Christopher Martin Jones & Charles W. Kegley, *American Foreign Policy: Pattern and Process*, Belmont, CA: Cengage Learning, 2008, p. 349.

繁重，导致"部际工作组"政策协调进展缓慢。由于分工不合理，有时需要同时应对多起危机，使得国务院与国防部官员在"部际工作组"的政策协调效率低下。① 这种情况在克林顿第二任期有所改善，因为克林顿在处理国际事务方面积累了经验，对外交政策领域给予更多关注；新的国务卿、国防部长和国家安全事务助理走马上任，迅速组建了更加巩固、有效的国家安全团队；在国家安全事务助理桑迪·伯格（Sandy Berger）的努力下，此前国家安全委员会在跨部门协调与管理方面暴露出的许多问题也得到有效解决。

（二）部门层面协调机制

克林顿于1997年颁布"第56号总统决策令"（Presidential Decision Directive 56），使国务院与国防部在部门层面的政策协调得到改善。"第56号总统决策令"全称是"克林顿政府管理复杂应急作战政策"，是美国在吸取巴拿马（1989—1990）、索马里（1992—1994）和海地（1994—1995）军事干预的经验教训基础上，为改进军政部门合作而制定的指导方针。该文件要求国家安全委员会下属的副主官委员会牵头成立一个执行委员会（助理部长级别），制定统一的"军、政执行方案"（Political-Military Implementation Plan），行动前要对既定方案进行预演，行动后要撰写跨部门"行动后评估报告"（After-Action Review），并对军、政官员提供方案制定与执行的相关培训。②

"第56号总统决策令"给国务院与国防部助理部长级别的官员提供了一个机制化的跨部门政策制定渠道。在制定应急行动计划的过程中，助理国务卿与助理国防部长以及其他部门的官员首先确定任务的性质、研究危机应对策略、制定同步的行动时间表、研究资源分配方

---

① Vincent A. Auger, "The National Security Council System after the Cold War", *Fateful Decisions: Inside the National Security Council*, eds. by Karl F. Inderfurth & Loch K. Johnson, New York: Oxford University Press, 2004, pp. 112 – 113.

② William J. Clinton, "PDD/NSC 56: Managing Complex Contingency Operations", May 1997, available at: https://www.fas.org/irp/offdocs/pdd56.htm. 登录时间：2014年12月24日。

案，通过该环节实现部门立场与政策的协调；其次，制定"军、政执行方案"，其中包括任务的战略评估、组织架构、使命、目标、最终状态（end state）和行动构想，将其作为界定国务院、国防部等部门任务与角色的指导性文件；再次，采取行动之前要进行预演，以便对部门应对能力进行预判，解决可能出现的部门间任务冲突和资源分配问题；最后，行动之后要进行跨部门"行动后评估"，对经验教训作出总结，以便为改进未来跨部门应急方案制定积累经验。①

"第56号总统决策令"奠定了国务院与国防部在执行复杂应急行动时进行跨部门政策规划的基础。为贯彻指令精神，参谋长联席会议下属的联合参谋部出版《第3-08号联合出版物》，将制定"军、政执行方案"的要求也纳入其中，并要求指挥员按照"军、政执行方案"的指导方针进行指挥。② 总体而言，"第56号总统决策令"有助于优化跨部门方案制定过程，帮助关键成员建立工作关系，发现分歧和潜在的缺陷与漏洞，明确各自角色，保持行动协调一致。③ 但"第56号总统决策令"的不足之处在于过分注重方案制定，而缺乏足够的力量和手段对方案的执行予以支持。④

三　"9·11"后的调整

2001年9月11日，恐怖分子劫持客机对美国本土实施恐怖袭击，

---

① James R. Bartran, *PDD - 56 - 1: Synchronizing Effects; Beyond the Pol/Mil Plan*, Carlisle Barracks, PA: U. S. Army War College, 2000, pp. 4 - 5.

② U. S. Joint Chiefs of Staff, *Interagency, Intergovernmental Organization, and Nongovernmental Organization Coordination During Joint Operations*, Joint Pub 3 - 08, Vol. I, Washington, DC: March 17, 2006, p. II - 16, available at: www. dtic. mil/doctrine/new _ pubs/jp3 _ 08. pdf.

③ John F. Troxell, "PDD - 56: A Glass Half-Full", *U. S. Army War College Guide to National Security Issues*, ed. by sJ. Boone Bartholomees, Carlisle, PA: U. S. Army War College, 2008, p. 58.

④ John F. Troxell, "PDD - 56: A Glass Half-Full", *U. S. Army War College Guide to National Security Issues*, ed. by J. Boone Bartholomees, Carlisle, PA: U. S. Army War College, 2008, pp. 59 - 60.

制造了举世震惊的"9·11"事件，这也成为冷战后美国外交政策的转折点。此后，小布什政府将"反恐战争"作为外交政策的重点，"国土安全"也成为国家安全的重中之重。"9·11"后美国外交政策的转变，对国务院与国防部协调机制的演变也产生了重大影响，从国家层面、部门层面到基层单位，美国政府设立了新的跨部门协调机构，负责对外交政策的制定与执行进行协调。

（一）国家层面协调机制

小布什上任伊始，挑选了一批经验丰富的成员组成新的国家安全团队——由竞选搭档切尼（Richard Cheney）任副总统，赖斯任国家安全事务助理、鲍威尔任国务卿、拉姆斯菲尔德任国防部长。在国家安全体制安排上，他继续将国家安全委员会作为国家层面外交政策的协调平台，并保留国家安全委员会的三级体系架构——主官委员会、副主官委员会和政策协调委员会（即克林顿时期的"部际工作组"）。国家安全委员会会议由总统或副总统主持，主官委员会与副主官委员会分别由国家安全事务助理及其副手主持，各政策协调委员会由助理部长级别的官员主持。

但与前任政府相比，小布什的国家安全委员会表现出一些新特征。首先，从小布什的"第一号国家安全总统令"（NSPD－1）可以发现，美国驻联合国大使不在国家安全委员会指定成员之列，这体现新政府不会像克林顿时期那样重视多边事务和联合国机制。[①] 其次，副总统切尼在国家安全委员会中发挥突出作用。除了与小布什关系密切外，切尼经验丰富、能力突出，掌握丰富的政治资源，且手下有一个实力雄厚的工作班子，加上小布什对其委以重任，切尼成为有史以来权力最大的副总统。[②] 切尼的角色对小布什国家安全委员会的运作

---

① 参见 George W. Bush，"National Security Presidential Directive 1"，available at：http：//www. fas. org/irp/offdocs/nspd/nspd－1. htm. 登录时间：2015 年 3 月 20 日。

② Joel K. Goldstein，"Cheney，Vice Presidential Power，and the War on Terror"，*Presidential Studies Quarterly*，Vol. 40，No. 1，March 2010，pp. 107－111.

以及国务院与国防部之间的政策协调产生了深刻的影响。

"9·11"事件后，出于反恐战争和保卫国土安全的需要，小布什对国家安全委员会体系作出了重大调整。首先，2001 年 10 月设立国土安全委员会（Homeland Security Council），负责"在所有涉及国土安全的领域为总统提供建议与帮助"。① 国土安全委员会的组织架构和运作过程与国家安全委员会相似：设有主官委员会、副主官委员会和部际政策协调委员会；由国土安全事务助理及其工作班子为国土安全委员会运作提供保障。其次，2004 年 12 月设立国家情报总监职务，负责监管并领导美国国家情报计划，并取代中央情报总监作为总统、国家安全委员会和国土安全委员会的首席情报顾问。再次，出于反恐战争和维稳政策协调的需要，先后在国家安全委员会工作班子设立多名国家安全事务助理帮办（Deputy National Security Advisor），如分别主管反恐、伊拉克与阿富汗事务的帮办。②

在小布什任期，国务院与国防部在国家层面也有正式和非正式的协调渠道。一方面，小布什注重利用正式的国家安全委员会程序，使外交政策议题经过各层级的讨论和酝酿，形成政策建议；另一方面，尤其是"9·11"之后，小布什倾向于在核心决策圈里通过非正式会议的形式对问题进行讨论，核心圈的成员包括国家安全事务助理赖斯、国务卿鲍威尔、国防部长拉姆斯菲尔德、副总统切尼，以及白宫的一些幕僚。在正式的国家安全委员会渠道，国家安全事务助理对国务院与国防部的政策协调发挥主要作用，而在非正式渠道，通常由总统对国务卿和国防部长的意见进行协调。

在小布什的第一任期，国务院与国防部在国家安全委员会层面的协调并不理想，主要体现在以下方面：首先，由于国务卿与国防部长

① 参见 George W. Bush，"Homeland Security Presidential Directive 1"，available at：http://www.fas.org/irp/offdocs/nspd/hspd–1.htm. 登录时间：2015 年 3 月 20 日。
② 参见 Brookings Institution，"Bush NSC 2008"，available at：www.brookings.edu/~/media/projects/nsc/bush_43.pdf. 登录时间：2015 年 3 月 20 日。

政治理念各异，政策主张时有分歧。国务卿鲍威尔是务实的现实主义派，而国防部长拉姆斯菲尔德则是强硬的新保守派，二人在应对反恐、伊朗和朝鲜问题、伊拉克等许多政策领域的政策主张都截然不同。① 这种政策差异在两部门其他高层官员身上也有体现。其次，国家安全事务助理赖斯未能发挥应有的协调作用。赖斯将自己的角色更多地定位于为总统服务，终日陪伴总统左右，疏于对国家安全委员会体制进行管理；加上赖斯的资历和从政经验都逊于国务卿和国防部长，因此很难协调二人的分歧。② 再次，副总统切尼在政策过程中扮演高调角色，对政策协调过程产生重要影响。一方面，副总统政策权威的上升往往以牺牲国家安全事务助理的权威为代价，切尼最初极力争取主持国家安全委员会的主官委员会，最终未果，但却成功地安排其工作班子成员参加国家安全委员会的各种跨部门协调委员会，进而扩展其政策影响力。另一方面，切尼与拉姆斯菲尔德关系密切，二人往往联手推出强硬的政策主张，从而削弱国务卿鲍威尔的影响。③

在小布什的第二任期，高层的人事变动和其他方面原因使得国家安全委员会层面的政策协调有所改善。首先，赖斯在鲍威尔辞职后成为国务卿，保持了与总统的密切关系，加强了国务卿的政策影响力；其次，赖斯的副手哈德利（Stephen Hadley）担任国家安全事务助理，一方面能给予赖斯政策支持，以便国务院更好地与国防部抗衡，另一方面，哈德利更注重履行管理政策过程的角色，使国家安全委员会的跨部门协调过程大为改观。再次，切尼因伊拉克战争前情报失误等问题广受外界批评，加上小布什对自己的外交政策判断更为自信，切尼的政策影响力有所削弱。后来，国防部长拉姆斯菲尔德辞职，罗伯特

① Jerel A. Rosati & James M. Scott, *The Politics of U. S. Foreign Policy*, Boston, MA: Wadsworth, 2011, p. 120.

② David J. Rothkopf, "Inside the Committee that Runs the World", *Foreign Policy*, No. 147, March/April 2005, p. 34.

③ Jerel A. Rosati & James M. Scott, *The Politics of U. S. Foreign Policy*, Boston, MA: Wadsworth, 2011, p. 121.

·盖茨任国防部长，他重视并呼吁国防部与国务院之间更好地合作，从而推动了两部门之间协调工作的进展。

（二）部门层面协调机制

"9·11"后，美国先后发动阿富汗战争和伊拉克战争。为推动战后维稳重建工作的跨部门协调，美国国务院与国防部在部门层面的协调机制得到加强，主要体现在设立新机构、颁布相关命令和条令等方面。

2004年8月，按照国家安全委员会决议和国会授权，美国国务院成立重建及稳定办公室（Office of Reconstruction and Stabilization），以便统筹协调军方与政府其他部门在阿富汗和伊拉克的重建维稳工作。[①]重建及稳定办公室的使命是"领导与协调美国政府非军方部门预防及应对冲突后形势，形成制度化能力，帮助处于冲突过度期的社会开展安定与重建工作"。[②] 事实上，该办公室的职责包括对美国政府非军方部门、国防部、国际组织等在维稳重建行动中的工作进行统筹协调，制定统一行动方案，推进政策制定与执行过程中的跨部门协作。[③]

重建及稳定办公室的人员主要来自国务院、美国国际开发署、国防部、中央情报局、陆军工兵部队（Army Corps of Engineers）、联合部队司令部和财政部，体现了跨部门特征。[④] 重建与稳定办公室下辖由约900名人员组成的"民间反应队"（Civilian Response Corps），"民间反应队"是由跨部门的志愿者组成的团体，分为现职人员和预

---

① Charles Oleszychi, "Update on Department of State and Department of Defense Coordination of Reconstruction and Stabilization Assistance", available at: http://www.loc.gov/rr/frd/Military_Law/pdf/05-2006.pdf.

② U. S. Department of State, "About S/CRS", available at: http://2001-2009.state.gov/s/crs/c12936.htm. 登录时间：2015年3月20日。

③ Alan G. Whittaker, Frederick C. Smith, & Elizabeth Mckune, *The National Security Policy Process: The National Security Council and Interagency System*, Washington, DC: Industrial College of the Armed Forces, National Defense University, October 2011, p. 51.

④ John C. Buss, "The State Department Office of Reconstruction and Stabilization and Its Interaction with the Department of Defense", available at: http://smallwarsjournal.com/documents/buss.pdf. 登录时间：2015年3月20日。

备人员，受训后随时准备派遣至一线从事重建和稳定行动。①

重建及稳定办公室涉及军政协调的机构主要包括冲突预防办公室（Office of Conflict Prevention）、民间反应行动办公室（Office of Civilian Response Operations）、计划办公室（Office of Planning）等。② 冲突预防办公室负责协调跨部门过程，确定因国内形势动荡而需要开展重建和稳定行动的国家，并对其进行监督，制定重建和维稳应急方案，并就预防策略与国外伙伴、国际组织、非政府组织和私人机构进行协调。民间反应行动办公室负责协调"民间反应队"人员的招募、培训、装备和派遣。计划办公室负责领导跨部门计划制定过程，指导实施重建和稳定行动，并基于行动需求，领导"跨部门管理系统"（Interagency Management System），在战略、战役和战术层面对跨部门重建和维稳计划进行统筹协调。③

2005 年 12 月 7 日，小布什颁布"第 44 号国家安全总统令"（NSPD 44），指定国务院重建及稳定办公室作为领导机构，统一协调美国在伊、阿的重建与稳定工作，旨在"通过改进重建与稳定行动中的协调、计划与执行能力以增进美国安全"。④ 为了贯彻执行"第 44 号国家安全总统令"，国防部颁布了名为《为稳定、安全、过渡和重建行动提供军事保障》的"第 3000.05 号命令"，对推动军队重建维

---

① Robert S. Pope, *U. S. Interagency Regional Foreign Policy Implementation: A Survey of Current Practice and an Analysis of Options for Improvement*, Maxwell Air Force Base, Alabama: Air University, April 2010, p. 60.

② Robert S. Pope, *U. S. Interagency Regional Foreign Policy Implementation: A Survey of Current Practice and an Analysis of Options for Improvement*, Maxwell Air Force Base, Alabama: Air University, April 2010, p. 61; 参见 U. S. Department of State, "Core Organization Functions", available at: http: //2001 – 2009. state. gov/s/crs/c15213. htm. 登录时间：2015 年 3 月 20 日。

③ Robert S. Pope, *U. S. Interagency Regional Foreign Policy Implementation: A Survey of Current Practice and an Analysis of Options for Improvement*, Maxwell Air Force Base, Alabama: Air University, April 2010, p. 61; 参见 U. S. Department of State, "Core Organization Functions", available at: http: //2001 – 2009. state. gov/s/crs/c15213. htm. 登录时间：2015 年 3 月 20 日。

④ George W. Bush, "Management of Interagency Efforts Concerning Reconstruction and Stabilization", NSPD – 44, December 7, 2005. Available at: www. fas. org/irp/offdocs/nspd/nspd – 44. html. 登录时间：2015 年 3 月 20 日。

稳能力建设、加强与政府其他部门的合作提出了具体要求。①

与此同时，国防部在国防部长办公厅和联合参谋部都进行了相应的机构调整，以便加强与国务院在重建维稳工作方面的协调。主管政策的国防部副部长指定负责"特种作战和低强度冲突"的助理部长执行"第 3000.05 号命令"，并在助理部长办公室专门设立"稳定行动能力处"，以便加强跨部门政策协调；参联会主席指定联合参谋部下属的战略计划与政策部副部长负责监督命令的执行，在战略计划与政策部亦成立跨部门协调的办公室。②

（三）一线基层协调机制

在小布什任期，国务院与国防部在一线基层的协调机制也得到加强。国防部在联合作战司令部成立了"联合跨部门协调组"（JI-ACGs），国务院与国防部在阿富汗和伊拉克共同组建"省重建工作队"（Provincial Reconstruction Teams），这些措施对于推动前方的跨部门政策协调发挥了积极作用。

2001 年 10 月 25 日，"9·11"事件后不久，国防部长拉姆斯菲尔德授权在联合作战司令部层面设立"联合跨部门协调组"（JI-ACGs），负责制定战区范围的战役计划；他授权联合作战司令部司令直接与相应政府机构联络，探索保障战区反恐行动所需的能力与联系。③"联合跨部门协调组"由国防部、国务院和政府其他机构人员组成，其职能包括：参加联合作战司令部参谋机关的危机计划制定与

---

① Department of Defense, "Military Support for Stability, Security, Transition, and Reconstruction, SSTR Operations", Directive Number 3000.05, November 28, 2005, available at: https://www.fas.org/irp/doddir/dod/d3000_05.pdf. 登录时间：2015 年 3 月 20 日。

② Gates, Robert M., "Report to Congress on the Implementation of DoD Directive 3000.05 Military Support for Stability, Security, Transition and Reconstruction, SSTR Operations", April 1, 2007, p.5. Available at: http://policy.defense.gov/portals/11/Documents/solic/Congressional_Report_on_DoDD_3000-05_Implementation_final_2.pdf. 登录时间：2015 年 3 月 22 日。

③ Matthew Bogdanos, "Transforming Joint Interagency Coordination: The Missing Link Between National Strategy & Operational Success,", Center for Technology and National Security Policy, August 2007, pp.3-4. available at: www.dtic.mil/get-tr-doc/pdf? AD = ADA471256. 登录时间：2015 年 3 月 22 日。

评估，并提供民事机构的行动计划建议；处理战役规划过程中的军民事务；为军事行动规划者介绍民事机构的方法、能力、需求和局限性；提供跨部门危机计划活动的交流平台；与国内、国际、政府间、地区性，以及非政府机构建立外联渠道。[①] 这样有助于负责制定行动计划的军、政人员建立定期、及时、协作的工作关系，成为战区层面跨部门协调的重要渠道。

随着美国发动阿富汗战争和伊拉克战争，为了有效维护美国的海外"发展、外交与防务"利益，更好地推进驻在国的维稳重建工作，美国先后在阿富汗和伊拉克多个省份成立了"省重建工作队"。"省重建工作队"主要由军人、外交官和重建工作专家组成，其宗旨是促进当地的政府治理、安全和重建工作。由于"省重建工作队"能够在没有充分安全条件保障的环境下推行一系列重建工作，从而得到了广泛推广。

美国驻阿富汗"省重建工作队"约由 80 人组成，通常由一名中校军官担任指挥员，另有 3—5 名成员来自国务院、美国国际开发署和农业部等部门的文职人员，他们与指挥员共同组成"执行委员会"，负责决定工作队的例行事务。其余人员大都由军人组成，他们分为参谋人员、民事小组、军警小组、心理战小组、爆炸军械处理与排雷小组、情报小组、医疗小组、部队安保分队，以及管理与保障人员等。[②] 主要军政人员的工作分工如下：指挥员负责与任务区的阿富汗政要及国际组织等保持经常性联系，参加"省发展委员会"（Provincial Development Council），对阿富汗重建工作进行协调，担任项目审查委员会主席，并主持任务区"盟军部队司令部"所辖作战部队的指挥员会议，对任务区军事行动实施统一协调。国务院代表通常担

① Alan G. Whittaker, Frederick C. Smith & Elizabeth Mckune, *The National Security Policy Process: The National Security Council and Interagency System*, Washington, DC: Industrial College of the Armed Forces, National Defense University, October 2008, pp. 45 – 46.

② Robert M. Perito, *The U. S. Experience with Provincial Reconstruction Teams in Afghanistan: Lessons Identified*, Washington DC: United States Institute of Peace, 2005, p. 4.

任指挥员的政治顾问，负责提供有关阿富汗文化、政治事务的信息，担任项目审查委员会成员，协助美国国际开发署进行发展援助工作，并向美国使馆及华盛顿汇报情况。美国国际开发署代表负责向指挥官、省长和阿富汗其它部门就发展事宜提供咨询与建议，作为"工作队"项目审查委员会的关键成员，负责审核重建项目议案；此外，还负责监督使馆批准的发展项目，并向上级汇报项目进展情况，以及向美国使馆汇报实地情况和当地政府的发展能力等。[1]

美国驻伊拉克的"省重建工作队"通常由一名国务院外交官担任领导，另由一名军官担任副职。标准的工作队构成模式是 6 名国务院人员、3 名军官和参谋、20 名陆军民事士兵、1 名农业部代表、1 名司法部代表、2 名美国国际开发署代表，外加若干军人或合同制安保人员。[2]从编制看，文职人员的比例高于军人。事实上，基于驻地情况和美国政府机构所能提供人员的能力，各"省重建工作队"的规模和编成差别很大。此外，在伊拉克还有一些"省重建工作队"嵌入"作战旅"（Brigade Combat Team），由"作战旅"负责保障工作队成员安全。一般而言，"省重建工作队"军政主官和副官的职能分工如下：来自国务院的资深外交官担任指挥员，主持行政指导委员会，确定工作重点并协调各项工作；指挥员还与伊拉克政要接触，并与美国驻伊拉克使馆保持联系。由陆军中校任副指挥员，作为工作队的参谋长和执行官，负责日常业务并协调工作队的计划安排，就后勤、运输和安保问题与前方指挥员保持联络。[3]。

美国驻阿富汗和伊拉克的"省重建工作队"整合了美国政府负责"发展、外交、防务"（3Ds）三大部门和其他机构的人员，是一个基

---

[1]　Robert M. Perito, *The U. S. Experience with Provincial Reconstruction Teams in Afghanistan: Lessons Identified*, Washington DC: United States Institute of Peace, 2005, pp. 5 – 6.

[2]　Robert M. Perito, *Provincial Reconstruction Teams in Iraq*, Washington DC: United States Institute of Peace, March 2007, p. 4.

[3]　Robert M. Perito, *Provincial Reconstruction Teams in Iraq*, Washington DC: United States Institute of Peace, March 2007, p. 5.

层跨部门合作实体。美国国际开发署的一份报告指出，有的"工作队"通过积极发挥跨部门工作合力，有效推动当地政府改善治理、安全和重建能力。① 但在实际运作过程中，"工作队"还存在一些薄弱环节，突出体现在以下方面：首先，军、政人员的汇报渠道不同，不利于统一领导工作。军方、国务院、国际开发署和农业部的代表各有独立的向上级汇报的渠道，这就决定了工作人员的最终服务对象是其上级机构或美国总部，而不是工作队本身。② 这导致指挥官通常只能通过个人威望和建立良好的工作关系来实现团队的统一指挥。其次，军方与国务院、国际开发署援助项目的资金来源和用途不同，有时目标难以达成一致。军方通常注重开展能够短期见效的援助项目，以求快速"赢得民心"，获取阿富汗当地民众对其支持；国际开发署则注重人道主义援助和长期可持续发展；而国务院注重外交与政府治理，不得不投入大量资金进行警察培训及大型建设项目。③ 工作目标和拥有资源的差异使得各方在许多援助项目上存在分歧。此外，影响"工作队"军政合作的因素还包括军、政人员任期不一致，某些关键成员缺乏岗前培训，文职人员不能满员配置等。

总之，在小布什任期，尤其是"9·11"事件之后，国务院与国防部的协调机制有了很大进展。在国家安全委员会层面，尽管由于国务院与国防部高层之间在政策理念、处事风格以及政策建议方面长期存在分歧，对两部门之间的政策协调产生了消极影响，但随着高层人事变动，国务卿赖斯与国防部长盖茨建立起良好的合作关系，进而理

① Carlos Hernandorena, "U. S. Provincial Reconstruction Teams in Afghanistan, 2003 – 2006: Obstacles to Interagency Cooperation", *Interagency and Counterinsurgency Warfare: Stability, Security, Transition, and Reconstruction Roles*, eds. by Joseph R. Cerami and Jay W. Boogs, Carlisle, PA: Strategic Studies Institute, U. S. Army War College, 2007, p. 131.

② Government Accountability Office, *Provincial Reconstruction Teams in Afghanistan and Iraq*, GAO – 09 – 86R, October 2008, p. 5.

③ Commission on Wartime Contracting in Iraq and Afghanistan, *Transforming Wartime Contracting: Controlling Costs, Reducing Risks*, Washington D. C.: Commission on Wartime Contracting in Iraq and Afghanistan, August 2011, pp. 132 – 7.

顺了国务院与国防部从上到下的协调关系。在部门层面，美国政府通过成立新机构以及颁布行政命令等措施，加强了国务院与国防部在重建维稳工作的跨部门协调。在一线基层，"联合跨部门协调组"和"省重建工作队"模式对推动两部门的协调与合作发挥了积极作用。

小　结

通过回顾美国国务院与国防部协调机制的演变过程，可以看出：首先，国务院与国防部之间的协调机制是政府管理制度创新的产物，战争是推动其发展的最重要因素。其次，国务院与国防部在国家层面的协调机制是国家安全委员会，其组织架构和运作效果主要取决于总统的个人决策风格与喜好，同时也受到国家安全事务助理的能力和角色定位、委员会主要成员的工作关系等因素的影响。再次，美国国务院与国防部在部门层面和一线基层协调机制的建设旨在为满足不断扩展的外交政策需要，在"9·11"之后发展迅速，对外交政策执行过程中的跨部门协调与合作发挥了积极的促进作用。

美国国务院与国防部的协调机制经过孕育与萌芽期、建立与发展期、稳定与成熟期这三个阶段的发展，已经形成比较完备的自上而下的协调体制。经过长期的尝试与磨合，从老布什政府开始，在国家安全委员会层面形成基本稳定的三级架构模式，并一直延续下来。随着历史条件的变化，部门层面和政策执行层面的协调机制会继续进行调整，在此过程中会淘汰过时的机制，设立并完善新的机制。在奥巴马政府时期，美国国务院与国防部协调机制既体现出延续性，又反映出新特征，下一章将对此进行详细阐述。

第三章　奥巴马政府国务院与
国防部的协调机制

在奥巴马政府，美国国务院与国防部协调机制的延续性大于变化性，在协调机制宏观架构上，奥巴马政府保留了国家层面、部门层面直至一线基层的总体布局，仅在微观层面对协调机制作出相应的改进和调整。在国家层面，国务院与国防部主要通过国家安全委员会体制对外交政策进行协调，具体而言，通过国家安全委员会及其下属主官委员会、副主官委员会和跨部门政策委员会，在相应权力层面达成政策共识，发现政策分歧，最终由总统进行仲裁。在部门层面，国务院由负责政治事务的副国务卿牵头，针对区域性和职能性议题，通过相应的地区司和职能司与国防部进行沟通，其中政治军事事务司是国务院与国防部联络的主渠道；国防部通过国防部长办公厅和参谋长联席会议与国务院进行政策协调，前者由主管政策的副国防部长牵头，后者主要由联合参谋部下属的战略计划与政策部与国务院进行政策协调。在一线基层，包括驻外使馆和联合作战司令部，国务院与国防部通过跨部门机构设置，辅之以军政人员混编、交叉任职等方式，加强外交与军事议题的协调。

鉴于上文从"历时"视角，对国务院与国防部协调机制的历史沿革进行纵向梳理，重点对协调机制在各时期机构设置的演变进行了阐述；本章将奥巴马政府国务院与国防部协调机制单列一章，旨在从"共时"视角，对协调机制进行横剖面、全景式阐释，着重论述协调机制各层级的组织架构、运作规则和运行程序等要素，并对协调机制的运作特点进行提炼。通过纵向与横向分析的结合，可以取得互补优势，深化对国务院与国防部协调机制历史与现状的全面理解。

第一节 国家层面的协调机制

在奥巴马政府，国务院与国防部在国家层面的协调机制仍然以国家安全委员会体制为主要依托，总体延续了"斯考克罗夫特模式"的体制架构，即设立由总统主持的国家安全委员会以及下属的三级委员会架构。不同之处在于，奥巴马对国家安全委员会的非法定成员作出了调整，将国家安全委员会与国土安全委员会工作班子合并，并对助理部长级跨部门协调委员会的称谓和机构设置作出了调整。

一 国家安全委员会

国家安全委员会是由总统奥巴马主持的正式会议，是国务院与国防部在国家层面的最高政策协调平台。奥巴马于 2009 年 2 月 13 日颁布"第一号总统政策令"（PPD－1），对国家安全委员会的职能作出明确规定，指出"国家安全委员会是对需要总统决策的国家安全政策议题进行审议的首要平台……国家安全委员会及下属各级委员会是对行政部门制定与执行国家安全政策进行协调的首要方式"。①

奥巴马政府国家安全委员会的法定成员没有变化，包括总统、副总统、国务卿、国防部长和能源部长，参联会主席作为国家安全委员会的军事顾问、国家情报总监作为情报顾问出席会议。国家安全事务助理不是法定成员，但传统上参加会议，并负责与委员会成员协商确定会议日程，确保必要的会议文件准备妥当，记录会议决议，传达总

---

① Barack Obama, "Presidential Policy Directive－1: Organization of the National Security System", *White House Memorandum & PPD*, February 13, 2009, p. 2. Available at: http://www.politico.com/pdf/PPM118_090226_policy_directive.pdf. 登录时间：2015 年 3 月 20 日。

统决定等。与小布什政府有所不同的是，奥巴马对国家安全委员会非法定成员作出调整，将国土安全部长列入成员名单，这一举措开创了先河；奥巴马规定司法部长和美国驻联合国代表作为国家安全委员会成员，而小布什规定只有涉及宪法或法律事宜时才请司法部长与会，并未指定美国驻联合国代表为成员；此外，小布什明确提出，总统可指示副总统在其缺席时主持国家安全委员会会议，但奥巴马的总统政策令里并没有类似字眼。①

就国家安全委员会的主要成员而言，副总统约瑟夫·拜登是奥巴马的竞选搭档，并在国务卿与国防部长的政策协调中扮演重要角色。奥巴马的第一任国家安全事务助理是海军陆战队退役上将詹姆斯·琼斯（James Jones），因为琼斯的军事背景和影响力可以弥补总统的不足，以便更好地平衡国防部的影响力。② 奥巴马任命其党内竞选对手希拉里·克林顿（Hillary Clinton）为国务卿，因为看重她的政治影响力和工作能力。奥巴马力邀罗伯特·盖茨留任国防部长，以便在保持美国军事政策延续性的背景下尽快结束伊拉克战争，兑现其竞选承诺。参谋长联席会议主席迈克尔·马伦（Michael Mullen）海军上将也继续留任。从外交政策团队主要成员的任命看，奥巴马更注重政治考虑，而不太注重成员间的密切关系，他期望依靠成员的能力和忠诚，通过建立正常的工作关系来维系国家安全体系的运作。

国家安全委员会的运作规则是建立在 1947 年《国家安全法》及其修正案对国家安全委员会的功能和职责所作规定的基础上的，奥巴马颁布的"第一号总统政策令"和国家安全事务助理琼斯（James Jones）颁布的《21 世纪跨部门过程》（The 21st Century Interagency Process）备忘录，为国家安全委员会运行提供了新的指导原则。奥巴

---

① Barack Obama, "Presidential Policy Directive – 1: Organization of the National Security System", *White House Memorandum & PPD*, February 13, 2009, p. 2. Available at: http://www.politico.com/pdf/PPM118_090226_policy_directive.pdf. 登录时间：2015 年 3 月 20 日。

② Bob Woodward, *Obama's Wars*, New York: Simon & Schuster, 2010, p. 37.

马规定国家安全委员会应定期召开会议，总统也可以基于需求随时召开会议；① 琼斯指出国家安全委员会应坚持四项原则：战略性、灵活性、透明性和可预测性，即审议议题应具备战略重要性、决策过程应深思熟虑且具备灵活性、运作过程保持透明性、会议召开应有计划性和提前量。② 事实上，正如学者指出的，不论国家安全委员会的组织机构图或运作程序备忘录如何规定，国家安全委员会的运作方式最终取决于总统个人的风格和喜好；总统给予某主官、机构或工作班子的授权；以及工作班子基于总统需求而采取的工作方式。③

国务卿与国防部长在国家安全委员会的政策协调一般遵循以下步骤，首先，国家安全事务助理按照总统指示确定会议议程，基于会议议题，国务卿和国防部长通常会指示下属准备相关政策文件；其次，奥巴马主持国家安全委员会会议，由总统本人做开场白，有时指定国家安全事务助理介绍背景情况，之后总统会依次询问国务卿、国防部长等与会人员的政策建议，要求各抒己见，人尽其言，并可能对建议的细节进行追问；然后，在国务卿、国防部长分别陈述立场和观点之后，奥巴马有时会鼓励拜登担任"唱反调者"（Devil's Advocate），对国务院或国防部的立场进行反驳性质疑；④ 最后，奥巴马通常不马上宣布决定，而是会后与亲信（通常是白宫幕僚）商议后再透露决策结果。⑤ 奥巴马作

① Barack Obama, "Presidential Policy Directive - 1: Organization of the National Security System", *White House Memorandum & PPD*, February 13, 2009, p. 2. Available at: http://www.politico.com/pdf/PPM118_090226_policy_directive.pdf. 登录时间：2015 年 3 月 20 日。

② James Jones, "The 21st Century Interagency Process", Washington D. C.: The White House, March 18, 2009, available at: fas.org/irp/offdocs/ppd/nsc031909.pdf. 登录时间：2015 年 3 月 20 日。

③ Alan G. Whittaker, Frederick C. Smith & Elizabeth Mckune, *The National Security Policy Process: The National Security Council and Interagency System*, Washington, DC: Industrial College of the Armed Forces, National Defense University, October 2011, p. 12.

④ 参见 James P. Pfiffner, "Decision Making in the Obama White House", *Presidential Studies Quarterly*, Vol. 41, No. 2, June 2011, p. 258.

⑤ David Rothkopf, "National Insecurity: Can Obama's Foreign Policy Be Saved?" *Foreign Policy*, September/October 2014. Available at: http://foreignpolicy.com/2014/09/09/national-insecurity/. 登录时间：2015 年 3 月 20 日。

出政策决定之后，通常口头传达给国务卿、国防部长、国家安全事务助理等相关官员。有时为确保政策信息传达无误，会下发正式的决策文件。在奥巴马政府，这种正式的决策文件被称作"总统政策令"（Presidential Policy Directives，PPDs）。① 通过这种正式的会议流程，国务卿与国防部长在陈述观点和互相辩论的过程中表达立场，然后副总统拜登进行反驳性质疑，使其进一步修正或明确观点，最后总统作出最后决定，确定对国务卿和国防部长政策协调的结果。

奥巴马每周至少召开一次国家安全委员会会议，通常根据议题和需要确定与会人员，会议大多采用面对面的方式进行，有时当总统或其它官员不在华盛顿时也会使用白宫情况室的"保密电视电话会议系统"。② 国家安全委员会有规律的会议制度能够保证国务卿和国防部长通过正式渠道定期交流政策意见。

在奥巴马政府，国务卿与国防部长在国家安全委员会的政策协调呈现以下特点。首先，总统高度主导外交决策和政策协调过程。奥巴马有时过于拘泥政策细节，决策过程偏于慎重，在与国务卿、国防部长等官员反复磋商后才定论。盖茨在回忆录中不止一次地埋怨白宫过多干涉军事政策细节，③ 希拉里在回忆录中委婉地指出奥巴马喜欢深思熟虑，经常要求内阁官员对已有定论的政策议题再次讨论，④ 有学者则毫不客气地指出奥巴马的外交决策过于谨慎，甚至拖沓，影响了

---

① Alan G. Whittaker, Frederick C. Smith & Elizabeth Mckune, *The National Security Policy Process：The National Security Council and Interagency System*, Washington, DC：Industrial College of the Armed Forces, National Defense University, October 2011, p. 25.

② Alan G. Whittaker, Frederick C. Smith & Elizabeth Mckune, *The National Security Policy Process：The National Security Council and Interagency System*, Washington, DC：Industrial College of the Armed Forces, National Defense University, October 2011, p. 15.

③ Robert M. Gates, *Duty：Memoirs of a Secretary at War*, New York：Alfred A. Knopf, 2014, p. 914, p. 999, p. 1175.

④ Hillary Rodham Clinton, *Hard Choices：A Memoir*, London：Simon & Schuster, 2014, p. 401.

国务院与国防部的政策协调效率。①

其次，国家安全事务助理的能力与角色定位影响国务卿与国防部长之间的政策协调效果。琼斯未能有效发挥"中间人"的协调作用，而是扮演了一个低调参与者的角色。媒体反映琼斯在国家安全委员会上过于缄默，不善于发表自己的意见，学者最初猜测琼斯是不想出风头，着力扮演幕后协调员的角色。② 但事实证明，琼斯的低调是因为与总统关系不够密切，未能在决策过程占据重要位置。据盖茨称，不出几周的时间，他就发现琼斯是白宫幕僚里的局外人，而且国家安全委员会工作班子幕僚会见奥巴马的机会都要比琼斯多。③ 琼斯的尴尬地位必将影响其在政策协调过程中的底气和信心，无助于促进国务卿与国防部长之间的政策交流与沟通。与之形成鲜明对比的是，托马斯·多尼龙（Thomas Donilon）成为国家安全事务助理后，深得奥巴马赏识与信任，他熟谙官僚政治之道，而且精力充沛，管理风格适应奥巴马和国家安全团队的其他成员的偏好，因此在多尼龙的领导下，国家安全委员会体系重新焕发了活力。④ 希拉里对多尼龙在跨部门协调中发挥的作用高度赞赏，称"汤姆（多尼龙昵称）是一位不可多得的同事，他监督跨部门政策过程，将酝酿好的决定上报总统。他善于问尖锐的问题，迫使我们对重要的政策决定思考得更加缜密。"⑤

① David Rothkopf, "National Insecurity: Can Obama's Foreign Policy Be Saved?" *Foreign Policy*, September/October 2014. Available at: http://foreignpolicy.com/2014/09/09/national-insecurity/. 登录时间：2015 年 3 月 20 日。

② John P. Burke, "The Obama National Security System and Process: At the Sixth Month Mark", p. 2. Available at: http://whitehousetransitionproject.org/resources/briefing/SixMonth/Burke-6months-review = aug. pdf. 登录时间：2015 年 3 月 20 日。

③ 参见 Robert M. Gates, *Duty: Memoirs of a Secretary at War*, New York: Alfred A. Knopf, 2014, pp. 746 – 765.

④ Michael Gordon Jackson, "A Dramatically Different NSC? President Obama's Use of the National Security Council,", Paper prepared for the presentation at the Annual Meeting of the Western Political Science Association, Portland, Oregon, March 22 – 24, 2012, p. 12. Available at: http://wpsa.research.pdx.edu/meet/2012/jacksonmichael.pdf. 登录时间：2015 年 3 月 20 日。

⑤ Hillary Rodham Clinton, *Hard Choices: A Memoir*, London: Simon & Schuster, 2014, p. 94.

　　再次，副总统拜登在国务卿与国防部长的政策协调中扮演着重要角色。由于国家安全事务助理琼斯未能很好地履行政策协调员的职责，拜登偶尔担任国务院或国防部立场的"唱反调者"就显得尤为必要，这有助于国务卿或国防部长更深入地思考政策立场，在反复推敲中提高政策协调的质量。奥巴马对副总统扮演反方角色的作法持鼓励态度，在一次国家安全委员会关于阿富汗增兵的讨论中，他对拜登的指示是："我想让你如实表达自己的看法，去问你能想到的最苛刻的问题。"[1] 盖茨在回忆录中对拜登的做法颇有感触，他戏谑地称："我认为在过去的四十年里，他（拜登）几乎对每个重大外交政策和国家安全议题都持错误立场。"[2] 有一次，参联会主席马伦在会后指出，盖茨的观点居然与副总统一致。盖茨幽默地回答："我也注意到这一点，并且正在重新考虑我的立场。"[3]

　　最后，国务卿与国防部长关系融洽，有助于二者开诚布公地交流意见。盖茨摒弃部门偏见，曾公开呼吁国会增加国务院的预算，这有助于经营好与国务院的关系。盖茨在回忆录中指出，第一次与国务卿希拉里共进午餐之后，他就确信能够与她密切合作。[4] 希拉里也颇有同感，称"我们一开始就成为盟友……并且在许多政府内部政策辩论中站在同一立场。我们避免了前几任政府国务院与国防部之间的内证……"[5] 由于国务卿与国防部长之间建立起良好的工作关系，所以在国家安全委员会的政策辩论中双方可以客观地表明分歧和共识，有效地避免官僚政治和地盘之争，这显然有助于促进国务院与国防部之间的政策协调。

---

① Bob Woodward, *Obama's War*, New York：Simon and Schuster, 2010, p. 160.

② Robert M. Gates, *Duty：Memoirs of a Secretary at War*, New York：Alfred A. Knopf, 2014, p. 750.

③ Robert M. Gates, *Duty：Memoirs of a Secretary at War*, New York：Alfred A. Knopf, 2014, p. 750.

④ Robert M. Gates, *Duty：Memoirs of a Secretary at War*, New York：Alfred A. Knopf, 2014, p. 751.

⑤ Hillary Rodham Clinton, *Hard Choices：A Memoir*, London：Simon & Schuster, 2014, p. 97.

后来，奥巴马国家安全团队的主要成员经历了调整。国防部长盖茨辞职后，由列昂·帕内塔（Leon Panetta）、查克·哈格尔（Chuck Hagel）和阿什顿·卡特（Ashton Carter）先后接任国防部长；希拉里辞职后，约翰·克里（John Kerry）成为国务卿；苏珊·赖斯（Susan Rice）取代多尼龙成为国家安全事务助理；其他行政部门的领导岗位也大多进行了调整。但不管人员如何变化，影响国务院和国防部政策协调效果的因素却不会改变，总统的管理风格、国家安全事务助理的工作能力、国家安全团队成员的默契程度等要素依然是重要变量。

奥巴马政府国家安全委员会的下属机构包括：由国家安全事务助理主持的主官委员会、由国家安全事务副助理主持的副主官委员会和由国家安全委员会幕僚主持的跨部门政策委员会。在国家安全委员会体制内，外交政策跨部门协调过程基本遵循以下模式：在政策制定过程中，跨部门政策委员会、副主官委员会、主官委员会直至国家安全委员会逐级对政策议题和文件进行审议，最终形成外交政策决定；在政策执行过程中，总统签署的"总统政策令"等政策文件下达至跨部门政策委员会予以执行，然后各级委员会逐级将执行情况进行反馈。这样周而复始，在不断的循环过程中实现外交政策逐级跨部门协调。

为保障各级委员会的正常运作，确保国务院与国防部在各级平台有效进行政策协调，国家安全委员会工作班子发挥着重要的作用。2009 年 5 月，奥巴马政府将国家安全委员会和国土安全委员会的工作班子合并，形成统一的国家安全工作班子（National Security Staff，NSS），这是奥巴马对国家安全体系作出的重大调整，目的在于结束"将应对国家安全与国土安全议题的白宫工作人员人为割离开来"的作法，以便更好地应对当前国家安全形势。[①] 此外，国家安全委员会

---

① Michael Gordon Jackson, "A Dramatically Different NSC? President Obama's Use of the National Security Council,", Paper prepared for the presentation at the Annual Meeting of the Western Political Science Association, Portland, Oregon, March 22 – 24, 2012, p. 9. Available at: http://wpsa. research. pdx. edu/meet/2012/jacksonmichael. pdf. 登录时间: 2015 年 3 月 20 日。

还成立了应对网络安全、涉及大规模杀伤性武器的恐怖主义、边境安全、信息共享，以及包括战备和响应的弹性政策（resilience policy）议题的协调机构。[1] 奥巴马政府国家安全委员会工作班子的组织机构图如下（图3.1）。

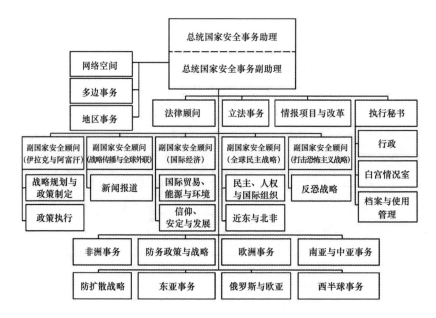

图3.1 奥巴马国家安全委员会工作班子组织机构[2]

二 主官委员会

在国家安全委员会之下，主官委员会是国务院与国防部进行政策协调的另一平台。事实上，主官委员会就是排除总统与副总统的国家安全委员会。在奥巴马政府，主官委员会的职能是"作为审议影响国

---

① Richard A. Best Jr. , *The National Security Council*: *An Organizational Assessment*, CRS Report RL30840, Washington, DC: Congressional Research Service, January 2011, p. 24.

② 此为"史汀生中心"（The Stimson Center）提供的2009年奥巴马政府国家安全委员会工作班子的架构图。参见http://apps. stimson. org/budgeting/pdf/NSC_ Organization_ Chart _ 2 – 09. pdf. 登录时间：2015年3月20日。

家安全政策议题的高级跨部门论坛"。① 其使命是确保上报总统的政策决定反映跨部门共识，使总统不必耗时统筹政策建议，而是集中精力处理高层政策问题，或解决各部门未达成共识的议题。② 由于国家安全事务助理主持会议，国务卿和国防部长在主官委员会上可以畅所欲言地阐述部门立场，不必看总统眼色行事。因此主官委员会是国家安全事务助理深入了解国务院和国防部政策立场的平台，国家安全事务助理也利用这一平台，深化国务卿和国防部长的政策共识，并调解二者的政策分歧。

主官委员会成员除国务卿、国防部长和参谋长联席会议主席外，还包括财政部长、国土安全部长、能源部长、司法部长、白宫管理与预算办公室主任、美国驻联合国大使、总统办公厅主任和国家情报总监。③ 从成员构成可以看出，虽然主官委员会是各代表机构主官进行政策审议和协调的平台，但国务卿和国防部长作为主官委员会的重要成员，对外交政策拥有优先发言权，尤其是涉及外交和军事议题时。

奥巴马的"第一号总统政策令"并未对主官委员会的运作规则作出详细说明，只是规定国家安全事务助理担任主官委员会主席，负责召集会议，并确保会议文件准备妥当、保证会议结论和决定及时传达与会人员。④ 可见，主官委员会的运作有很大的自由度，其具体运作主要取决于国家安全事务助理的管理风格和主要成员的互动方式。

---

① Barack Obama, "Presidential Policy Directive – 1: Organization of the National Security System", *White House Memorandum & PPD*, February 13, 2009, p. 2. Available at: http://www.politico.com/pdf/PPM118_090226_policy_directive.pdf. 登录时间: 2015 年 3 月 20 日。

② Alan G. Whittaker, Frederick C. Smith & Elizabeth Mckune, *The National Security Policy Process: The National Security Council and Interagency System*, Washington, DC: Industrial College of the Armed Forces, National Defense University, October 2011, p. 31.

③ Barack Obama, "Presidential Policy Directive – 1: Organization of the National Security System", *White House Memorandum & PPD*, February 13, 2009, p. 3. Available at: http://www.politico.com/pdf/PPM118_090226_policy_directive.pdf. 登录时间: 2015 年 3 月 20 日。

④ Barack Obama, "Presidential Policy Directive – 1: Organization of the National Security System", *White House Memorandum & PPD*, February 13, 2009, p. 3. Available at: http://www.politico.com/pdf/PPM118_090226_policy_directive.pdf. 登录时间: 2015 年 3 月 20 日。

在实际操作中，主官委员会的开会频率主要受重大事件驱动，通常一周举行一到两次会议，但在危机或重大峰会之前，开会更加频繁。奥巴马政府的主官委员会通常每周多次召开会议，除正式会议之外，国务卿、国防部长、国家安全事务助理每周还会举行非正式的早餐或午餐会，或者通过"保密电视电话会议系统"进行工作磋商，此外，主官委员会还通过文件流转（Paper PC）的方式进行政策协调。①

在主官委员会上，主要由国家安全事务助理对国务卿和国防部长的政策立场进行协调。奥巴马的第一任国家安全事务助理琼斯曾信誓旦旦地指出，奥巴马的国家安全委员会将与此前历届政府"截然不同"，具体体现在杜绝"后门渠道"和实现对政策的集中协调。他谈到自己在主官委员会的作用时指出："最重要的是我是事实上的协调员，会议围绕着我展开，我才是主官委员会的主席。"② 他还强调要保证将少数人的意见反映给总统，并保持政策过程的透明性。尽管琼斯与国务卿希拉里和国防部长盖茨保持良好的工作关系，但事实证明，由于与总统关系不够密切，琼斯在主官委员会不能代表总统意见，这使他在国务卿和国防部长之间的协调作用大打折扣。而由于琼斯的继任者多尼龙深得奥巴马信任，加上丰富的官场经验和出色的管理能力，对国务卿和国防部长在主官委员会层面的政策协调发挥出更加积极的作用。③

在奥巴马政府，国务卿与国防部长在主官委员会上的政策协调体

---

① Alan G. Whittaker, Frederick C. Smith & Elizabeth Mckune, *The National Security Policy Process: The National Security Council and Interagency System*, Washington, DC: Industrial College of the Armed Forces, National Defense University, October 2011, pp. 32 – 34；张骥主编：《世界主要国家国家安全委员会》，时事出版社 2014 年版，第54—55 页。

② Karen DeYoung, "Obama's NSC Will Get New Power", available at: http://www.washingtonpost.com/wp-dyn/content/article/2009/02/07/AR2009020702076.html? hpid = topnews, 登录时间：2015 年 3 月 20 日。

③ I. M. Destler, "Donilon to the Rescue?: The Road Ahead for Obama's Next National Security Advisor", available at: http://www.foreignaffairs.com/articles/66772/i-m-destler/donilon-to-the-rescue, 登录时间：2015 年 3 月 20 日。

现出以下特点：首先，国家安全事务助理的能力，尤其是总统对其支持的力度，影响着国务卿与国防部长能否在主官委员会有效进行政策协调，琼斯与多尼龙的对比就是明证。其次，主官委员会各成员之间的工作关系影响政策协调的效果。尽管国家安全事务助理代表总统利益，但对国务卿和国防部长并没有领导权威，由于主官委员会各成员处于平级关系，因此最好是通过建立良好的工作关系来推动政策协调过程，否则，任何成员之间关系不和都可能导致政策协调陷入僵局。在这方面，国务卿、国防部长和国家安全事务助理总体保持着和谐的工作关系，保证了政策协调。再次，国务院和国防部内部意见是否一致会影响主官委员会政策协调的效率。盖茨在回忆录中称，国防部长和参联会主席在与会之前通常要提前商量，对国防部的口径和立场进行统一，以便更好地体现国防部鲜明的立场。① 但国务院的情况却正好相反。在奥巴马第一任期，总统特许常务副国务卿约翰·斯坦伯格（John Steinberg）参加主官委员会会议，结果国务卿和常务副国务卿经常持不同立场，这降低了国务院的政策影响力和主官委员会的运作效率，影响了跨部门政策协调的效果。②

三　副主官委员会

在主官委员会之下，副主官委员会是国务院与国防部在国家安全委员会体系政策协调的另一平台。奥巴马的"第一号总统政策令"赋予副主官委员会三大职能：一是负责审查并监督国家安全委员会跨部门政策过程（包括跨部门政策委员会的工作），并确保提交主官委员会和国家安全委员会的议题得到妥善分析，为高层审议作好准备；二是关注政策执行，定期审查政府的重大外交政策倡议是否得到及时

---

① Robert M. Gates, *Duty：Memoirs of a Secretary at War*, New York：Alfred A. Knopf, 2014, p. 744.

② 为了说服斯坦伯格担任常务副国务卿，奥巴马同意斯坦伯格可以参加国家安全委员会和主官委员会。参见 Robert M. Gates, *Duty：Memoirs of a Secretary at War*, New York：Alfred A. Knopf, 2014, pp. 746 – 765.

贯彻落实，以及现行政策指令是否需要调整或废除；三是负责日常危机管理，并向国家安全委员会汇报工作。① 在国家安全事务副助理的主持下，副主官委员会是常务副国务卿、常务副国防部长和参联会副主席进行外交政策跨部门协调的平台。在会上，国务院与国防部领导分别阐述对相关议题的政治与军事考量，表明部门立场，并对相应政策文件进行磋商与协调。作为国家安全委员会体制承上启下的重要枢纽，副主官委员会需要处理大量的政策协调工作，为主官委员会及总统决策服务。副主官委员会处理的决策议题要么涉及高度敏感的国家安全政策，要么涉及各部门之间的重大政策分歧，或者二者皆备。同时，在发生国际危机时，副主官委员会是跨部门危机反应的协调平台。

副主官委员会的成员包括国家安全事务副助理、常务副国务卿、常务副国防部长、参联会副主席和其他成员机构相应级别的领导。与主官委员会一样，根据特定议题可以邀请相关部门的官员参加副主官委员会。

奥巴马未对副主官委员会的运作规则作出明确规定，只是声明国家安全事务副助理作为副主官委员会的主席，负责与其他成员协商后召集会议、确定会议日程、准备会议文件、及时撰写并传达会议结论和决议。② 琼斯在《21 世纪跨部门过程》备忘录中强调副主官委员会要加强政策执行的监督力度，指出"副主官委员会负责成立一个政策执行追踪体系，以便帮助主官定期掌握政策进展情况，了解政策执行达到的关键基准"。③ 鉴于副主官委员会的运作规则相对灵活，因此

---

① Barack Obama, "Presidential Policy Directive – 1: Organization of the National Security System", *White House Memorandum & PPD*, February 13, 2009, p. 3. Available at: http://www.politico.com/pdf/PPM118_090226_policy_directive.pdf. 登录时间：2015 年 3 月 20 日。

② Barack Obama, "Presidential Policy Directive – 1: Organization of the National Security System", *White House Memorandum & PPD*, February 13, 2009, p. 3. Available at: http://www.politico.com/pdf/PPM118_090226_policy_directive.pdf. 登录时间：2015 年 3 月 20 日。

③ James Jones, "The 21st Century Interagency Process", Washington D. C.: The White House, March 18, 2009, available at: fas.org/irp/offdocs/ppd/nsc031909.pdf. 登录时间：2015 年 3 月 20 日。

其具体运作主要受国家安全事务副助理的管理风格和委员会其他成员互动方式的影响。

在实际运作过程中，副主官委员会一般基于需求召开会议，通常每日一会，有时也会每日多次召开会议。除了面对面的会议方式，有时也利用保密电视电话会议，并且频繁使用文件流转（Paper DC）机制，因为文件流转机制比较灵活，适用于因时间紧促难以召集所有成员与会，或者无须召开会议的情况。此时国家安全事务副助理负责起草政策文件，并在副主官间传阅，要求限期进行审议、评判或答复。[1]需要副主官委员会审议的大量政策议题都是通过文件流转机制进行协调，经常会有四五份文件同时在各部门传阅。[2]

在危机时期，副主官委员会开会更加频繁，国务院与国防部领导在这一平台的政策协调通常按下述模式运行：每天一上班，常务副国务卿、常务副国防部长就举行碰头会，针对各部门的职责、任务和关切议题交流意见并进行审议。上午十点左右，二人共同参加副主官委员会，有时还会召集各部门高级幕僚以及地区、职能领域专家参加保密电视电话会议，针对情况进展和新政策议题制定跨部门政策立场。会后，二人参加小范围会谈，对敏感的情报和政策议题进行商议。临近中午或午后，国务卿与国防部长参加主官委员会，对副主官委员会提交的议题结果及未决问题进行商议，考虑战略政策方针，确定需上报总统的议题。然后，二人会见总统进行工作汇报（国家安全事务助理一般会随时向总统汇报危机进展情况）。下午晚些时候，常务副国务卿、常务副国防部长再次参加副主官委员会，就如何执行主官委员会和总统决议进行商议，并就跨部门政策委员会提交的政策议题结果

① Alan G. Whittaker, Frederick C. Smith & Elizabeth Mckune, *The National Security Policy Process: The National Security Council and Interagency System*, Washington, DC: Industrial College of the Armed Forces, National Defense University, October 2011, p. 33.

② Alan G. Whittaker, Frederick C. Smith & Elizabeth Mckune, *The National Security Policy Process: The National Security Council and Interagency System*, Washington, DC: Industrial College of the Armed Forces, National Defense University, October 2011, p. 33.

进行讨论。之后，常务副国务卿与常务副国防部长通常还要分别会见国务卿和国防部长，向其汇报最新情况，并进行商议。此后，常务副国务卿与常务副国防部长还会分别召集本单位官员开会，对当天的决定、情况进展和下一步工作进行讨论。根据具体情况，主官委员会也可能在晚上再次开会，或者再次与总统磋商。①

国务院与国防部官员在副主官委员会层面的政策协调呈现以下特点：首先，作为国家安全委员会体制承上启下的重要环节，副主官委员会开会频率较高、政策协调压力大。副主官委员会是联系主官委员会与跨部门政策委员会的枢纽，也是推动整个国家安全委员会体系运转的"发动机"，常务副国务卿、常务副国防部长和参联会副主席通过这一平台，不仅对国务院和国防部立场进行协调，而且对政府外交政策进行跨部门审议，推动整个国家安全委员会体系的正常运转。其次，国家安全事务副助理的工作能力影响副主官委员会的运作以及国务院与国防部在这一层级的政策协调效果。作为副主官委员会主席，国家安全事务副助理的管理风格影响着委员会的具体运作方式，其能否发挥"诚实的中间人的"角色，很大程度上决定着能否获得常务副国务卿、常务副国防部长及参联会副主席的信任，跨部门政策协调能否有效开展。再次，成员之间的工作关系影响跨部门政策协调的效果，因此建立良好的工作关系是维系副主官委员会有序运转的关键。

四 跨部门政策委员会

在奥巴马政府，副主官委员会之下是由助理部长级别官员进行跨部门政策协调的平台，被称作"跨部门政策委员会"（小布什政府时期被称作"政策协调委员会"）。与主官委员会和副主官委员会不同的是，"跨部门政策委员会"并不是单独的个体，而是一系列平级委

---

① 参见 Alan G. Whittaker, Frederick C. Smith & Elizabeth Mckune, *The National Security Policy Process: The National Security Council and Interagency System*, Washington, DC: Industrial College of the Armed Forces, National Defense University, October 2011, p. 33.

员会。国务院助理国务卿和国防部助理国防部长等官员通过"跨部门政策委员会"对外交和军事政策进行协调。根据奥巴马"第一号总统政策令","跨部门政策委员会"的职能是"负责管理美国政府机构对国家安全政策的制定与执行,是对国家安全政策进行日常跨部门协调的主要平台。跨部门政策委员会应提供政策分析,供更高级别的委员会审议,并确保总统的决定得到及时回应"。[1]

　　基于职能领域差异,跨部门政策委员会可分为区域性和职能性两大类。奥巴马政府迄今未公布跨部门政策委员会的具体架构,但在大部分职能领域,其总体规划有望延续小布什政府的组织架构。[2] 在小布什政府,区域性政策协调委员会有 11 个,分别是:欧洲与欧亚、西半球、墨西哥/中美洲地区战略、东亚、南亚与中亚、伊朗、叙利亚—黎巴嫩、非洲、俄罗斯、伊拉克、阿富汗政策协调委员会;职能性政策协调委员会有 27 个,包括:军控、生物防卫、反恐信息战略、应急计划/危机响应组、反恐安全组、防务战略/部队结构与计划、民主/人权与国际行动、囚犯、全球环境、人体免疫缺陷病毒—艾滋病与传染性疾病、信息共享、情报与反情报、缉毒、国际发展与人道主义救援、国际毒品管控政策、国际金融、国际有组织犯罪、海上安全、扩散战略/防扩散与国土防卫、重建与稳定行动、档案使用与信息安全、太空、公共外交与战略沟通、跨国经济问题、大规模杀伤性武器—恐怖主义、禽流感与流行性流感、通讯系统与网络安全政策协调委员会。[3]

　　跨部门政策委员会通常根据职能定位决定成员构成。一般而言,国务院负责地区性事务的助理国务卿以及国防部负责国际安全事务和

---

　　[1]　Barack Obama, "Presidential Policy Directive-1: Organization of the National Security System", *White House Memorandum & PPD*, February 13, 2009, p. 3. Available at: http://www. politico. com/pdf/PPM118_ 090226_ policy_ directive. pdf. 登录时间: 2015 年 3 月 20 日。

　　[2]　James M. McCormick, *American Foreign Policy and Process*, Boston: Wadsworth/Cengage Learning, 2013, p. 425.

　　[3]　Alan G. Whittaker, Frederick C. Smith & Elizabeth Mckune, *The National Security Policy Process: The National Security Council and Interagency System*, Washington, DC: Industrial College of the Armed Forces, National Defense University, October 2011, pp. 17 – 18.

亚太安全事务的助理国防部长是相应区域性跨部门政策委员会的成员，而国务院负责政治—军事事务的助理国务卿和国防部主管相应职能领域的助理国防部长通常是涉及军政事务的职能性跨部门政策委员会成员。在奥巴马政府，所有跨部门政策委员会都由国家安全委员会（或国家经济委员会）幕僚担任主席，而且幕僚一般兼任三到五个跨部门政策委员会的主席。①

奥巴马"第一号总统政策令"专门强调，"应制定严格的指导原则来管理跨部门政策委员会的运作，包括规定参加人员、决策路径和期限"。② 并要求副主官委员会尽早召开会议，专门讨论跨部门政策委员会的设置和授权。③ 但副主官委员会并未对外界公布跨部门政策委员会具体的运行规则。

在实际运作过程中，有的跨部门政策委员会定期举行例会（每周一次或危机时每天数次不等），有的跨部门政策委员会只在需要进行政策制定或规划协调时才召开会议。基于主官委员会和副主官委员会赋予其职权大小，各跨部门政策委员会所承担的政策制定和执行角色也有所不同。通常跨部门政策委员会承担外交政策领域的许多重活和累活，在分析政策议题和制定政策选项的过程中，国务院与国防部助理部长级别官员阐述各自立场，表达部门利益关切；国家安全委员会幕僚在国家安全事务助理的指导下，负责对国务院与国防部之间的政策立场进行协调，解决总统关切的跨部门政策问题。④

---

① Charles A. Stevenson, *America's Foreign Policy Toolkit: Key Institutions and Processes*, Washington, D. C.: CQ Press, 2013, p. 77.

② Barack Obama, "Presidential Policy Directive – 1: Organization of the National Security System", *White House Memorandum & PPD*, February 13, 2009, p. 3. Available at: http://www.politico.com/pdf/PPM118_090226_policy_directive.pdf. 登录时间：2015 年 3 月 20 日。

③ Barack Obama, "Presidential Policy Directive – 1: Organization of the National Security System", *White House Memorandum & PPD*, February 13, 2009, p. 3. Available at: http://www.politico.com/pdf/PPM118_090226_policy_directive.pdf. 登录时间：2015 年 3 月 20 日。

④ Michael D. Swaine, *America's Challenge: Engaging a Rising China in the Twenty-First Century*, Washington DC: Carnegie Endowment for International Peace, 2011, p. 319.

跨部门政策委员会的政策协调通常遵循"五步走"的运行程序：① 一是界定问题，包括评估政策议题涉及的国家利益和战略目标，审查情报报告，确定已知和未知形势，了解参与各方的利益与动机，明确共识与分歧。二是制定指导规则，即明确跨部门政策委员会的会议程序和步骤，确定应对政策问题的宏观指导原则。三是提出政策目标、评估政策选项、制定总体战略，并对各部门的任务领域作出界定。四是确定达成政策目标应采用的政策工具和策略，对参与部门的行动方案进行统筹协调，清除官僚政治阻碍。五是起草统一政策文件，确定战略路径、目标、行动范围、期限、任务需求、指挥链条、通信、责任和义务等。国务院与国防部助理部长级别官员通过参与上述政策协调过程，在各个环节对政策立场进行协商，力求实现外交与军事手段的优化配置和有效运用。

国务院与国防部代表在跨部门政策委员会的政策协调具有以下特点：首先，政策协调过程政治化。因为跨部门政策委员会涉及多个行政部门，部门间政治理念、目标和关注重点的差异，加上对形势判断不同，使得政策分歧和地盘之争在所难免。其次，担任主席的国家安全委员会幕僚对政策协调的效果发挥重要作用。委员会主席需要妥善维持部门利益平衡，确保部门观点得到反映，并尽可能在不同角色中达成政策共识。再次，国务院与国防部代表之间建立良好的工作关系至关重要。这有助于克服官僚政治羁绊，避免政策协调陷入僵局，确保跨部门政策委员会有效运作。

第二节 部门层面的协调机制

在部门层面，国务院与国防部通过岗位设置、机构安排和制度保

---

① Alan G. Whittaker, Frederick C. Smith & Elizabeth Mckune, *The National Security Policy Process: The National Security Council and Interagency System*, Washington, DC: Industrial College of the Armed Forces, National Defense University, October 2011, pp. 35 – 36.

障，建立起比较全面的对口政策协调机制。具体而言，国务院在领导层主要由主管政治事务的副国务卿负责跨部门政策协调，该副国务卿下辖六个地区性事务司，负责在地区性事务领域与国防部进行协调，在职能性外交政策领域，政治军事事务司是国务院与国防部的对口联络单位；国防部在领导层主要由主管政策的副国防部长负责与国务院的跨部门政策协调，在工作层面则主要通过该副国防部长下属的业务局和联合参谋部的战略计划与政策部和国务院进行对口协调。

一 国务院负责政治事务的副国务卿及下属地区司

由于国务卿需要处理与外交政策相关的重大事务，两位常务副国务卿还需辅助国务卿处理国家安全委员会相关事务并管理国务院的整体运行，所以通常由主管政治事务的副国务卿负责处理与国防部相关的跨部门政策协调事宜。该副国务卿是国务院排位第四的领导，通常由资深职业外交官担任。美国国务院《外交事务手册》（Foreign Affairs Manual）规定，主管政治事务的副国务卿"协助国务卿和常务副国务卿，为其他部门和机构提供外交政策指导；有效协调国务院与美国政府其他部门和机构的关系，并就政治—军事事务、情报事务、以及相关跨部门关系事务在国务院内部提供总体指导"。[①] 这给其履行跨部门政策协调职能提供了制度保障。

主管政治事务的副国务卿与国防部主管政策的副国防部长进行对口联系，他们之间政策协调的方式包括电话、会议、政策文件流转等多种手段。与国家安全委员会体制内的政策协调不同的是，国家安全委员会体制通常是对国家层面政策议题的协调，而且涉及美国政府多个部门与机构，需要在委员会各成员取得广泛共识的前提下推动政策进展；而副国务卿与副国防部长之间政策协调主要针对的是共同关心的部门间高层

---

① U. S. Department of State, *Foreign Affairs Manual 040: The Under Secretaries of State*, December 5, 2013. Available at: http://www.state.gov/documents/organization/84147.pdf. 登录时间：2015 年 3 月 24 日。

政策议题，通常是下级机构难以达成一致意见的政治—军事议题，如果两位领导通过协商或妥协能够取得共识，则在权限范围内完成政策协调任务，否则政策议题将报送国务卿和国防部长解决。

主管政治事务的副国务卿下辖六个地区事务司和一个职能领域司。其中地区事务司包括非洲事务司、东亚与太平洋事务司、欧洲与欧亚事务司、近东事务司、南亚与中亚事务司、以及西半球事务司，职能领域司是国际组织事务司。① 六大地区事务司是国务院处理例行外交事务的主要机构，也是负责日常地区性外交事务跨部门协调的主渠道。各地区事务司由一名助理国务卿领导，负责向主管政治事务的副国务卿以及国务卿汇报工作，就地区性议题提供政策建议，并在各自负责的地区协助国务卿和副国务卿监督与协调美国政府各部门的行动。国务院《外交事务手册》规定，主管地区事务的助理国务卿职能包括"依据总统指令，协助国务卿对美国政府各部门在管辖区域国家内的行动提供整体指导、协调与监督"。② 因此，从理论上讲，主管地区事务的助理国务卿在任务区外交政策领域拥有广泛的跨部门协调权力，他们通过电话沟通、会议交流和文件流转等方式与国防部同级官员进行部门间政策协调。部门间政策协调的组织和运作方式相对灵活，但也有长期沿用的通行性惯例。例如，国务院主管东亚与太平洋事务的助理国务卿每周都与国防部和参联会相应级别领导举行会谈，这被称为"东亚非正式会晤"（East Asia Informal），这种机制用于提供跨部门政策指导、更新情况、保持政策信息的一致性、以及解决部门争议。③

各地区事务司一般还设有一位或更多助理国务卿帮办，负责协助

① U. S. Department of State, "Under Secretary for Political Affairs", available at: http://www. state. gov/p/. 登录时间：2015 年 3 月 24 日。

② U. S. Department of State, *Foreign Affairs Manual 110: Statements of Common Responsibilities of Regional Bureaus*, March 28, 2012. Available at: http://www. state. gov/documents/organization/84162. pdf. 登录时间：2015 年 3 月 25 日。

③ Michael D. Swaine, *America's Challenge: Engaging a Rising China in the Twenty-First Centrury*, Washington, D. C.: Carnegie Endowment for International Peace, 2011, p. 320.

助理国务卿处理分管地区或对象国事务。各司通常将分管地区进一步划分成几大区域，然后再按国家划分。如图 3.2 所示，非洲事务司划分为西部、中东部、南部非洲事务办公室，各办公室进一步按国家下分为不同的业务组。每个国家都设一名国家主管（country director）或业务负责人（desk officer），他们向分管该业务领域的助理国务卿帮办汇报工作。国家主管是对象国情况的行家里手，也是国务院本部与驻外机构进行信息沟通的关键渠道。① 美国国务院《外交事务手册》规定，"国家主管是负责领导与协调国务院各机构及政府各部门在管辖国家内行动的唯一核心。其职责包括：1. 确保政府部门间和国务院机构内的政策规划、协调与执行；2. 向国家安全委员会跨部门小组提交与主管国家相关的具体事项，并参加小组讨论。3. 必要时担任危机行动的基本单位"。② 由此可见，在处理对象国外交事务方面，国家主管承担着与国防部同行进行政策协调的主要职责。为此，国家主管通过建立个人关系、召开会议、文件流转等方式与国防部建立必要的联系渠道，为履行全面领导对象国事务的职能服务。

国务院主管政治事务的副国务卿及下属地区司与国防部之间的政策协调具有以下特点：首先，政策协调呈现等级化。基于政策议题的复杂性和重要性，协调层级从国家主管、助理国务卿到副国务卿逐渐上升，这有助于实现合理工作分工，优化协调流程，减轻高层领导的政策协调压力。其次，国务院与国防部部门之间和国家安全委员会体制内的政策协调并行不悖。部门间的政策协调主要集中于例行外交与军事议题，而国家安全委员会体制内的政策协调议题战略层次更高，涉及机构更多，性质更为复杂，因此，部门层面与国家安全委员会体制内政策协调互相弥补，相得益彰。再次，两机构的总体实力和部门

① Jerel A. Rosati & James Scott, *The Politics of United States Foreign Policy*, New York: Cengage Learning, 2013, pp. 137 – 138.

② U. S. Department of State, *Foreign Affairs Manual 110: Statements of Common Responsibilities of Regional Bureaus*, March 28, 2012. Available at: http://www.state.gov/documents/organization/84162.pdf. 登录时间：2015 年 3 月 25 日。

文化影响政策协调过程。尽管国务卿名义上具有外交政策主导权，但在诸如国外维稳重建等议题领域，由于国防部资源雄厚，反而占据政策协调的主动权；国务院与国防部官员在协调过程中还需克服部门文化因素构成的阻碍。最后，国务院与国防部各层级的工作关系对跨部门政策协调具有重要影响，如果两部门官员工作关系不佳，不愿利用部门间的协调渠道解决分歧，那么跨部门协调机制只能成为摆设，所以建立良好的工作关系是保障协调机制有效运作的前提。

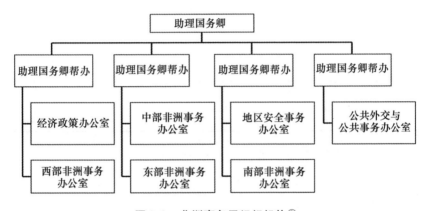

图3.2　非洲事务司组织机构①

二　国务院政治军事事务司

政治军事事务司是国务院与国防部联系的首要纽带，在国务院与国防部跨部门政策协调中占据重要地位。除地区性外交政策议题由各地区事务司与国防部对口协调外，几乎所有职能性外交政策议题都由政治军事事务司统筹负责与国防部进行协调，这包括国际安全、安全援助、军事行动、防务战略与计划、以及防务贸易等广泛领域。② 具体而言，政治军事事务司的协调事宜既包括例行事务，又包括战略规

---

① Jerel A. Rosati & James Scott, *The Politics of United States Foreign Policy*, New York：Cengage Learning, 2013, p. 137.

② U. S. Department of State, "Bureau of Political-Military Affairs, PM", available at：http：//www. state. gov/t/pm/. 登录时间 2015 年 3 月 25 日。

划层面的议题。例行事务如军机飞越领空、军舰访问、军贸审批事宜等；战略规划层面的议题如全球范围的地区稳定、安全援助、美军军事行动对外交关系的影响等。此外，政治军事事务司负责管理国务院与国防部的人员交流项目，包括为国防部选派外交政策顾问。① 国务院《外交事务手册》规定，该司还承担危机时期的军政协调职能，为国务卿、主管军控与国家安全的副国务卿以及主管政治事务的副国务卿提供建议，就危机管理、军事行动、使用基地、预先部署军用物资，以及与防务相关的其他事项进行协调。②

截至 2014 年 1 月，政治军事事务司编制人员 376 人，包括外交官、公务员（civil service officers）、合同制雇员和军人。③ 其组织机构图如图 3.3 所示。该司由一名助理国务卿领导，下辖四名助理国务卿帮办，其中第一帮办是助理国务卿的主要副手，协助管理该司的总体事务，并主管国务院与国防部的人员交流和安全政策协调事宜；其他三位帮办分别主管军贸、地区安全与军备转让、计划政策与行动事宜。各帮办下辖两到三个职能办公室。

当前国务院政治军事事务司与国防部进行协调与合作的方式包括推动跨部门人员交流、联合制定计划、共同推进对外安全合作、共同应对安全挑战四个方面。④

---

① U. S. Department of State, *FAM 400*: *Political*, *Economic and Intelligence Functional Bureaus*, March 11, 2015. Available at: http://www.state.gov/documents/organization/84162.pdf. 登录时间：2015 年 3 月 25 日。

② U. S. Department of State, *FAM 400*: *Political*, *Economic and Intelligence Functional Bureaus*, March 11, 2015. Available at: http://www.state.gov/documents/organization/84162.pdf. 登录时间：2015 年 3 月 25 日。

③ 该数据来源于时任政治军事事务司代理助理国务卿汤姆·凯利（Tom Kelly）的演讲。参见 Tom Kelly, "Remarks to Visiting Students from the Joint Forces Staff College", January 13, 2014. Available at: http://www.state.gov/t/pm/rls/rm/2014/219684.htm. 登录时间：2015 年 3 月 25 日。

④ 参见美国政治军事事务司前司长安德鲁·沙皮罗（Andrew J. Shapiro）在美国战略与国际问题中心发表的演讲，Andrew J. Shapiro, "A New Era in State-Defense Cooperation," August 8, 2012. Available at: http://www.state.gov/t/pm/rls/rm/196200.htm. 登录时间：2015 年 3 月 25 日。

首先，政治军事事务司通过大力推动跨部门人员交叉任职，有力促进了国务院与国防部在工作层面的合作。作为国务院向国防部提供"外交政策顾问"的主管单位，政治军事事务司致力于扩大跨部门人员交流。2012年1月，国务院与国防部签署备忘录，规定将两部门人员交流的数量在前期基础上翻一番。在新协议框架下，国防部借调100名人员赴国务院工作，并派一名少将军官担任政治军事事务司助理国务卿帮办；国务院则派95名外交政策顾问至国防部任职，其中一人担任新设立的参谋长联席会议主席外交政策顾问职务。此外，国务院还安排30人担任各战争学院的学术顾问（faculty advisors）。①

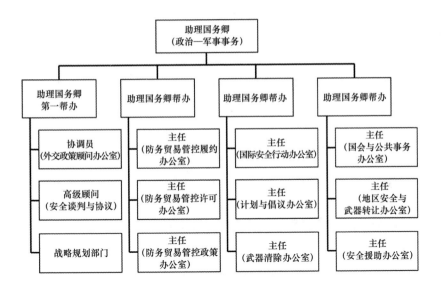

图3.3　政治军事事务司组织机构②

---

①　参见美国政治军事事务司前司长安德鲁·沙皮罗（Andrew J. Shapiro）在美国战略与国际问题中心发表的演讲，Andrew J. Shapiro, "A New Era in State-Defense Cooperation", August 8, 2012. Available at：http://www.state.gov/t/pm/rls/rm/196200.htm. 登录时间：2015年3月25日。

②　参见国务院网站，http://www.state.gov/documents/organization/159427.pdf，登录时间：2014年6月10日。

　　其次，通过共同制定计划推动合作。政治军事事务司与国防部长办公厅联合倡议，建议采取具体举措加强双方在政策规划方面的合作，促进外交与军事政策的协调与整合。为此，两部门成立"3D（外交、防务和发展）规划小组"，举行"跨部门计划活动"等，以便加强计划制定过程中的政策协调。以"跨部门计划活动"为例，在一系列名为"促进合作"（Promote Cooperation）的计划活动中，通过双方共同合作，国务院将本部门的视角和观点融入国防部的计划，并加深了对国防部计划制订过程的了解，国务院还加大了参与制定国防部战略规划指针和《四年防务评估》的力度。①

　　再次，通过提升与国外盟友在安全领域的协作能力巩固合作。由于美国国家安全政策的重点之一是加强盟国的安全能力，依靠盟国或伙伴国家制衡地区对手和大国，为此，国务院政治军事事务司与国防部紧密合作，适时调整美国的出口管制制度，以便更好地保护敏感技术，并提升盟国或伙伴国家的防务能力。此外，国务院在与别国谈判签署安全协议时，如签署驻军地位协定、防务合作协定、进入（领土、领海、领空）和中转协定，以及成本分摊协定等，需要通过政治军事事务司与国防部密切协调。同样，在对别国进行安全援助时，政治军事事务司也需要与国防部密切合作，其中最具代表性的举措是设立"全球安全应急基金"（Global Security Contingency Fund, GSCF），该基金由国务院与国防部共同筹集，联合监管，当因国外突发事件需紧急调用基金时，可由国务卿和国防部长共同审批，予以调拨。②

　　最后，通过共同应对国际安全挑战深化合作。国务院由政治军事

---

　　① 参见美国政治军事事务司前司长安德鲁·沙皮罗（Andrew J. Shapiro）在美国战略与国际问题中心发表的演讲，Andrew J. Shapiro, "A New Era in State-Defense Cooperation", August 8, 2012. Available at: http://www.state.gov/t/pm/rls/rm/196200.htm. 登录时间：2015 年 3 月 25 日。

　　② 参见美国政治军事事务司前司长安德鲁·沙皮罗（Andrew J. Shapiro）在美国战略与国际问题中心发表的演讲，Andrew J. Shapiro, "A New Era in State-Defense Cooperation", August 8, 2012. Available at: http://www.state.gov/t/pm/rls/rm/196200.htm. 登录时间：2015 年 3 月 25 日。

事务司牵头，与国防部在应对利比亚危机、打击索马里海盗以及训练国际维和部队等方面开展协调与合作，以便更好地运用跨部门能力应对国际安全挑战。在利比亚局势动荡时，国务院政治军事事务司组织派员与国防部合作，防止便携式防空导弹的扩散；在打击索马里海盗时，国防部派海军舰艇护航，国务院由政治军事事务司协同各地区司组建由 70 多个国家参与的联盟，共同应对海盗威胁；在训练国际维和部队时，国务院政治军事事务司与国防部通过"全球和平行动倡议"（Global Peace Operations Initiative）机制，共同承担对伙伴国家维和人员进行培训的任务。①

国务院政治军事事务司与国防部之间的政策协调体现出以下特点：一是政治军事事务司高度重视与国防部的协调与合作。作为国务院与国防部政策协调的首要枢纽和人员交流项目的归口管理单位，政治军事事务司比国务院其他机构更了解国防部，更能体会到跨部门政策协调的重要性，因此，该司历来重视推进与国防部的协调与合作。二是政治军事事务司与国防部的协调领域丰富，协调手段多样。如上文所述，该司负责在外交政策涉及军政议题的职能性领域全面与国防部协调，并且通过人员交流项目、共同制订计划等多种方式加强与国防部的合作，往往是跨部门协调机制建设的引领者和推动者。三是跨部门协调的归口化管理提高了政策协调的效率。国务院设立政治军事事务司作为与国防部协调的归口管理单位，有效避免了部门之间多头协调、重复协调的弊端，提高了工作人员的专业化和职业化水平，加强了对地区司与国防部政策协调的指导，提高了跨部门政策协调的效率。

---

① 参见美国政治军事事务司前司长安德鲁·沙皮罗（Andrew J. Shapiro）在美国战略与国际问题中心发表的演讲，Andrew J. Shapiro，"A New Era in State-Defense Cooperation," August 8, 2012. Available at：http：//www. state. gov/t/pm/rls/rm/196200. htm. 登录时间：2015 年 3 月 25 日。

三 国防部主管政策的副国防部长及下属业务局

美国国防部"第5100.01号命令"——《国防部及其主要机构职能》(*Functions of the Department of Defense and Its Major Components*) 规定：国防部长办公厅是国防部长的首要参谋机构，辅助部长进行政策制定、计划、资源管理、财政和项目评估，并通过正式和非正式过程，与美国政府的其他部门和机构、外国政府及国际组织进行交流与互动。[1] 国防部长办公厅五位分管不同职能领域的副部长及其所辖机构均不同程度地参与跨部门机构的协调，但在外交政策领域，主管政策的副部长及其下属机构是与政府其它机构联系最频繁的部门，这包括与国务院、情报部门、国家安全委员会等机构的协调与联络。[2] 国防部"第5111.1号命令"对主管政策的副部长职责作出规定，其中包括"代表国防部处理涉及国家安全委员会、国务院和联邦政府其他部门与机构的国家安全政策问题"。[3] 这给其行使跨部门政策协调职权提供了制度保障。在国防部与国务院的实际政策协调过程中，主管政策的副国防部长与主管政治事务的副国务卿进行对口联系，他们之间通过电话联络、参加会议和文件流转等多种方式进行协调。

国防部主管政策的副部长办公室所辖400—500人，由职业文职官员和军官组成，[4] 其组织机构图如图3.4所示。

在副部长之下设有第一帮办 (Principal Deputy) 和另一名主管战

---

① U. S. Department of Defense, *Functions of the Department of Defense and Its Major Components*, Department of Defense Directive 5100.01, December 21, 2010. Available at: www. dtic. mil/whs/directives/corres/pdf/510001p. pdf, 登录时间：2015年3月25日。

② 参见 Roger Z. George, Harvey Rishikof, eds. , *The National Security Enterprise*: *Navigating the Labyrinth*, Washington DC: Georgetown University Press, 2011, pp. 106 - 107.

③ U. S. Department of Defense, *Under Secretary of Defense for Policy*, *USD*, Department of Defense Directive 5111.1, December 8, 1999. Available at: www. dtic. mil/whs/directives/corres/pdf/511101p. pdf, 登录时间：2015年3月26日。笔者按：尽管国防部命令处于不断更新的过程中，但1999年颁布的"第5111.1号命令"一直沿用至奥巴马政府。

④ 参见 Roger Z. George, Harvey Rishikof, eds. , *The National Security Enterprise*: *Navigating the Labyrinth*, Washington DC: Georgetown University Press, 2011, p. 107.

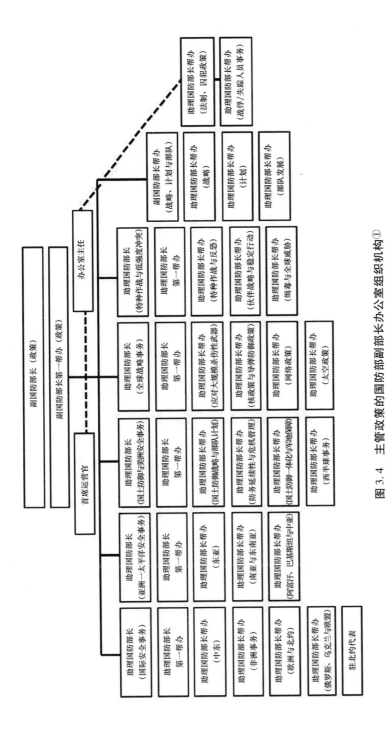

图 3.4　主管政策的国防部副部长办公室组织机构①

① 参见国防部网站：http：//policy. defense. gov/Portals/11/Documents/Policy_Leadership_Slate. pdf. 登录时间：2015 年 3 月 26 日。

略、计划和部队的帮办。办公室下辖五个区域性和职能性局，分别是国际安全事务局、亚洲与太平洋安全事务局、国土防御与美洲安全事务局、全球战略局、特种作战与低强度冲突局。其中前三个局负责区域性安全事务，后两个局负责职能性事务。与国务院的组织架构相似，国防部各区域性和职能性局都下设多个办公室，办公室下设国家主管和业务负责人。

国防部区域性事务局与国务院区域性事务司之间保持日常对口业务联系，在工作层面进行政策协调；同样，国防部的职能性事务局亦与国务院的对口单位保持业务往来，进行政策协调。以主管国际安全事务的助理国防部长为例，其负责国防部的国际安全战略，以及监管与欧洲（包括北约）、中东、非洲等地区的政府与防务部门的安全合作项目和对外军售项目。在发展与责任区国家的多边、地区性和双边防务关系、制定地区安全和防务战略与政策时，他不仅需要在国防部内部进行协调，还经常需要与国务院对口单位进行沟通与协调。① 由于外交政策的重大议题和涉及多个部门的复杂议题通常经由国家安全委员会跨部门政策委员会渠道进行政策协调，所以国防部与国务院部门之间的协调主要集中于例行外交与军事政策议题，或者国家安全委员会跨部门政策委员会管辖范围之外的议题。

国防部主管政策的副部长及下属业务局与国务院对口协调的运作特点在前文已经阐述，包括政策协调等级化、与国家安全委员会体制的互补性、部门实力和文化因素的影响，以及建立良好工作关系的重要性等方面，在此不再赘述。

四 联合参谋部战略计划与政策部

联合参谋部是美军参谋长联席会议的参谋机构，其职责包括在参

---

① 参见 U. S. Department of Defense，"Under Secretary of Defense for Policy—Assistant Secretary of Defense for International Security Affairs"，available at：http：//policy. defense. gov/OUS-DPOffices/ASDforInternationalSecurityAffairs. aspx. 登录时间：2015 年 3 月 26 日。

联会主席的领导、指挥和控制下，为参联会主席和参联会其他成员提供保障，使其协助总统和国防部长确定国家战略方向以及实施对武装部队作战行动的统一指挥；与国防部长办公厅积极保持联络和协调，使国防部在处理跨部门事宜时的部门立场保持一致。[1] 事实上，联合参谋部直接为参联会主席服务，向其提供建议并帮助制定政策。有学者指出，联合参谋部通过日常与国务院、国防部、国家安全委员会及其他部门打交道，切实影响许多外交政策议题的结果。[2] 联合参谋部通过起草政策文件、提出政策议题、或者评判政策选项等方式，对政策过程施加影响。

联合参谋部由来自各军种部的军官和部分文职人员构成，其组织机构图如图 3.5 所示。联合参谋部总共下设八个职能部，分别是：人力人事部（代号 J1，下同）、情报部（J2）、作战部（J3）、后勤部（J4）、战略计划与政策部（J5）、指挥、控制、通信与计算机/网络部（J6）、作战计划与联合部队发展部（J7）、部队结构、资源与评估部（J8）。[3]

联合参谋部负责与国务院进行外交政策协调的首要机构是战略计划与政策部（J5），这一职能使命来自参联会主席的授权，参联会主席"第 5715.01C 号命令"（CJCSI 5715.01C）明确规定："战略计划与政策部（J5）部长全面负责联合参谋部的跨部门事务；战略计划与政策部应促使联合参谋部集中应对国家安全委员会和国土安全委员会政策与计划相关的特定事务，并作为参联会主席或副主席的代表或陪同人员，参加有关战略、计划或政策议题的跨部门会议。"[4] 因此，

---

[1] Joint Chiefs of Staff, *Joint Staff Participation in Interagency Affairs*, Chairman of the Joint Chiefs of Staff Instruction 5715.01C, January 7, 2014, available at: www.dtic.mil/cjcs_ directives/cdata/unlimit/5715_ 01.pdf, 登录时间 2015 年 3 月 25 日。

[2] James McCormick, *American Foreign Policy and Process*, Boston: Wadsworth/Cengage Learning, 2013, p. 393.

[3] 参见 Joint Chiefs of Staff Website, "Directorates", available at: http://www.jcs.mil/ Home.aspx. 登录时间：2015 年 3 月 25 日。

[4] Joint Chiefs of Staff, *Joint Staff Participation in Interagency Affairs*, CJCSI 5715.01C, January 7, 2014, available at: www.dtic.mil/cjcs_ directives/cdata/unlimit/5715_ 01.pdf. 登录时间 2015 年 3 月 27 日。

战略计划与政策部（J5）不仅负责为参联会主席提供政治—军事事务建议，而且负责与国务院、国防部长办公厅、国家安全委员会和参与外交政策制定的其他机构进行日常工作联系。此外，该部还设立参联会主席"跨部门事务特别助理"（Special Assistant for Interagency Affairs）一职，负责担任联合参谋部与白宫、国务院等部门的主要联络员，统筹安排联合参谋部高级领导参加跨部门会议，确保联合参谋部高级领导了解跨部门议题、活动和需求，并在收到白宫和国务院等机构的征求意见函时，负责向联合参谋部各机构下达答复任务。①

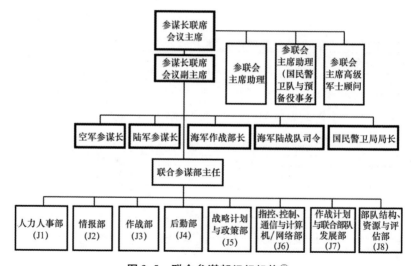

图 3.5　联合参谋部组织机构②

在奥巴马政府，学术界和媒体都未对战略计划与政策部（J5）与国务院政策协调的具体情况作出评述，因而很难对该机制当前的运作情况作出详细阐述。不过，小布什政府战略计划与政策部（J5）工作

---

① Joint Chiefs of Staff, *Joint Staff Participation in Interagency Affairs*, CJCSI 5715.01C, January 7, 2014, available at: www.dtic.mil/cjcs_directives/cdata/unlimit/5715_01.pdf. 登录时间 2015 年 3 月 27 日。

② 参见 Joint Chiefs of Staff Website, "Joint Staff Structure", available at: http://www.jcs.mil/Leadership.aspx. 登录时间：2015 年 3 月 25 日。

人员的现身说法可以基本反映两部门政策协调的大致过程。① 据史蒂芬·塞德曼（Stephen Saideman）称，由于战略计划与政策部（J5）与国务院的政策协调过程主要由政策文件驱使，所以跨部门协调重点集中在文件撰写和修改两大环节。因为政策文件对议题的表述会影响部门利益和立场，所以负责撰写文件的部门会对政策文件仔细酝酿、字斟句酌，然后发给其他部门传阅并征求意见。这一过程体现出两大特点：首先，战略计划与政策部（J5）和国务院对政策文件都有发言权和修改权；其次，负责撰写文件的部门基本上设定了后期文件讨论的议程。在文件传阅过程中，战略计划与政策部（J5）可以对内容进行补充，并能在国务院不表示强烈反对的前提下对文件进行实质性修改。

　　史蒂芬·塞德曼还指出，在处理与北约相关的政策议题时，战略计划与政策部（J5）在政策协调过程中拥有相对优势。因为指导北约军事行动的文件在形成政策之前，需要经过军事委员会（the Military Committee）和北大西洋理事会（the North Atlantic Council）审批。军事委员会通常由各成员国高级军事代表组成，北大西洋理事会则由成员国大使构成。这两个机构的议事形式都是基于共识原则，即在各成员国无异议的情况下，文件才能通过审议。这样，当美国驻北约军事委员会的代表就相关议题征求国内意见时，通常由联合参谋部战略计划与政策部（J5）负责答复，业务负责人在征求情报部（J2）、作战部（J3）和相应驻外武官处意见的基础上，开始撰写文件并提出政策建议，经上级领导审批通过后，上报联合参谋部主任或更高领导审批。这样，在答复文件传达至北大西洋理事会之前，基本上由联合参谋部主导文件制定过程。而在北大西洋理事会审批文件的环节，文件会重新发回美国国内，此时，国务院、国家安全委员会、国防部长办公厅等机构可以发表意见或提出建议，联合参谋部也将再次参与跨部

---

① 参见 Stephen M. Saideman，"More than Advice? The Joint Staff and American Foreign Policy"，*Inside Defense*：*Understanding the U. S. Military in the 21st Century*，eds. by Derek S. Reveron & Judith Hicks Stiehm，New York：Palgrave Macmillan，2008，pp. 33–34.

门传阅过程，继续对文件制定发挥影响。[①]

由此可见，战略计划与政策部（J5）与国务院的政策协调具有以下特点：一是在涉及某些对外军事议题方面，战略计划与政策部（J5）在政策协调过程中具有相对优势。二是战略计划与政策部（J5）在跨部门协调过程的影响力取决于参联会主席的地位与威望，如果参联会主席得不到总统与国防部长的器重，联合参谋部和战略计划与政策部（J5）在跨部门政策协调中将处于弱势地位。三是战略计划与政策部（J5）与国务院的工作关系是否融洽会影响政策协调效果。因此，在政府领导层享有威望的参联会主席和融洽的跨部门工作关系对于战略计划与政策部（J5）有效发挥协调作用至关重要。

第三节　一线基层的协调机制

在奥巴马政府，美国国务院与国防部在海外一线与基层继续通过驻外使馆、使团以及联合作战司令部实施跨部门政策协调。驻外使馆和使团是国务院在前方执行外交政策的代表机构，对内主要与武官处等机构进行军政事务协调，对外主要与华盛顿总部和相应的联合作战司令部保持政策联系；联合作战司令部建立了军政联合领导的总部架构，并通过外交政策顾问、联合跨部门协调组、联合跨部门特遣部队等机制进行外交和军事事务协调。

一　驻外使馆和使团

如今，美国国务院在国外设有 250 多个外交机构，其中使馆数量约为 180 个，其余是领事馆和少量使团。[②] 事实上，大使馆是美国在

---

① 参见 Stephen M. Saideman, "More than Advice? The Joint Staff and American Foreign Policy", Inside Defense: Understanding the U.S. Military in the 21st Century, eds. by Derek S. Reveron & Judith Hicks Stiehm, New York: Palgrave Macmillan, 2008, p. 34.

② Jerel A. Rosati & James M. Scott, The Politics of U.S. Foreign Policy, Boston, MA: Wadsworth, 2013, p. 139.

建交国首都派驻的常设外交代表机构，代表美国国家利益，全面负责双边关系；而外交使团是美国在国际组织设立的外交机构，主要负责多边外交关系。当前，美国在联合国（UN）、欧盟（EU）、欧洲安全与合作组织（OSCE）、美洲国家组织（OAS）、非盟（AU）和东盟（ASEAN）都设有外交使团。

　　大使馆和使团作为政府在前方实施外交政策的代表机构，主要由来自国务院、国防部和政府其他机构的人员组成。图3.6展示了驻外使馆的组织机构图。大使是驻在国外交使团团长，也是使馆最高领导；副团长职务仅次于大使，负责辅助大使工作；使馆各机构领导及政府其它部门的资深代表共同构成"驻在国团队"（the country team）。大使领导驻在国团队，共同推进美国的国家利益，发展对外关系。使馆机构主要包括领事处、经济处、政治处、公共外交处、外交安全处和行政处，这些机构的领导一般都由国务院人员担任，属参赞级别。此外，农业部、商务部等机构都设有相应的处室。国防部在使馆的代表机构是武官处和军援顾问团（military assistance advisory group，MAAG）。武官处的领导是国防武官（defense attaché），负责搜集并汇报关于驻在国军事能力和军队领导人等方面的情报，武官处通常向国防部的国防情报局汇报工作。军援顾问团负责军事援助和军售事宜。此外，使馆的安保工作一般由海军陆战队负责。

　　在驻外使馆，大使行使跨部门政策协调的权威来自国会立法、总统行政命令和国务院的规章制度。美国1980年《外交人员法案》（Foreign Service Act）第207条对外交使团团长的职责、团长对使馆人员的管辖权力以及美国政府驻外机构和人员应履行的义务作出规定，明确指出：外交使团团长奉总统之命，"全权负责对驻在国所有行政部门工作人员行使指挥、协调与监管权"，但"美国地区作战司令部司令管辖人员除外"；要求"行政部门应确保所有驻外工作人员完全遵守外交使团团长命令，并保证外交使团团长全

面即时了解该部门驻外工作人员的活动和行动"。① 该法案目前仍然
有效。总统签署的外交使团团长"命令状"（Letter of Instruction），对
其职权作出相似表述，指出总统授权其"全权负责对国防部在驻在国
执行公务的人员行使指导、协调和监督权，但美国地区军事指挥官所
辖人员除外"。② 此外，美国国务院颁布的《外交事务手册》也作出
了相似表述。③ 上述法律和行政性命令奠定了大使进行跨部门政策协
调的制度基础。

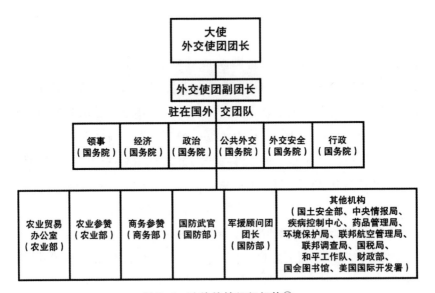

图 3.6　驻外使馆组织机构④

① Matthew C. Weed & Nina M. Serafino, *U. S. Diplomatic Missions: Background and Issures on Chief of Mission, COM Authority*, CRS Report R43422, Washington, DC: Congressional Research Service, March 2014, p. 3.

② 奥巴马总统2009年签署的外交使团团长"命令状"全文可参见 Dennis C. Jett, *American Ambassadors: The Past, Present and Future of American Diplomats*, New York: Palgrave Macmillan, 2014, p. 233.

③ 参见 U. S. Department of State, *Foreign Affairs Manual 2 FAM 113. 1: Chief of Mission and Principal Officer*, March 5, 2012. Available at: http://www.state.gov/documents/organization/84388. pdf. 登录时间：2015年3月29日。

④ 参见 Shawn Dorman, ed., *Inside a U. S. Embassy: Diplomacy at Work*, Washinton D. C. : Foreign Service Books, 2011, p. 8.

在实践过程中，大使对外交政策实施跨部门协调的方法因人因事而异，典型的作法包括召开"驻在国团队"会议、成立专门工作组等。[1]"驻在国团队"会议由大使主持，成员包括国防武官和政府其他驻外机构的代表，通过定期召开"驻在国团队"会议，大使与"驻在国团队"研究讨论当前形势，针对外交与军事议题与国防武官交换意见，征求建议或行动方案，并就执行政策的外交与军事手段进行协调。针对不同的政策议题，如民主、法制、军事议题，大使可以召集"驻在国团队"的相应代表成立工作组，由大使本人或者驻外使团副团长担任主席，对相关议题进行研究、讨论和跨部门协调。[2]除此之外，大使在例行工作中可以随时征求武官对外交政策的建议，并对具体的外交与军事议题进行协调。

大使对联合作战司令部司令没有管辖权，后者依据法律向总统和国防部长汇报工作，但大使需要与联合作战司令部司令保持合作关系。根据1980年《外交人员法案》规定，行政部门应确保驻外使团团长全面即时了解该部门驻外人员的活动和行动，该条适用于联合作战司令部。[3]此外，总统在《命令状》中指出："你（大使）和战区司令必须全面即时了解彼此情况，针对所有共同关切的问题开展合作，并将一线不能解决的分歧汇报给国务卿和国防部长。"[4]

使馆与联合作战司令部在领导层和工作层面都有政策协调渠道。针对驻在国或战区管辖范围内的特定外交政策议题，大使与联合作战司令部司令可以通过面对面交流、召开会议或者电话沟通等方式交换

---

[1]　United States Institute of Peace, "Guide for Participants in Peace, Stability, and Relief Operations", available at: http://www.usip.org/node/5690, 登录时间 2015 年 3 月 29 日。

[2]　United States Institute of Peace, "Guide for Participants in Peace, Stability, and Relief Operations", available at: http://www.usip.org/node/5690, 登录时间 2015 年 3 月 29 日。

[3]　Matthew C. Weed & Nina M. Serafino, *U. S. Diplomatic Missions: Background and Issures on Chief of Mission*, *COM Authority*, CRS Report R43422, Washington, DC: Congressional Research Service, March 2014, p. 8.

[4]　Dennis C. Jett, *American Ambassadors: The Past*, *Present and Future of American Diplomats*, New York: Palgrave Macmillan, 2014, p. 233.

意见。在工作层面，使馆一般通过武官处和军援顾问团与联合作战司令部进行联络与协调。武官处负责与联合作战司令部的例行电报往来，而在遂行非战争军事行动时，军援顾问团的安全援助官会成为联系使馆与联合作战司令部政策与行动的中介和桥梁。[①]

国务院与国防部在驻外使馆层面协调机制的运作具有以下特点：一是大使在跨部门协调过程中有时需要克服官僚政治和部门利益的羁绊。尽管大使名义上是总统的代表，且拥有总统的"命令状"，但"其他部门经常将大使视为国务院的代表，而不是总统的使者，这使得大使虽然承担协调责任，却不具备协调权威，……来自不同机构的代表经常以牺牲整体利益的代价，追求本机构的局部利益"。[②] 此外，由于武官处通常拥有独立的汇报渠道，通过国防部的国防情报局向国内汇报工作，这也增加了大使进行工作协调的难度。二是在驻在国军事人员的管理方面，大使与联合作战司令部司令的职责存在交叉区。从驻在国发生危机到美国军事干预的过程中，大使和司令的主导角色也会经历一个过渡和转换的过程。在形势由和平向危机直至战争转换时期，大使只是在冲突频谱的低端主导决策过程；随着形势向战争过渡，司令逐渐拥有更大的权威和影响；当军事行动结束，大使重新拥有政策主导地位。在非战争军事行动的阴影区，大使和司令的职责可能存在交叉或重叠，这需要二人借助常识，摒弃官僚作风，共同解决对驻在国军事人员的指挥和控制问题。

二 联合作战司令部

美军联合作战司令部是由两个以上军种部队构成、旨在对部队实

---

① Gabriel Marcella, "Understanding the Interagency Process: The Challenge of Adaptation", *Affairs of State: The Interagency and National Security*, ed. by Gabriel Marcella, Carlisle, PA: U. S. Army War College, 2008, p. 32.

② Robert S. Pope, *U. S. Interagency Regional Foreign Policy Implementation: A Survey of Current Practice and an Analysis of Options for Improvement*, Maxwell Air Force Base, Alabama: Air University, April 2010, p. 68.

施有效指挥与控制的战区级军事单位。地区性联合作战司令部保持前沿存在的部队态势，拥有庞大的人员规模和雄厚的资源保障，加上完善的参谋计划机构，在许多方面具有超越国务院驻外使馆的外交优势。在奥巴马政府时期，联合作战司令部通过一系列跨部门协调机制来达成外交与军事政策的协调，包括军政联合领导的总部架构、外交政策顾问、联合跨部门协调组、联合跨部门特遣部队等，上述机制为促进联合作战司令部内部的军政协调提供了保障，也为推动司令部与国务院、驻外使馆之间的政策协调提供了便利。

首先，美军已有三个联合作战司令部建立了军政联合领导的总部架构，以实现军事与外交政策的有效协调。这三个司令部分别是非洲、南方和欧洲联合作战司令部。具体而言，联合作战司令部在司令之下设立两名副司令职务，其中一名为中将级别军官，其职责是作为司令的副手，在必要时行使军事指挥权，包括担当代理司令，监督应急计划制订，与联合参谋部、陆军部、海军部和空军部保持密切联系等；另一名文职副司令由国务院大使级别的外交官担任，负责就广泛外交政策议题向司令提供建议，并作为司令与国务院及司令部任务区驻在国大使和工作人员联络的主渠道，其职责还包括监督司令部地区战略制定，促进跨部门交流。① 美国国务院发布的首份《四年外交与发展评估报告》指出，鉴于与南方司令部成功合作的经验，国务院将在当前外交政策顾问项目的基础上，继续向国防部提供大使级别的资深外交官担任联合作战司令部文职副司令。② 在具体实践中，文职副司令为推动联合作战司令部任务区内的军政事务协调发挥了积极作用。例如，在非洲司令部文职副司令玛丽·叶芝（Mary Yates）大使的指挥下，司令部制定了多项军政规划、计划、安全合作倡议等，确

---

① Government Accountability Office, *Defense Management*: *U. S. Southern Command Demonstrates Interagency Collaboration*, *but Its Haiti Disaster Response Revealed Challenges Conducting a Large Military Opertion*, GAO -10 -801, July 2010, p. 23.

② Hillary Rodham Clinton, *Leading Through Civilian Power*: *The First Quadrennial Diplomacy and Development Review*, U. S. State Department, 2010, p. 54.

保司令部的政策制定与执行与美国外交政策保持一致。①

其次，各联合作战司令部均设有外交政策顾问一职，负责直接向司令提供外交政策建议。② 外交政策顾问由国务院派遣的高级外交官担任，通常具有大使头衔，其职责包括协助评估军事计划和战略的外交影响，担任司令在国际问题方面的首要顾问，提供国务院的视角，并作为司令与国务院（政治军事事务司和相应的地区司）信息联络的渠道。③ 例如，非洲司令部外交政策顾问的职责是向司令提供外交政策咨询，确保司令部的战略、规划与计划共同服务于国家利益，与国务院以及美国驻非洲大陆40多家使馆保持工作联系，确保司令对广泛的非洲政策议题、未来发展趋势和影响非洲大陆的其他活动作出准确判断。④ 可见，外交政策顾问有助于增强联合作战司令部司令对外交政策的洞察力，拓展其在跨部门机构的影响力，对司令协调军事与外交议题发挥建设性作用。

再次，各地区性联合作战司令部还设立了"联合跨部门协调组"，负责协助司令在战区层面进行跨部门协调。"联合跨部门协调组"是由美国政府部门派驻联合作战司令部的文职和军队专家组成的跨部门参谋机构，旨在为制定作战计划的文职人员和军官之间建立定期、及时和协作性的工作关系，在战区层面为司令提供与政府其他机构进行

---

① Lauren Ploch, *Africa Command: U. S. Strategic Interests and the Role of the U. S. Military in Africa*, CRS Report RL34003, Washington, DC: Congressional Research Service, March 2011, p. 9.

② 在已经设立文职副司令的三个联合作战司令部，非洲司令部的文职副司令和外交政策顾问分别由大使级别外交官和高级外交官担任，但南方司令部和欧洲司令部的外交政策顾问兼任文职副司令。

③ Arthur D. Simons Center, "Special Report: The Foreign Policy Advisor Program", May 10, 2013, available at: http://thesimonscenter. org/special-report-the-foreign-policy-advisor-program/. 登录时间 2015 年 3 月 25 日。

④ United States Africa Command, "FE-MC J – 001 Office of the Foreign Policy Advisor", a-vailable at: http://www. africom. mil/about-the-command/directorates-and-staff/fe-mc-j-001-office-of-the-foreign-policy-advisor，登录时间: 2015 年 3 月 29 日。

合作的能力，满足联合作战司令部的需求。① "联合跨部门协调组"
的标准模式包括 3 名军人、3 名国防部文职人员、2 名国务院外交官，
以及美国国际开发署、司法部、国土安全部、交通运输部的代表各 1
名。② 事实上，基于联合部队司令部的指导原则和联合作战司令部的
实际情况，各司令部在组建 "联合跨部门协调组" 时，具体人员构
成及其与总部的隶属关系各不相同。例如，太平洋总部的 "联合跨部
门协调组" 隶属新成立的 "太平洋外联部" （J9，Pacific Outreach Di-
rectorate），中央司令部的 "联合跨部门协调组" 历经多年调整后，被
命名为 "跨部门行动组" （Interagency Action Group），隶属作战部
（J3）。③ "联合跨部门协调组" 的职能包括：参加联合作战司令部的
战区军事行动和联合作战计划的制订与评估；向联合作战司令部司令
提供有关美国外交政策和立场的建议；在联合作战行动中提供跨部门
计划视角；与美国政府机构建立协作性联系渠道等。④

　　另外，联合作战司令部还可以设立 "联合跨部门特遣部队" 来推
进跨部门政策协调。"联合跨部门特遣部队" 是 "聚焦某单一任务、
具有独特组织架构的力量倍增器……是由国防部和政府其他机构共同
组成的正式组织，通过各方签署《合作备忘录》或其他基础性法律
文件提供工作指导，明确各成员的角色、职责和关系。'联合跨部门
特遣部队' 是由单一指挥员领导、多机构成员组成的团体"。⑤ 可见，

---

① U. S. Joint Chiefs of Staff, *Interorganizational Coordination during Joint Operations*, Joint Publication 3 – 08, Washington, DC：Joint Chiefs of Staff, 24 June 2011, p. D – 1.

② United States Joint Forces Command, *Commander's Handbook for the Joint Interagency Coordination Group*, JIACG, USJFCOM Joint Warfighting Center, Joint Innovation & Experimentation Directorate, March 2007, p. III – 8.

③ 参见 Robert S. Pope, *U. S. Interagency Regional Foreign Policy Implementation：A Survey of Current Practice and an Analysis of Options for Improvement*, Maxwell Air Force Base, Alabama：Air University, April 2010, pp. 20 – 29.

④ U. S. Joint Chiefs of Staff, *Interorganizational Coordination during Joint Operations*, Joint Publication 3 – 08, Washington, DC：Joint Chiefs of Staff, 24 June 2011, p. D – 5.

⑤ U. S. Joint Chiefs of Staff, *Interorganizational Coordination during Joint Operations*, Joint Publication 3 – 08, Washington, DC：Joint Chiefs of Staff, 24 June 2011, p. E – 1.

"联合跨部门特遣部队"与"联合跨部门协调组"最主要的区别在于前者的任务性质单一，目标明确；而后者的任务使命更加多元化。目前太平洋司令部和南方司令部专门设有"联合跨部门特遣部队"，分别是"西部联合跨部门特遣部队"（JIATF-West）和"南部联合跨部门特遣部队"（JIATF-South）。以太平洋司令部的"西部联合跨部门特遣部队"为例，其作为太平洋总部任务区禁毒行动的保障部队，由160多人构成，包括现役、预备役、国防部文职人员、合同制雇员，以及美国国务院及外国执法部门人员；职责是"运用国防部能力遂行并保障跨部门行动，发现、阻断及摧毁亚太地区有组织跨国毒品犯罪威胁"；[1] 策略是"以跨部门合作为前提，通过该地区的美国使馆和驻在国团队与本国和外国执法机构合作，融军事与执法能力为一体，打击并降低亚太地区的跨国犯罪"。[2] 具体而言，"西部联合跨部门特遣部队"运用其跨部门综合能力，通过多种途径实现美国在该地区的禁毒目标，其中包括向美国使馆派遣情况分析人员，为美国执法机构提供保障；为该地区伙伴国家建立跨部门情报整合中心；在4个国家建立边境检查站和海关检查站，并为6个国家的军队和执法机构提供缉毒训练。[3] 可见，通过有效整合国务院和政府其他机构对军方的支援能力，"联合跨部门特遣部队"成为基层一线实现跨部门协调与合作的有力手段。

总体而言，在实际运作过程中，国务院与国防部在联合作战司令部层面协调机制具有以下特点：首先，协调机制在联合作战司令部领

---

① U. S. Pacific Command，"Joint Interagency Task Force West"，available at：http：//www. pacom. mil/Contact/Directory/JointIntegragencyTaskForceWest. aspx. 登录时间 2015 年 3 月 25 日。

② U. S. Pacific Command，"Joint Interagency Task Force West"，available at：http：//www. pacom. mil/Contact/Directory/JointIntegragencyTaskForceWest. aspx 登录时间：2015 年 3 月 25 日。

③ Robert S. Pope，*U. S. Interagency Regional Foreign Policy Implementation：A Survey of Current Practice and an Analysis of Options for Improvement*，Maxwell Air Force Base，Alabama：Air University，April 2010，p. 30.

导层和工作层面的协同运作给战区外交与军事政策的整体协调提供了有力保障。在领导层面，国务院派遣的文职副司令与外交政策顾问是司令进行跨部门政策咨询与协调的帮手和顾问，在工作层面，"联合跨部门协调组"和"联合跨部门特遣部队"给战区计划制订和任务执行提供了跨部门协调的渠道。其次，利用外交政策顾问进行跨部门政策协调具有一定的局限性。由于外交政策顾问不是国务院的正式代表，而是司令的私人助理，所以不能代表国务院的立场，而只是提供信息交流的渠道之一;[1] 外交政策顾问工作是否得力，取决于他能否与军方建立合作互信的关系、是否在国务院拥有广泛的个人关系网，以及司令的重视程度。[2] 再次，"联合跨部门协调组"在具体运作中也存在一些不足。因为国务院的人员编制规模有限，难以满足各联合作战司令部对"联合跨部门协调组"的人员需求;并且成立"联合跨部门协调组"的倡议缺乏总统命令或国会立法支撑，因而对国务院等非军方机构没有强制力，这给组建工作带来一定的挑战;还有人指出"联合跨部门协调组"的职责不清，军方和非军方部门对各自扮演的角色缺乏明确定位。[3]

小 结

本章对奥巴马政府国务院与国防部协调机制的整体架构、运作规则、方式和特点等方面进行了论述。在国家层面，国家安全委员会体系

---

① Arthur D. Simons Center, "Special Report: The Foreign Policy Advisor Program", May 10, 2013, available at: http://thesimonscenter.org/special-report-the-foreign-policy-advisor-program/. 登录时间: 2015 年 3 月 25 日。

② Arthur D. Simons Center, "Special Report: The Foreign Policy Advisor Program", May 10, 2013, available at: http://thesimonscenter.org/special-report-the-foreign-policy-advisor-program/. 登录时间: 2015 年 3 月 25 日。

③ 参见 Robert S. Pope, *U. S. Interagency Regional Foreign Policy Implementation: A Survey of Current Practice and an Analysis of Options for Improvement*, Maxwell Air Force Base, Alabama: Air University, April 2010, pp. 16 – 18.

是负责军事与外交协调的主体，主官委员会、副主官委员会和跨部门政策委员会的三级架构形成了相应级别官员政策协调的平台。在当前美国政府面临繁重外交政策议题的背景下，设立政策协调的等级架构体系，既能保证最高决策者对重要议题的掌控，又能有效地减轻其工作负担，使不同层级的官员与机构各司其职，各尽其责。国家安全委员会体系发展到奥巴马政府时期，体现出来的一个重要趋势就是权力进一步向白宫集中，总统力主外交政策的倾向愈加明显，这种趋势带来的影响是代表总统意志的国家安全事务助理在国务院和国防部的跨部门政策协调中占有更重的分量，同时导致国务院和国防部的政策主导权下降。

在部门层面，国务院与国防部建立起比较完善的对口协调机制。在国务院，主管政治事务的副国务卿领导下属地区事务司与职能司与国防部进行外交政策协调；在国际安全、军事行动、防务战略及计划等领域，国务院政治军事事务司成为与国防部进行协调的首要纽带，该司还主管向国防部派遣外交政策顾问，推动与国防部合作的进展。国防部由主管政策的副部长领导下属机构与国务院进行对口政策协调；此外，联合参谋部与国务院也保持例行业务联系，其中在政策文件制定过程，战略计划与政策部（J5）扮演关键的跨部门协调角色。

在一线基层，国务院的驻外使馆、使团以及国防部的联合作战司令部都建立了军政部门协调与合作的机制。这些机构形成了国务院与国防部在总部以外进行工作协调的网络架构，极大地拓展了军政协调的渠道，便于发挥"外交、防务和发展"合力，为保障外交政策的基层实施奠定了体制性基础。

总之，从国家层面到一线基层，美国国务院与国防部建立起比较完善的政策协调整体架构，这有助于推动外交与军事政策的机制化协调，而良好的跨部门协调有助于改进外交政策制定与执行的质量。当然，在具体实践中，美国国务院与国防部协调机制能否发挥理想效果，还受到若干因素的制约。下章将以伊拉克战争为例，对国务院与国防部协调机制的实际运作进行考察。

第四章　伊拉克战争中的跨部门协调

2003 年 3 月 20 日，美国以伊拉克拥有大规模杀伤性武器并暗中支持恐怖分子为由，绕过联合国安理会，对伊拉克发动了军事打击行动，伊拉克战争爆发。这场战争是美国在阿富汗战争取得阶段性进展的背景下，旨在借反恐之名推翻萨达姆反美政权的军事行动。至 2011 年 12 月美军撤出伊拉克，历时 9 年，美国始终未能发现伊拉克的大规模杀伤性武器，美国发动战争最主要的理由无法成立；但战争却使美军陷入一场旷日持久的反叛乱维稳行动，导致大量美军和更多的伊拉克人民伤亡，伊拉克政局依然动荡，人民生活在水深火热之中。

近年来，国内外学者围绕伊拉克战争，对美国发动战争的动机和原因进行了多方面的研究，这些研究的解释路径可以概括为国际结构、国家层面、决策群体和总统个人 4 个层面。[①] 但到目前为止，专

---

① 参见韩召颖、宋晓丽《美国发动伊拉克战争决策探析——小集团思维理论的视角》，《外交评论》2013 年第 2 期，第 63 页。国内学者的相关论述还包括：张睿壮：《评美国侵伊战争》，《南开大学法政学院学术论丛》，天津人民出版社 2004 年版，第 182—184 页；刘建飞：《伊拉克战争与美国的霸权战略》，《当代世界》2003 年第 5 期，第 7 页；周琪：《"布什主义"与美国新保守主义》，《美国研究》2007 年第 2 期，第 7—27 页；赵光锐：《美国的"战争红利"及其"战争利益集团"》，《国际论坛》2003 年第 4 期，第 76—80 页；冷雪梅：《从"伊拉克门"到"情报门"——美国对萨达姆政权政策探析》，《史学集刊》2007 年第 5 期，第 86—90 页；薛晨：《社会心理、错误知觉与美国安全观的转变与实践——以九一一事件和伊拉克战争为例》，《世界经济与政治》2006 年第 12 期，第 7—15 页。国外学者的相关论述包括：Stefan Halper & Jonathan Clarke, *America Alone: The Neo-Conservatives and the Global Order*, Cambridge: Cambridge University Press, 2004; Patrick J. Buchanan, *Where the Right Went Wrong: How Neoconservatives Subverted the Reagan Revolution and Hijacked the Bush Presidency*, New York: St. Martin's Press, 2004; Mark Phythian, "The Perfect Intelligence Failure? U. S. Pre-War Intelligence on Iraqi Weapons of Mass Destruction", *Politics & Policy*, Vol. 34, No. 2, June 2006, pp. 400 – 424; Paul R. Pillar, "Intelligence, Policy, and the War in Iraq", *Foreign Affairs*, Vol. 85, No. 2, March-April 2006, pp. 15 – 27; （转下页）

门从跨部门协调的视角对美国国务院与国防部在伊拉克战争的政策协调进行考察的著述寥寥无几。[①]本章旨在对伊拉克战争中美国国务院与国防部协调机制的运行情况进行研究，重点对战争不同阶段外交政策在国家层面、部门层面和一线基层的协调过程和协调效果进行考察。之所以选取伊拉克战争为案例，主要基于以下考虑：首先是因为伊拉克战争的研究资料比较丰富，除媒体报道和学术著述外，小布什政府的政要陆续发表自传，许多档案文件已经解密，为本章提供了丰富的一手资料；而奥巴马政府外交政策的公开资料非常有限，相关的媒体报道比较零碎，目前难以支撑对国务院与国防部政策协调的案例研究。其次，国务院与国防部在伊战时期的协调机制与当前机制基本吻合，除一线基层的协调机制反映出战时的鲜明特色之外，国家层面和部门层面的协调机制体现出高度一致性，因此本案例具有代表性，能够反映两部门协调机制的基本特征。再次，由于伊拉克战争历经战前决策、作战计划、军事行动和维稳重建等阶段，其间国务院与国防部经历了主导角色的转变，同时美国政府在战争过程中经历了换届，因此对国务院与国防部的协调机制在战争不同阶段和两届政府中的表现进行比较考察，有助于增强结论的客观性和公正性。

（接上页）David Mitchell & Tansa George Massoud, "Anatomy of Failure: Bush's Decision-Making Process and the Iraq War", *Foreign Policy Analysis*, Vol. 5, Issue 3, July 2009, pp. 265 – 286; Dina Badio, "Groupthink, Iraq, and the War on Terror: Explaining US Policy Shift toward Iraq", *Foreign Policy Analysis*, Vol. 6, No. 4, October 2010, pp. 277 – 296; James Mann, *Rise of the Vulcans: The History of Bush's War Cabinet*, New York: Penguin Books, 2004; Alex Roberto Hybel & Justin Matthew Kaufman, *The Bush Administrations and Saddam Hussein: Deciding on Conflict*, New York: Palgrave Macmillan, 2006; Chris J. Dolan & David B. Cohen, "The War About the War: Iraq and the Politics of National Security Advising in the G. W. Bush Administration's First Term", *Politics & Policy*, Vol. 34, No. 1, March 2006, pp. 30 – 64.

① 美国学者唐纳德·德莱斯勒（Donald R. Dreschsler）对伊拉克战争的战后计划制订阶段国务院与国防部的跨部门协调进行了研究，参见 Donald R. Dreschsler, "Reconstructing the Interagency Process after Iraq", *Journal of Strategic Studies*, Vol. 28, No. 1, February 2005, pp. 3 – 30.

第一节 战前决策阶段

在战前决策阶段，国务院与国防部的政策协调主要在国家安全委员会体系展开。部分由于国务院与国防部官员在政治理念和个性上的差异，两大部门领导层在国家安全委员会、主官委员会和副主官委员会的政策分歧明显，形成立场鲜明的两派。更为特别的是，副总统切尼与国防部长拉姆斯菲尔德在政策立场上的联合，增加了国防部在政策天平上的砝码，这给国务院与国防部之间跨部门协调带来新的变量，也给总统和国家安全事务助理的协调工作带来了挑战。

一 小布什国家安全团队的构成

小布什组建政府时，在国务院和国防部的人事安排上体现了鲜明的对比。以国务卿科林·鲍威尔为首的官员代表了务实的现实主义派，这些人包括常务副国务卿理查德·阿米蒂奇（Richard Armitage）、主管政治事务的副国务卿马克·格罗斯曼（Marc Grossman）和国务院政策规划办公室主任理查德·哈斯（Richard Haas）。鲍威尔有丰富的军政经验，曾先后担任里根政府的国家安全事务助理和老布什政府的参联会主席，在美国政界享有威望。鲍威尔的副手、常务副国务卿理查德·阿米蒂奇是一名卓有影响力的国际政治专家。在鲍威尔的领导下，国务院在外交政策方面通常持相对克制的立场，反对首选武力来解决问题。① 鲍威尔倡导以他名字命名的"鲍威尔主义"（Powell Doctrine），主张政策制定者在诉诸武力之前，必须获得公众支持和立法机构许可；只有在耗尽非军事手段之后才会诉诸武力；一旦动武，

---

① 参见 Chris J. Dolan & David B. Cohen, "The War about the War: Iraq and the Politics of National Security Advising in the G. W. Bush Administration's First Term", *Politics & Policy*, Vol. 34, No. 1, March 2006, p. 39.

必须投入压倒性兵力，并且必须有明确的军事目的和退出战略。① 总体而言，现实主义派在政策主张上属于实用主义者，他们希望小布什的政策选项保持开放，认为外交政策应该是对同盟、竞争和国家关系耐心经营的过程。②

相反，以国防部长拉姆斯菲尔德为首的国防部官员则代表激进的新保守派，其中包括常务副国防部长保罗·沃尔夫维茨和主管政策的副国防部长道格拉斯·费斯（Douglas Feith）。拉姆斯菲尔德政治阅历丰富，曾在尼克松政府任白宫经济机会办公室主任、美国驻北约大使，在福特政府任白宫办公厅主任、国防部长等职，此次在小布什政府再任国防部长，拉氏致力要干一番事业。沃尔夫维茨和费斯也都是小布什政府的"鹰派"人物，是拉姆斯菲尔德的得力干将。这批新保守派推崇进攻性、单边主义的霸权主张，对美国加入多边组织持批判态度，反对采取遏制政策，极力支持预防性战争，主张将反恐战争扩大到使用武力打击支持恐怖主义的国家。③ 在军队建设方面，拉姆斯菲尔德倡导军事变革，主张将军队从立足于打冷战时期的传统战争向更加灵活、精简、机动能力更强的部队转变。④

这样，小布什执政初期的国务院与国防部形成了特征鲜明的两大集团，这两个集团均由经验丰富的资深政客构成，他们对美国在世界上应扮演角色的看法大相径庭，在外交政策主张上针锋相对。由于上述官员分别是国家安全委员会主官委员会和副主官委员会成员，所以

---

① 参见 Chris J. Dolan & David B. Cohen，"The War about the War: Iraq and the Politics of National Security Advising in the G. W. Bush Administration's First Term"，*Politics & Policy*，Vol. 34，No. 1，March 2006，p. 39.

② 参见 Charles Krauthammer，"What Happened to the Powell Doctrine?" *Washington Post*，April 20，2001，p. A25.

③ James Mann，*Rise of the Vulcans: The History of Bush's War Cabinet*，New York: Viking Press，2004.

④ James P. Pfiffner，"President George W. Bush and His War Cabinet"，Prepared for presentation at the conference on "The Presidency, Congress, and the War on Terrorism"，University of Florida，February 7 2003，pp. 1 – 2. Available at: http://www. clas. ufl. edu/users/rconley/conferencepapers/Pfiffner. PDF. 登录时间: 2015 年 3 月 25 日。

在国家安全委员会的讨论过程中，国务院和国防部经常是持不同立场的对立派。不仅如此，知情人士透露，几名内阁成员，尤其是拉姆斯菲尔德和鲍威尔之间关系紧张。① 两位主官之间的关系也映射到副手及下属间的关系，学者指出，阿米蒂奇与沃尔夫维茨之间明争暗斗，而格罗斯曼则与费斯针锋相对。② 美国前国防部长罗伯特·盖茨坦率地指出："如果政府不同部门的高层官员之间钩心斗角，就会沿着官僚机构链条影响到下层，从而扼杀跨部门合作；反之，如果官僚机构认识到主官之间相处融洽、通力合作，这种关系也会辐射影响至下层机构。"③

　　总之，小布什在国务院与国防部人事安排上采取了相互牵制，甚至相互对立的架构，④ 如果他具有丰富的外交经验，能像罗斯福那样有效利用和管控部门之间的分歧和斗争，也许会在国务院与国防部相互角力的过程中推进美国的外交政策。但小布什缺乏外交经验，这意味着他必须依靠政府其他要员帮助分析日常外交事务，协助处理外交议题。同时，小布什依靠公司管理经验，认为有效管理意味着授权一群忠诚得力的干将，建立清晰有序的等级制度，明确各自角色定位，共同协作推进外交政策。⑤ 尽管小布什期望建立等级鲜明、秩序井然的决策过程，但他个人的决策风格却很随意，而且易受直觉或本能主

---

① James P. Pfiffner, "President George W. Bush and His War Cabinet", Prepared for presentation at the conference on "The Presidency, Congress, and the War on Terrorism", University of Florida, February 7 2003, p. 1.

② Karen DeYoung, *Soldier: The Life of Collin Powell*, New York: Alfred A. Knopf, 2006, p. 416.

③ 转引自：Andrew J. Shapiro, "A New Era in State-Defense Cooperation", August 8, 2012. Available at: http://www.state.gov/t/pm/rls/rm/196200.htm. 登录时间 2015 年 3 月 25 日。

④ 事实上，鲍威尔曾力推阿米蒂奇担任常务副国防部长，但正因如此，反而导致拉姆斯菲尔德强力抵制，最终阿米蒂奇在国务院担任了鲍威尔的副手。参见 Christopher D. O'sullivan, *Colin Powell: American Power and Intervention from Vietnam to Iraq*, Lanham, Maryland: Rowman & Littlefield Publishers, Inc., 2009, p. 129.

⑤ David Mitchell & Tansa George Massoud, "Anatomy of Failure: Bush's Decision-Making Process and the Iraq War", *Foreign Policy Analysis*, Vol. 5, Issue 3, July 2009, p. 272.

导。例如，在一次媒体采访时，小布什十几次谈到了"直觉"或
"本能反应"，并自称不是"墨守成规的人"（textbook player），而是
"靠直觉出牌的人"（gut player）。① 基于这样的管理模式和性格特点，
小布什在进行外交决策时，很容易被意气相投的强硬派所打动，甚至
会盲从他们的观点。这种性格和决策风格不利于他在国务院与国防部
间进行协调与权衡。

在国家安全委员会体系内，总统国家安全事务助理是对国务院与
国防部进行协调的另一个重要人物。康多莉扎·赖斯被任命为小布什
总统的国家安全事务助理时，年仅46岁，是担任此职最年轻的人，
而且是第一位女性。赖斯曾在前国家安全事务助理斯考克罗夫特手下
工作并深受其影响。作为苏联问题的专家，她对国际政治亦有很深的
造诣。另外，赖斯天资聪慧，与小布什关系极为融洽，深得总统赏识
与信任，这是其作为国家安全事务助理的一大优势。尽管如此，与拉
姆斯菲尔德和鲍威尔这两位"政坛大佬"相比，赖斯的地位和影响
力还是稍逊一筹。在国家安全委员会内，赖斯亦想发挥"诚实的中间
人"的作用，但鉴于国务院和国防部两位主官的威望和地位，赖斯在
部门之间进行政策协调时，有时还是显得力不从心。

副总统切尼成为影响国务院与国防部政策协调的另一个重要因
素。在白宫，除总统之外，切尼明显居于统治地位。切尼的老道和从
政经验都在小布什之上，甚至白宫官员须得慎重强调切尼的从属地
位。切尼的顾问玛丽·马特琳（Mary Matalin）认为有必要声明"副
总统除了给布什总统提供建议外，绝对没有个人或政治企图"。② 切
尼的从政之路始于拉姆斯菲尔德的赏识与提拔，两人之间有数十年的
深交，切尼十分钦佩拉姆斯菲尔德的能力。他曾调侃道："在我眼中，

---

① Bob Woodward, *Bush at War*, New York: Simon and Schuster, 2002, p. 342.
② 转引自James P. Pfiffner, "President George W. Bush and His War Cabinet", Prepared for presentation at the conference on "The Presidency, Congress, and the War on Terrorism", University of Florida, February 7, 2003, p. 2, available at: http://www.clas.ufl.edu/users/rconley/conferencepapers/Pfiffner.PDF. 登录时间：2015年3月25日。

唐·拉姆斯菲尔德是一位杰出的国防部长；而在他看来，我只是拉姆斯菲尔德的前助手。"①切尼的一位朋友称："有时人们在聚会时碰到他俩，都分不清孰主孰仆。"② 切尼也属强硬的新保守派，他与拉姆斯菲尔德的政策立场往往不谋而合。这样，副总统与国防部长强强联合，使得国防部在与国务院的较量中往往占上风。这也增大了总统和国家安全事务助理的协调难度。

二 "9·11"前伊拉克问题的部门政策分歧

小布什执政之初，国务院与国防部在主官委员会和副主官委员会层面针对伊拉克问题的政策分歧逐渐显现，且愈演愈烈。为此，国家安全事务助理赖斯试图进行调解，但效果并不理想。

2001年1月30日，小布什政府召开第一次国家安全委员会会议，重点讨论伊拉克问题。国务卿鲍威尔和国防部长拉姆斯菲尔德都认为制裁手段正在失效，亟须关注下一步应采取的政策，但是并没有对未来新政策达成共识。③

此后副主官委员会多次就当前向萨达姆施压的手段进行深入评估，讨论的议题包括经济制裁、大规模杀伤性武器核查、伊拉克南部和北部的禁飞区等。尽管所有人都视萨达姆为问题的根源，但国务院与国防部官员在若干问题上存在重要分歧：首先是关于继续遏制萨达姆还是实现政权更替的争论；其次是关于实现政权更替的程度之争——是仅仅煽动政变推翻萨达姆还是要彻底铲除社会党（Baathist）政府；再次是关于是否继续在禁飞区执行巡逻任务之争。④

---

① David J. Rothkopf, "Inside the Committee that Runs the World", *Foreign Policy*, March/April, 2005, pp. 34 – 35.

② David J. Rothkopf, "Inside the Committee that Runs the World", *Foreign Policy*, March/April, 2005, p. 38.

③ Michael J. Mazarr, "The Iraq War and Agenda Setting", *Foreign Policy Analysis*, Vol. 3, No. 1, 2007, p. 5.

④ Douglas J. Feith, *War and Decision*: *Inside the Pentagon at the Dawn of the War on Terrorism*, New York: HarperCollins Publishers Inc. , 2008, p. 199.

2001 年初在副主官委员会的多次讨论中，常务副国防部长沃尔夫维茨对联合国安理会实施遏制手段的能力表示担忧，强烈支持采取更强硬的反制行动，推翻萨达姆政权。沃氏提出政权更替的实施构想，包括争取他国支持与合作、加强伊拉克反对派的军事和经济能力等。但常务副国务卿阿米蒂奇却主张采取相对温和的应对策略，延续之前的遏制政策，并采取"灵巧制裁"（Smart Sanction）的手段，继续通过联合国安理会向萨达姆施压。[①] 双方各执己见，不肯让步。

为了协调国务院与国防部立场，调解双方分歧，国家安全事务助理赖斯于 2001 年春末指示国家安全委员会工作班子制定《解放伊拉克人民》（Freeing the Iraqi People）的倡议，提出立即对伊拉克反对派提供军事援助，为可能的后续工作做准备，即通过给反对派提供武装，使其最终采取行动破坏萨达姆政权，削弱其权威；倡议还提出可能采取的进一步举措，即美国武装部队采取行动打击萨达姆政权。[②] 事实上，这份倡议明显偏袒国防部的立场，并没有缓解国务院与国防部的矛盾。

2001 年 6 月 22 日和 7 月 13 日，副主官委员会就伊拉克问题召开会议，研究讨论国家安全委员会工作班子提出的倡议。国家安全事务副助理史蒂芬·哈德利试图进一步调解国务院与国防部的分歧，他提出将本次会议关于伊拉克禁飞区问题的讨论结果提交主官委员会，然后由主官委员会向总统提交政策选项。但会上阿米蒂奇与沃尔夫维茨再次发生争执，阿米蒂奇认为将伊拉克问题汇报上级的时机还不成熟，这样会打乱国务院的巴以和谈计划，并且指出鲍威尔坚决反对将伊拉克问题纳入主官委员会日程；沃尔夫维茨则认为推迟提交只会贻

① Douglas J. Feith, *War and Decision*: *Inside the Pentagon at the Dawn of the War on Terrorism*, New York: HarperCollins Publishers Inc. , 2008, pp. 204 – 205.

② Douglas J. Feith, *War and Decision*: *Inside the Pentagon at the Dawn of the War on Terrorism*, New York: HarperCollins Publishers Inc. , 2008, p. 206.

误时机,使伊拉克问题变得更加棘手。① 就这样,国家安全事务副助理的协调努力没有取得多大效果,副主官委员会层面针对伊拉克问题矛盾重重,国务院与国防部持对立立场,讨论几乎陷入僵局。

拉姆斯菲尔德认为维持现状对美国不利,他坚信总统需要及早决定如何应对萨达姆的威胁,否则只会使形势变得更糟糕。他执意让总统在国务院和国防部立场之间作出定夺,于是敦促赖斯召开主官委员会,对伊拉克问题进行讨论,以便为国家安全委员会上与总统商议作准备。2001年7月27日,拉姆斯菲尔德签署了一份针对伊拉克问题的备忘录,发送给赖斯、鲍威尔和切尼。② 他在回忆录中写道:"此举意在请求召开主官委员会会议,对伊拉克问题进行讨论。"③ 但是,赖斯并未对拉姆斯菲尔德的提议给予及时回应,拉姆斯菲尔德对此表示出些许失望,他称:"国家安全委员会从未按照我在2001年夏天的请求,对美国的伊拉克政策组织全面评估。"④

这样,在小布什执政8个月期间,国务院和国防部高层多次在国家安全委员会的主官和副主官层面就伊拉克问题进行讨论,但并未对既定政策作出较大调整。以鲍威尔为首的国务院主张对伊进行制裁,限制其接触武器技术的机会;以拉姆斯菲尔德为首的国防部持反对意见,认为进一步制裁不会起作用,需要采取更加积极的措施推翻萨达姆政权。⑤ 针对两部门的政策分歧,国家安全事务助理赖斯并未发挥有效的协调作用。同时,赖斯在调解部门立场时暴露出两种不良倾向:一是在试图进行政策协调时,有意无意偏袒国防部观点,这背离

① Douglas J. Feith, *War and Decision: Inside the Pentagon at the Dawn of the War on Terrorism*, New York: HarperCollins Publishers Inc., 2008, pp. 208-209.

② Douglas J. Feith, *War and Decision: Inside the Pentagon at the Dawn of the War on Terrorism*, New York: HarperCollins Publishers Inc., 2008, p. 210.

③ Donald Rumsfeld, *Known and Unknown: A Memoir*, New York: Sentinel, 2011, pp. 510-511.

④ Donald Rumsfeld, *Known and Unknown: A Memoir*, New York: Sentinel, 2011, pp. 511-512.

⑤ David Mitchell & Tansa George Massoud, "Anatomy of Failure: Bush's Decision-Making Process and the Iraq War", *Foreign Policy Analysis*, Vol. 5, Issue 3, July 2009, p. 274.

了"诚实的中间人"的宗旨；二是对部门请求政策协调的提议反应不及时，延误了跨部门政策协调的时机。

三 "9·11"后伊拉克战争决策

"9·11"事件之后，关于是否应该对伊拉克动武，国务院与国防部仍然持不同的立场。小布什最初在国家安全委员会上对两部门的表态模棱两可，企图暂且搁置争议。但后来总统在关键决策时往往抛弃正式的国家安全委员会政策协调方式，频繁采用与国防部和国务院领导私下接触的非正式方式。这不仅剥夺了两部门对政策选项进行公开辩论的机会，而且导致政策协调质量低下，使决策具有片面性和武断性。

2001年9月12日，拉姆斯菲尔德在国家安全委员会上提出借打击基地组织顺便惩罚伊拉克的设想；但鲍威尔表示反对，称当前第一要务是聚焦阿富汗，并且指出此时攻打伊拉克难以获得国际社会和美国民众的支持；布什同意了鲍威尔的意见，称当时还不是解决伊拉克问题的时机。[①] 但此时国防部高层已经开始紧锣密鼓地制定针对伊拉克的军事行动方案。9月11日至15日，沃尔夫维茨和费斯撰写了多项备忘录，督促对萨达姆采取行动。费斯于13日给美军驻亚特兰大的第三军司令部发加密传真，指示其在72小时之内制订出夺取伊拉克南部油田的作战计划。[②]

9月15日在戴维营召开的国家安全委员会上，国防部正式提出反恐战争的三个初始打击目标，包括基地组织、阿富汗塔利班和伊拉克。[③] 沃尔夫维茨指出，推翻萨达姆要比铲除塔利班容易得多。但国务卿鲍威尔再次反对，认为除非有明显证据表明伊拉克卷入"9·

---

① Bob Woodward, *Bush at War*, New York: Simon and Schuster, 2002, pp. 42 –43.

② Michael J. Mazarr, "The Iraq War and Agenda Setting", *Foreign Policy Analysis*, Vol. 3, No. 1, 2007, p. 6.

③ Michael J. Mazarr, "The Iraq War and Agenda Setting", *Foreign Policy Analysis*, Vol. 3, No. 1, 2007, p. 6.

11"事件，否则美国将难以得到国际支持。尽管小布什对攻打伊拉克
持保留意见，但他并未公开表态，也未对国务院和国防部的立场进行
协调，只是允许大家继续讨论。① 9 月 16 日，小布什私下对赖斯说：
"我们当前不打伊拉克，先把它放一放，但最终还得回头讨论这个
问题。"②

　　然而，由于总统在会议上没有明确表态，国务院和国防部官员对
戴维营讨论的结果持不同见解。国务院认为已经有效终止了对攻打伊
拉克的讨论；而国防部却认为总统同意可以将伊拉克作为目标，只不
过时机未成熟而已。沃尔夫维茨事后称："回想起来，就战术和时机
的争论而言，总统明显倾向于先打阿富汗；但就战略和更宽泛目标的
争论而言，至少有一点是明确的，那就是总统倾向于支持更宽泛的
目标。"③

　　但此后小布什政策协调过程的随意性和非正式特征渐露端倪，总
统频繁使用私下渠道与官员协商，国家安全委员会协调机制的重要性
逐渐下降。例如，2001 年 9 月 26 日，小布什单独邀请拉姆斯菲尔德
到椭圆形办公室，命令其关注对伊作战计划，并希望国防部提出创新
性解决方案。④ 2001 年 11 月 21 日，总统在召开国家安全委员会会议
之后，将拉姆斯菲尔德单独留下，带他"到距白宫情况室几步之遥的
一个空闲办公室，闭门面谈"。⑤ 小布什要求国防部秘密更新对伊作
战计划，并且对政府其他部门保密。拉姆斯菲尔德迅速命令中央司令
部司令汤米·弗兰克斯（Tommy Franks）着手更新计划。

　　与此同时，拉姆斯菲尔德绕过国家安全委员会，定期私下拜会总

---

① Bob Woodward, *Bush at War*, New York: Simon and Schuster, 2002, pp. 73 – 74.

② Bob Woodward, *Plan of Attack*, New York: Simon and Schuster, 2004, pp. 25 – 26.

③ 转引自 Michael J. Mazarr, "The Iraq War and Agenda Setting", *Foreign Policy Analysis*,
Vol. 3, No. 1, 2007, p. 6.

④ Donald Rumsfeld, *Known and Unknown: A Memoir*, New York: Sentinel, 2011,
p. 518.

⑤ Donald Rumsfeld, *Known and Unknown: A Memoir*, New York: Sentinel, 2011,
p. 520.

统，并且刻意对鲍威尔保密。① 他还设法开通了与总统的直通电话，以便保持密切联系。② 然而，天下没有不透风的墙，2002 年上半年，阿米蒂奇获得可靠消息，得知拉姆斯菲尔德定期请求私下拜会总统，便敦促鲍威尔效仿此法。于是，鲍威尔开始通过赖斯每周约见总统，每次会面时间 20—30 分钟。③ 这种随意、秘密的沟通方式虽然能使总统更直接地掌握国务卿和国防部长的政策立场，但却破坏了部门间协调机制的公开透明性，造成部门间的隔阂与猜忌，不利于跨部门协调的正常开展。

事实上，上述做法对国家安全委员会体制产生的负面影响显而易见。有学者称，国防部长（拉姆斯菲尔德）开会时最喜欢玩的伎俩是含糊其辞，或者以未准备好为由放弃发言机会，会后则选择最能影响最终决策的时机，直接向白宫表达他的想法。④ 另有人指出，小布什的国家安全委员会会议带有预演的性质，好像开会只不过是走过场，用来向与会者掩饰已经作出决策的事实。⑤

在这种情况下，国家安全事务助理对国务院与国防部政策立场进行协调的作用也相当有限。赖斯未能发挥"诚实的中间人"的作用，她从未提供一个对伊拉克决策进行全面分析的平台，只是倾向于附和总统的个人意见，而不是提供独立建议，也未能促成国务院与国防部在伊拉克政策上的协调与合作。⑥ 赖斯感到与姆斯菲尔德打交道时尤其棘手，因为拉氏对国家安全委员会和国家安全事务助理不屑一顾。据称，拉姆斯菲尔德认为，美军的指挥链条是从总统到国防部长再到

---

① Andrew Cockburn, *Rumsfeld: An American Tragedy*, New York: Scribner, 2007, p. 177.

② Karen DeYoung, *Soldier: The Life of Colin Powell*, New York: Knopf, 2006, p. 477.

③ Bob Woodward, *Bush at War*, New York: Simon & Schuster, 2002, pp. 330 – 331.

④ Karen DeYoung, *Soldier: The Life of Colin Powell*, New York: Knopf, 2006, p. 477.

⑤ Christopher D. O'sullivan, *Colin Powell: American Power and Intervention from Vietnam to Iraq*, Lanham, Maryland: Rowman & Littlefield Publishers, Inc. , 2009, p. 130.

⑥ John P. Burke, "Condoleezza Rice as NSC Advisor: A Case Study of the Honest Broker Role", *Presidential Studies Quarterly*, Vol. 35, No. 3, September 2005, pp. 554 – 575.

作战司令，这可以凌驾于国家安全委员会之上。① 赖斯发现拉氏经常对其三缄其口，甚至有时不回电话。当她因此抱怨时，拉姆斯菲尔德则称："指挥链条上并不包括国家安全事务助理这一环。"②

可见，在伊拉克战争的决策过程中，总统未能对国务院和国防部的立场进行有效协调，甚至连小布什作出伊拉克战争决定也未经国家安全委员会正式的讨论。③ 2003 年 1 月 28 日，小布什在《国情咨文》中对萨达姆进行抨击，称其一再蔑视联合国和国际舆论，并声明："美国的行动路线不会因他国决定而改变……如果萨达姆不自行解除武装，那么为了我国人民安全和国际和平，我们将领导整个联盟替他解除武装"。④ 2003 年元旦之后，布什私下会见赖斯，称联合国核查不起作用，并指出："我们将不得不打仗。"⑤ 2003 年 3 月 20 日，美国对伊拉克发动军事打击，伊拉克战争爆发。

从伊拉克战争的决策过程看，国务院与国防部在国家安全委员会系统的协调机制远未取得理想的效果，主要体现在以下方面。首先，总统未能在正式的决策过程发挥协调作用，不愿通过下达明确指令或者亲自干预来解决部门分歧；⑥ 总统注重通过私下渠道进行政策协调，这既缺乏公开透明性，又给正式协调机制的运作带来负面影响。其次，国家安全事务助理不能有效充当"诚实的中间人"的角色。赖斯更注重将国务院与国防部的共识汇报给总统，而不愿将二者的分歧

① Bob Woodward, *State of Denial*, New York: Simon & Schuster, 2006, p. 18.

② Bob Woodward, *State of Denial*, New York: Simon & Schuster, 2006, p. 109.

③ 参见 Michael J. Mazarr, "The Iraq War and Agenda Setting", *Foreign Policy Analysis*, Vol. 3, No. 1, 2007, p. 7.

④ George W. Bush, "State of the Union Address", 28 January 2003, *Washington Post*, 29 January 2003, pp. A10 – A11.

⑤ Bob Woodward, *Plan of Attack*, New York: Simon & Schuster, 2004, pp. 188 – 189; p. 254.

⑥ Stephen Benedict Dyson, " 'Stuff Happens': Donald Rumsfeld and the Iraq War", *Foreign Policy Analysis*, Vol. 5, No. 4, October 2009, p. 330.

如实上报;[1] 加上赖斯的资历和威望比鲍威尔和拉姆斯菲尔德略逊一筹，这增加了其协调双方立场的难度。再次，国务院与国防部陷入官僚斗争，制约了协调机制的良性运作。两部门高层之间人际关系不和，工作关系不佳，双方几乎不可能进行深入交流或合作；尤其是以拉姆斯菲尔德为首的国防部，擅长暗箱操作，封锁信息，阻碍议事日程，对跨部门协调工作产生了消极影响。[2]

第二节 计划制订阶段

最初在制订伊拉克战争计划的过程中，尽管国务院与国防部的计划制订工作双轨并进，但双方相互隔绝，互不知情，部门间的协调机制并未发挥作用。直到 2002 年下半年，国家安全委员会着手组建若干跨部门工作组，负责对国务院和国防部的计划进行整合，在各跨部门工作组的驱动下，国务院与国防部的协调机制开始运作，对计划制订过程中的跨部门协调提供保障。但前期两部门之间的封闭和延误却给战争计划整合带来巨大困难。

一 国防部作战计划制订

自 1991 年海湾战争之后，美国政府多个部门都对后萨达姆时代的伊拉克开展研究，并着手制订相应的战争计划。多年以来，国防部制订并持续更新"第 1003 号作战计划"（OPLAN 1003），旨在保卫中东抵御伊拉克进攻。该计划的更新版本于 1996 年经国防部长审批通过，1998 年又进行了相应改进。[3] 另外，美国在联合国支持下，一直在伊拉克领空执行"北方瞭望"（Northern Watch）和"南方瞭望"

---

① Stephen Benedict Dyson, "'Stuff Happens': Donald Rumsfeld and the Iraq War", *Foreign Policy Analysis*, Vol. 5, No. 4, October 2009, p. 333.

② Stephen Benedict Dyson, "'Stuff Happens': Donald Rumsfeld and the Iraq War", *Foreign Policy Analysis*, Vol. 5, No. 4, October 2009, pp. 333 – 336.

③ Bob Woodward, *Plan of Attack*, New York: Simon & Schuster, 2004, p. 37.

（Southern Watch）军事行动。

2001 年 11 月，拉姆斯菲尔德按总统指示，命令中央司令部司令汤米·弗兰克斯上将着手更新对伊拉克的作战计划。弗兰克斯要求计划制订工作绝对保密，即使在中央司令部内部也只允许核心计划人员参与。"所有的计划制订都在绝密状态下进行，还有许多附加限制条款，国务院人员不得参与。"① 弗兰克斯此举旨在恪守总统和国防部长指示，坚决杜绝泄密。

2001 年末，制订作战计划的工作紧锣密鼓地进行，弗兰克斯频繁穿梭于华盛顿和中央司令部总部坦帕之间，向拉姆斯菲尔德汇报工作进展情况。中央司令部作战部长维克多·雷努阿特（Victor Renu-art）空军少将称："我们当时都有强烈的紧迫感，希望尽快给总统提供作战构想。"② 2001 年 12 月 28 日，小布什召开国家安全委员会会议，首次就伊拉克作战计划进行商议。弗兰克斯前往总统在德克萨斯州克劳福德的农场，当面向其汇报作战计划，而赖斯、切尼、鲍威尔、拉姆斯菲尔德、中央情报总监特内特则通过保密电视电话远程参加会议。弗兰克斯在汇报过程中提出若干设想，这些设想很快变成下达给国务院的任务，尽管此前从未征求过国务院的意见。③ 弗兰克斯以军方不擅长国家建设为由，提议国务院"做联合国或其他国家的工作"，以推动建立具有广泛基础的、令人信服的临时政府。于是，总统给鲍威尔和拉姆斯菲尔德下达指示，要求他们多做中东地区国家的工作，设法解决作战计划中的政治和外交难题。④

国防部制订作战计划的工作快速推进，但与国务院之间仍然没有交流。2002 年 2 月 7 日，弗兰克斯第二次向总统汇报中央司令部的作战计划，再次提出需要国务院提供保障的若干事项，包括获得美国部

① Bob Woodward, *Plan of Attack*, New York：Simon & Schuster, 2004, p. 77.
② Thomas E. Ricks, *Fiasco：The American Military Adventure in Iraq*, New York：The Penguin Press, 2006, p. 32.
③ Bob Woodward, *Plan of Attack*, New York：Simon & Schuster, 2004, pp. 61 - 62.
④ Bob Woodward, *Plan of Attack*, New York：Simon & Schuster, 2004, pp. 62 - 64.

队在他国集结、驻扎和飞越领空许可，还强调在作战计划的第四阶段（Phase Ⅳ），即维稳行动阶段，需要国务院承担大量的跨部门协调工作。①

到2002年初，中央司令部已经制定出伊拉克战后重建计划的基本框架，提出三步走的构想：第一步是由中央司令部主导的维稳（Stabilization）阶段；第二步是过渡至由国务院主导的改革（Reformation）阶段；第三步是过渡至伊拉克民选政府的时期。② 国防部长办公厅指示，超出基本计划框架以外的工作由国务院负责完成。

可见，国防部在制订作战计划初期出于保密考虑，几乎完全杜绝了与国务院的跨部门协调，这使得部门间的协调机制形同虚设。

二 国务院政策计划筹备

1991年海湾战争之后，美国国务院曾于2000年12月制订了一份机密级的跨部门计划，对萨达姆倒台的五种想定以及之后伊拉克可能出现的问题进行研究，但这份计划并不属于军事意义上的作战方案。③ 2001年10月末，国务院近东事务司下属的主管伊拉克事务的办公室开始着手制订伊拉克战后计划，即"伊拉克未来"（Future of Iraq）项目。具体而言，该办公室主要召集美国和欧洲的伊拉克侨民组成委员会，对伊拉克战后经济和政治重建问题进行讨论与规划。这些侨民包括事业有成的工程师、商界人士、医生和律师等，他们熟悉伊拉克情况，了解伊拉克的问题，能够提供有效组织伊拉克战后重建的路线图。④

---

① Bob Woodward, *Plan of Attack*, New York: Simon & Schuster, 2004, pp. 100 – 102.

② Donald R. Dreschsler, "Reconstructing the Interagency Process after Iraq", *Journal of Strategic Studies*, Vol. 28, No. 1, February 2005, p. 7.

③ Donald R. Dreschsler, "Reconstructing the Interagency Process after Iraq", *Journal of Strategic Studies*, Vol. 28, No. 1, February 2005, p. 5.

④ Donald R. Dreschsler, "Reconstructing the Interagency Process after Iraq", *Journal of Strategic Studies*, Vol. 28, No. 1, February 2005, p. 5.

作为"伊拉克未来"项目的组成部分，国务院在伦敦和华盛顿总共举行了 33 次会议，先后组织 17 个工作组对公共卫生与人道主义需求、农业与环境问题、公共金融与帐户、过渡期司法、对外公共联络等若干问题进行讨论研究。① 2002 年 5 月，国会拨款 500 万美元对项目予以资助。② 最终研究成果是卷帙浩繁的信息和报告，其中包括对解散伊拉克军队和政府"去社会党化"的警告。③

但遗憾的是，国务院在组织"伊拉克未来"研究项目时，并没有邀请国防部派员参加，也没有与国防部进行政策协调，这导致研究项目提出的许多建议最终只停留在构想阶段，因为报告并没有提出相应的指挥架构以及执行计划所需的人员和资源；而且许多设想和建议的可操作性不强，不具备直接可行性。④

国务院完成"伊拉克未来"研究报告后，曾将相关文件在政府部门间传阅，但国防部主管政策的副部长费斯指出，研究报告并未作为国务院的政策建议或者战后伊拉克计划提交副主官委员会、主官委员会或者国家安全委员会，⑤ 因此未能引起国防部的足够重视。拉姆斯菲尔德称，"伊拉克未来"计划只是勾勒出宏观构想，根本称不上战后计划；他称报告中没有列举行动步骤，也没有提出各种问题的处理方法。⑥

总之，国务院在制订伊拉克战后计划的过程中也未能利用部门间的

① Farrah Hassen, "New State Department Releases on the 'Future of Iraq' Project", available at: http://www2.gwu.edu/~nsarchiv/NSAEBB/NSAEBB198/. 登录时间 2015 年 3 月 25 日。

② James Fallows, "Blind into Baghdad", *The Atlantic Monthly*, Vol. 293, No. 1, Jan. - Feb., 2003, p. 56.

③ David L. Phillips, *Losing Iraq: Inside the Post War Reconstruction Fiasco*, Boulder, CO: Westview, 2005, p. 128.

④ Donald R. Dreschsler, "Reconstructing the Interagency Process after Iraq", *Journal of Strategic Studies*, Vol. 28, No. 1, February 2005, p. 8.

⑤ Douglas J. Feith, *War and Decision: Inside the Pentagon at the Dawn of the War on Terrorism*, New York: HarperCollins Publishers Inc., 2008, p. 377.

⑥ Donald Rumsfeld, *Known and Unknown: A Memoir*, New York: Sentinel, 2011, p. 586.

协调机制，与国防部进行统筹协调，这部分体现了国务院未能充分重视战后重建过程中的军事要素，这也给后来跨部门计划整合带来了困难。

三　跨部门计划整合

2002 年上半年之前，国务院与国防部的伊拉克战争计划筹备工作基本上各不相干。为此，国家安全委员会开始采取措施，努力实现两部门计划的整合。自 2002 年 7 月起，国家安全委员会组织成立多个跨部门工作组，着手推进跨部门计划制定工作。相关跨部门计划组的情况如表4.1 所示。

表4.1　　　　　　　　伊拉克战争跨部门计划小组一览表[1]

名称	参与机构	性质
跨部门执行领导组（Interagency Executive Steering Group）	国家安全委员会、国务院、国防部、中情局、副总统办公厅	国家安全委员会幕僚主持的副部长帮办级别会议，为国家安全委员会、副主官委员会提供战略规划和政策建议。
跨部门伊拉克政治—军事核心小组（Interagency Iraq Political-Military Cell）	国家安全委员会、国务院、国防部、中情局、副总统办公厅	各机构工作层面的协调小组，致力于在战略层面形成整体合力，奠定伊拉克向稳定和主权过渡的条件。
跨部门人道主义与重建组（Interagency Humanitarian/Reconstruction Group）	国家安全委员会、国务院、国防部、中情局、副总统办公厅、财政部、司法部、美国国际开发署	负责对伊拉克当前救济行动和长期重建工作制定计划的协调组。
跨部门能源基础设施工作组（Interagency Energy Infrastructure Working Group）	国务院、国防部、中情局、能源部	负责制定恢复伊拉克石油产业和运营计划的协调组，使石油产量恢复至战前水平。
跨部门联盟工作组（Interagency Coalition Working Group）	国防部、国务院	对军事需求、外交战略以及建立和维持盟军支持所需的战略保障进行协调的平台。

① 参见 Donald R. Dreschsler, "Reconstructing the Interagency Process after Iraq", *Journal of Strategic Studies*, Vol. 28, No. 1, February 2005, p. 9.

续表

名称	参与机构	性质
全球传播办公室（Office of Global Communications）	国务院、国防部、美国国际开发署、司法部、财政部、美国军队、盟国伙伴	战略层面的公关工作协调组，致力于对抗萨达姆的假情报行动。

建立跨部门工作组的目的是克服不同部门和机构在制定伊拉克战前和战后计划过程中各自为战、烟囱林立的情况，做好部门间的协调和沟通，以便形成整体计划。尽管跨部门工作组由国家安全委员会幕僚主持，但国防部主导计划制订工作。据国务院官员称，到2002年夏末，大家明显看出，国防部长办公厅担当制定作战行动和战后行动方案的主角；国务院的另一名资深官员称，七楼（国务院领导）下达指示，由国防部负责制订计划，国务院应大力协助，不可捣乱。①

跨部门工作组制定了一系列高层计划与方案，为战争可能出现的各种情况作准备，部门间协调机制的建立与正常运作促进了国务院与国防部之间的合作。以2002年9月成立的"跨部门联盟工作组"（见表4.1）为例，作为国务院和国防部的跨部门协调机构，主要负责对军事需求、外交战略、建立与维系盟国支持所需战略保障进行协调。工作组每周在国防部召开数次会议，对国防部的军事需求和国务院的外交工作进行协调。工作组和联合参谋部将军事需求发给国务院政治军事事务司的"政治—军事行动组"（Pol-Mil Action Team, PMAT），②"政治—军事行动组"将相关需求上报政治军事事务司并传达各地区性事务司，各司再将军事需求转化为外交电文，并以外交

---

① 参见 Donald R. Dreschsler, "Reconstructing the Interagency Process after Iraq", *Journal of Strategic Studies*, Vol. 28, No. 1, February 2005, p. 8.

② "政治—军事行动组"是国务院政治军事事务司专门成立的机构，由国务院退休人员和合同制雇员组成，负责处理参联会和国防部长办公厅与国务院之间的通信联络，为国务院保障国防部军事行动提供便利。参见 Donald R. Dreschsler, "Reconstructing the Interagency Process after Iraq", *Journal of Strategic Studies*, Vol. 28, No. 1, February 2005, p. 10.

指令的方式发往海外使馆，驻外大使再通过外交照会的方式通知驻在国的外交部。然后，使馆将驻在国的官方答复汇报给国务院地区事务司，"政治—军事行动组"对各国的响应情况进行跟踪记录，并将各国所能提供的军队、装备、资金或其他支持转化成平实易懂的电子汇报表。①

通过外交电文反馈，"跨部门联盟工作组"开始将各国提供的军队和装备与中央司令部的需求进行匹配。如果驻在国所提供的援助能够满足中央司令部的需求，"跨部门联盟工作组"会通过国务院向驻外大使发出指示，请驻在国派一名军事代表赴中央司令部总部，以便协助完成后续事宜；这种直接的军事联络方式便于即时解决军事协同方面的技术问题，极大地方便了美国与盟国之间的军事合作。之后，通过国务院的外交渠道和国防部的军事渠道，美国与其他国家签署官方协议，正式确定他国所给予的军事帮助。为了便于开展工作，国务院政治军事事务司专门派一名资深官员担任联合参谋部的临时特别助理，帮助协调国务院与国防部的工作交流。② 经过国务院与国防部的共同努力，军事联盟很快建立起来，体现出国务院与国防部密切协作的优势。

尽管国务院与国防部在争取盟国支持方面取得了较好的协调效果，但在作战计划第四阶段（即战后阶段）的协调工作却遭遇挫折。由于之前国务院与国防部分头制定伊拉克战后计划，缺乏协调，这给后期的跨部门政策整合带来巨大的困难。2002 年 8 月份，国防部经多次请求，终于得到国务院的"伊拉克未来"计划，但结果却大失所望，国防部认为"伊拉克未来"计划根本没有行动方案，难以与国防部的作战方案进行整合。在国防部长办公厅的指示下，中央司令

---

① Donald R. Dreschsler, "Reconstructing the Interagency Process after Iraq", *Journal of Strategic Studies*, Vol. 28, No. 1, February 2005, p. 10.

② Donald R. Dreschsler, "Reconstructing the Interagency Process after Iraq", *Journal of Strategic Studies*, Vol. 28, No. 1, February 2005, pp. 10 – 11.

部着手自行制定第四阶段的计划。①

国务院在中央司令部的人数有限，除司令的外交政策顾问之外，仅有几名临时保障人员协助外交政策顾问的工作，而且这些人员主要负责处理联盟关系，而非战后计划议题。② 由于缺少国务院人员参与战后计划制订，军方在制定计划时未能充分考虑政治性因素，使得第四阶段的作战计划存在严重缺陷，导致美国在战争后期的重建维稳行动屡次受挫。

后来，小布什于 2003 年 1 月 20 日颁布"第 24 号国家安全总统令"（National Security Presidential Directive 24），成立"重建与人道主义援助办公室"（Office of Reconstruction and Humanitarian Assistance, ORHA），负责统一协调规划战后重建和人道主义援助工作。③ "重建与人道主义援助办公室"（下文简称"办公室"）向国防部长汇报工作，拉姆斯菲尔德命令其将各部门现有的战后计划进行整合。④ 由于成立时间短暂，准备不足，"办公室"缺乏足够的时间和资源来对国务院和国防部的计划进行横向整合，导致战后计划存在重大疏漏。

总体而言，在伊拉克战争计划制定过程中，国务院与国防部协调机制未能发挥应有作用，这体现在两部门前期计划过程中各自为战，将跨部门政策协调抛之脑后；在后期计划整合阶段，尽管在国家安全委员会的推动下，部门间的协调机制在某些方面发挥了促进作用，但部门间的隔阂和排斥仍然使计划制定过程困难重重。究其根源，主要存在两方面原因：一是官僚政治因素，国务院与国防部为争夺政策主导权，在计划制定过程中刻意保持封闭，相互排斥，人为地阻断跨部门协调渠道；二是因国务院与国防部计划理念的差异，导致两部门的

---

① Donald R. Dreschsler, "Reconstructing the Interagency Process after Iraq", *Journal of Strategic Studies*, Vol. 28, No. 1, February 2005, p. 18.

② Donald R. Dreschsler, "Reconstructing the Interagency Process after Iraq", *Journal of Strategic Studies*, Vol. 28, No. 1, February 2005, p. 18.

③ Bob Woodward, *Plan of Attack*, New York: Simon & Schuster, 2004, p. 283.

④ Bob Woodward, *Plan of Attack*, New York: Simon & Schuster, 2004, p. 283.

计划兼容性差，无法得到有效整合。

第三节　战后重建阶段

伊拉克战争开始后，美军领导的盟军部队势如破竹，只用三周就攻克巴格达，在军事行动上取得了显著胜利。但随后开展的重建维稳工作却旷日持久，跨越小布什和奥巴马两届政府。国务院与国防部在重建过程中的大部分政策协调在前方一线展开，分别通过驻伊拉克使馆和多国部队实施。在战后重建阶段，国务院与国防部的一线协调机制经历了磨合和创新，体现了延续性和变化性。

一　从"临时当局"至《战略框架协议》

2003 年 5 月 1 日，小布什站在林肯号航母的甲板上，在"完成使命"（Mission Accomplished）的横幅下宣布美国在伊拉克的主要战斗行动结束，作战计划进入重建阶段。① 但重建工作进展却并非一帆风顺。

"办公室"入驻伊拉克后不久，美国政府很快意识到其制订的战后计划不足以应对伊拉克战后的现实情况，于是小布什下令于 2003 年 5 月 12 日成立"盟军临时当局"（Coalition Provisional Authority，CPA），作为伊拉克重建与维稳工作的跨部门领导机构，并任命前大使 L·保罗·布莱默（L. Paul Bremer）担任领导。"盟军临时当局"（下文简称"临时当局"）作为美国的占领政府，负责领导伊拉克的重建和维稳工作，一直持续到 2004 年美国向伊拉克移交主权。但"临时当局"非但未能给伊拉克重建工作带来起色，反而在上任伊始就颁布两项备受争议的命令——一是解除伊拉克政府社会党的中、高层官员的职务，二是解散伊拉克军队。这两项命令使伊拉克 5 万社会党人和 30 万军人瞬间失

---

① 参见 George W. Bush，"Address to the Nation on Iraq from the U. S. S. Abraham Lincoln"，The American Presidency Project Website，May 1，2003. Available at：http：//www. presidency. ucsb. edu/ws/？ pid＝68675. 登录时间：2015 年 3 月 25 日。

业，造成巨大的社会动荡，增加了重建维稳工作的难度。①

2004 年 5 月 11 日，小布什颁布"第 36 号国家安全总统令"（NSPD 36），宣布美伊完成主权交接后，由国务院通过驻伊大使领导美国在伊拉克的维稳和重建行动，但国防部通过"伊拉克多国部队"（MNF-I）仍然承担军事行动和建设伊拉克安全部队的任务。② 命令还要求成立一个由国务院领导的新机构——伊拉克重建管理办公室（Iraqi Reconstruction Management Office），负责制定重建政策。这标志着重建行动的领导权由国防部转移到国务院。小布什任命约翰·内格罗蓬特（John Negroponte）担任美国驻伊大使，向国务卿汇报工作；任命乔治·凯西（George Casey）担任"多国部队"司令，通过中央司令部向国防部汇报工作。内格罗蓬特和凯西合署办公，二人注重相互配合，密切协调，同时要求下属之间相互合作。这些举措提升了跨部门协调的重要性，改善了国务院与国防部在一线的工作关系。③

2004 年 8 月，凯西领导的"多国部队"与美国驻伊使馆发布《联合行动计划》，号召使馆、部队和伊拉克过渡政府之间进行协调、磋商与合作。④ 几周后，凯西与内格罗蓬特签署一份联合任务声明，指出"多国部队与美国使馆的工作彼此关联，密不可分"。⑤ 可见，促进军方和使馆之间的合作，部分是由于主权移交所产生的必然需求，部分体现了两位军政主官的主观愿望，这是国务院与国防部协调

① Bob Woodward, *State of Denial*, New York: Simon & Schuster, 2006, pp. 140 – 145.

② Special Inspector General for Iraq Reconstruction, *Hard Lessons: The Iraq Reconstruction Experience*, Washington, D. C.: U. S. Government Printing Office, 2009, p. 157. available at: www. sigir. mil/files/HardLessons/Hard_ Lessons_ Report. pdf.

③ Neyla Arnas, Charles Barry & Robert B. Oakley, *Harnessing the Interagency for Complex Operations*, Fort Lesley McNair, Washington: Center for Technology and National Security Policy, National Defense University, August 2005, p. 10.

④ Richard Brennan, et al. , *Ending the U. S. War in Iraq: The Final Transition, Operational Maneuver, and Disestablishment of United States Forces-Iraq*, Santa Monica, Ca: Rand Corporation, 2013, p. 34.

⑤ Richard Brennan, et al. , *Ending the U. S. War in Iraq: The Final Transition, Operational Maneuver, and Disestablishment of United States Forces-Iraq*, Santa Monica, Ca: Rand Corporation, 2013, p. 34.

工作向良性发展的积极迹象。但5个月后,"多国部队"发布的一份战役计划进度报告指出:"尽管'多国部队'与使馆高层间似乎建立起良好的联系,但这只是基于个人关系,缺乏结构性保障。在工作层面几乎没有联合协调的架构,仅有的协调方式也大多限于临时性协调。"① 这说明国务院与国防部在一线的协调工作仍存在很大不足。

2005年6月,扎尔·卡里扎德(Zal Khalilzad)成为美国驻伊拉克大使。为了改进使馆与"多国部队"的协调工作,卡里扎德与凯西陆续建立了新的协调机制。例如,2005年,伊拉克重建管理办公室设立协调员,负责与军方协调如何在军事行动之后将国务院重建力量投入地区建设;另外,使馆官员与军队参谋军官每周举行例会,讨论重建、经济政策、政治议题和公共传播事宜;2005年11月,卡里扎德批准成立"联合战略规划与评估办公室",负责制订战略计划,并作为与"多国部队"计划与评估部门的联络渠道。② 上述机制的建立给国务院和国防部在一线的协调工作注入了新活力。

2005年秋,卡里扎德提出在伊拉克组建"省重建工作队"的构想,得到凯西的积极响应。美国驻伊使馆和"多国部队"发表联合声明,组建由国防部和国务院军政人员混编的"省重建工作队"。其使命是"帮助伊拉克省政府发展透明、持久的治理能力,促进安全和法治建设,推动政治和经济发展,使省政府具备满足人民基本需求所必需的能力"。③ 2005年11月,美国在摩苏尔(Mosul)等地建立了三个概念型"省重建工作队"。其组织架构包括一名资深外交官担任领导,其他成员包括美国国务院、司法部、农业部、美国国际开发署

① Richard Brennan, et al., *Ending the U. S. War in Iraq: The Final Transition, Operational Maneuver, and Disestablishment of United States Forces-Iraq*, Santa Monica, Ca: Rand Corporation, 2013, p. 36.

② Special Inspector General for Iraq Reconstruction, *Hard Lessons: The Iraq Reconstruction Experience*, Washington, D. C.: U. S. Government Printing Office, 2009, p. 237. available at: www. sigir. mil/files/HardLessons/Hard_ Lessons_ Report. pdf.

③ Robert M. Perito, *Provincial Reconstruction Teams in Iraq*, Washington DC: United States Institute of Peace, March 2007, p. 3.

和"多国部队"人员。军队负责提供后勤与安全保障能力，国务院和其他部门人员负责为伊拉克省政府的工作人员提供培训和指导。[1] 2007年1月，小布什宣布扩展"省重建工作队"项目，使其数量迅速增加。[2] 后来，美军还引入"嵌入式省重建工作队"（ePRTs），即将国务院负责发展事务的文职专家直接编入"作战旅"。"嵌入式省重建工作队"也是主要由国务院人员领导，成员包括美国国际开发署和国防部的人员，这种作法旨在方便旅级单位与当地政府官员接触，并有助于将部队重建工作与使馆重建计划进行整合。[3]

"省重建工作队"是国务院与国防部在基层一线协调的代表性组织，体现了"多国部队"和使馆在伊拉克协调机制的建设成果，但在具体运作中也面临一定的困难。一是指挥权限问题。由于成员隶属不同部门，工作队领导在管理协调方面面临诸多挑战，有的"省重建工作队"在组建一年多之后才理顺了指挥控制关系。二是安全问题。出于安全顾虑，"省重建工作队"成员与省政府官员面对面交流的机会很有限，这直接影响到工作的效果。[4] 但总体而言，"省重建工作队"的设立利大于弊，因为它给美国专家提供了为伊拉克当地政府提供基层支持的机会，便于促进伊拉克治理能力的发展。

2006年底，伊拉克安全形势恶化。2007年初，小布什下令向伊

---

[1]　Robert M. Perito, *Provincial Reconstruction Teams in Iraq*, Washington DC: United States Institute of Peace, March 2007, p. 3.

[2]　Richard Brennan, et al., *Ending the U. S. War in Iraq: The Final Transition, Operational Maneuver, and Disestablishment of United States Forces-Iraq*, Santa Monica, Ca: Rand Corporation, 2013, p. 48.

[3]　Richard Brennan, et al., *Ending the U. S. War in Iraq: The Final Transition, Operational Maneuver, and Disestablishment of United States Forces-Iraq*, Santa Monica, Ca: Rand Corporation, 2013, p. 55.

[4]　Richard Brennan, et al., *Ending the U. S. War in Iraq: The Final Transition, Operational Maneuver, and Disestablishment of United States Forces-Iraq*, Santa Monica, Ca: Rand Corporation, 2013, pp. 48 - 49.

拉克增兵，使美国驻伊拉克地面部队骤升至 17 万人，达到战时的峰值。① 与此同时，美国政府撤换了驻伊拉克的军、政主官，由深谙反叛乱作战的戴维·彼德雷乌斯（David Petraeus）担任"多国部队"主帅，由国务院中东问题专家莱恩·科罗克（Ryan Crocker）担任美国驻伊拉克大使。领导层的替换给跨部门协调与合作注入了新的活力，也给伊拉克的维稳重建工作带来了起色。到 2007 年秋天，伊拉克安全形势在开战四年以来首次出现好转迹象。②

在美国向伊拉克"增兵"的同时，国务院也大幅增加了派驻伊拉克的文职人员数量，这迅速加强了执行重建任务的军政联合单位的力量。此后九个月期间，军、政人员的增援也使得巴格达外围担任重建顾问的人员数量翻了一番。"增兵"和外交人员的充实大大增强了伊拉克的维稳重建力量。此后，军队采取强劲措施促进各派和解，并将部队分散驻扎于巴格达市区，给当地居民提供更有效的安全保障，加大与伊拉克安全部队联合行动的频率，增强培训力度，这些措施都有助于改善伊拉克安全局势。

2008 年 11 月 17 日，经过反复谈判，美国总统小布什与伊拉克总理马利基（Maliki）共同签署了《美伊友好合作关系战略框架协议》（下文简称《战略框架协议》）和相关的《安全协议》。《战略框架协议》确立了美国与伊拉克长期战略关系的框架，奠定了双边关系长期发展的基础；《安全协议》明确提出美军将于 2011 年 12 月 31 日前完全撤离伊拉克，并确立了监管美军在伊拉克军事行动的法律框架。③

总之，从成立"盟军临时当局"到美伊签署《战略框架协议》，

---

① Richard Brennan, et al., *Ending the U. S. War in Iraq: The Final Transition, Operational Maneuver, and Disestablishment of United States Forces-Iraq*, Santa Monica, Ca: Rand Corporation, 2013, p. 53.

② Linda Robinson, *Tell Me How This Ends: General David Petraeus and the Search for a Way Out of Iraq*, New York: Public Affairs, 2008, p. 324.

③ Richard Brennan, et al., *Ending the U. S. War in Iraq: The Final Transition, Operational Maneuver, and Disestablishment of United States Forces-Iraq*, Santa Monica, Ca: Rand Corporation, 2013, p. 62.

国务院与国防部为推进伊拉克重建维稳工作，陆续在前方建立起一系列政策协调机制，包括使馆与"多国部队"主官的合作与交流、在使馆设立军政事务协调员、使馆与"多国部队"定期举行跨部门会议、建立战略计划协调机构，以及创建"省重建工作队"等。通过这些举措，逐渐加强了外交与军事人员在工作层面的跨部门协调，有助于促成政治和外交手段的整体合力。从机制的建立和运作情况看，国防部和国务院一线军政主官的重视程度是推动协调机制发展的重要条件；外交和军事人员建立良好的工作关系是促进机制良性运作的重要保障；理顺基层（省重建工作队）军政人员的指挥权限是提高机制运作效率的重要前提。

二　撤军计划及其实施

奥巴马在竞选时承诺，如若当选，将在就职后 16 个月内从伊拉克撤出全部战斗部队。[①] 就任总统之后，奥巴马于 2009 年 1 月 21 日召开国家安全委员会会议，下令制订伊拉克撤军计划。[②] 2 月初，美国驻伊大使科罗克和驻伊美军司令奥迪尔诺联合提交方案，提出三个政策选项，分别是在 23 个、19 个或 16 个月内完成撤军，方案指出总统之前承诺的 16 个月完成撤军的计划风险最高。[③] 在国防部长盖茨的建议下，奥巴马同意了第二方案，将撤军期限定为 19 个月。后来，国家安全委员会的主官委员会和副主官委员会在 2 月中上旬也多次召开会议，对撤军时间表进行论证。[④]

2009 年 11 月 23 日，新任驻伊大使克里斯托弗·希尔（Christopher Hill）与奥迪尔诺司令联合签署《2010 年联合行动计划》，旨在

---

①　Bob Woodward, *Obama's Wars*, New York: Simon & Schuster, 2010, p. 76.

②　Bob Woodward, *Obama's Wars*, New York: Simon & Schuster, 2010, p. 76.

③　Robert M. Gates, *Duty: Memoirs of a Secretary at War*, New York: Alfred A. Knopf, 2014, pp. 843 – 844.

④　Robert M. Gates, *Duty: Memoirs of a Secretary at War*, New York: Alfred A. Knopf, 2014, p. 846.

按照美伊《安全协议》和《战略框架协定》的要求，制定工作移交的路线图。该计划从政治、能源经济、法治、安全方面提出四条行动路线，并制定了"三步走"的实施过程，即实现从第一阶段"新安全环境"逐步过渡到第二阶段"强化双边关系"和第三阶段"伊拉克——战略伙伴"。①

然而，希尔大使上任伊始就与奥迪尔诺将军关系紧张，导致使馆与驻伊部队在制定《2010 年联合行动计划》的过程中摩擦不断，暴露出国务院与国防部在一线跨部门协调机制存在的诸多问题。例如，使馆人员故意不参加跨部门工作组的例行会议，频频抱怨制订计划作用不大，并且指责驻伊美军的计划需求干扰了使馆人员正常的外交工作。使馆对军方计划制订工作的抵制使得双方在工作层面的积怨加深，导致科罗克大使任期发展起来的跨部门合作关系出现严重倒退，以致使馆与驻伊美军之间几乎没有实质意义上的交流。②

2010 年 7 月 22 日至 23 日，美国政府在国防大学召开跨部门闭门会议。奥迪尔诺将军与希尔大使分别率领国防部与国务院驻伊拉克一线的代表与会，与白宫、国务院、国防部长办公厅和中央司令部官员会晤。会议旨在对国务院与国防部等部门的伊拉克工作进度进行协调，建立共同的"态势感知"，讨论议题包括任务交接计划的制订、交接活动的进展、发现的问题、工作重点、可能的资源缺口、急需执行的任务以及相关风险等。但遗憾的是，政府高层并未提供战略层面的计划安排，未能对国务院与国防部一线单位在伊拉克的交接工作进

---

① Richard Brennan, et al., *Ending the U. S. War in Iraq: The Final Transition, Operational Maneuver, and Disestablishment of United States Forces-Iraq*, Santa Monica, Ca: Rand Corporation, 2013, pp. 71 – 72.

② Richard Brennan, et al., *Ending the U. S. War in Iraq: The Final Transition, Operational Maneuver, and Disestablishment of United States Forces-Iraq*, Santa Monica, Ca: Rand Corporation, 2013, pp. 77 – 78.

行协调指导。①

2010 年 8 月 31 日，奥巴马的撤军期限已到，这标志着驻伊美军必须结束战斗行动，撤出所有战斗部队。在从伊拉克撤出战斗部队的同时，美国表示 2003 年发动的"伊拉克自由行动"也"寿终正寝"，取而代之的将是"新曙光行动"。撤军之后，美国在伊拉克境内留下大约 5 万人的"非战斗部队"，主要负责向伊拉克部队提供支持与训练，配合伊方实施反恐，以及为美方人员及目标提供安保等，旨在尽量稳定伊拉克的政治与安全局势。② 随着军事行动转换，美国驻伊拉克的军政领导也进行了调整。劳埃德·奥斯汀（Lloyd J. Austin）接替奥迪尔诺成为驻伊美军司令，詹姆斯·杰弗雷（James Jeffrey）接替希尔成为美国驻伊大使。领导层的轮换带来了军政工作关系的改善，两位官员都意识到良好的工作关系对于完成使命至关重要，伊拉克最后阶段的交接任务需要国务院与国防部一线单位之间进行有效的跨部门协调。在二者的领导下，美国驻伊使馆与部队在整个交接过程中建立起良好的合作关系，得到一线军政人员的普遍认可。③

为了保障有效执行《2010 年联合行动计划》，驻伊使馆和美军部队之间建立了多层次的跨部门协调架构，以便对各项交接工作进行协调和管理。具体而言，该架构包括四个跨部门参谋和决策机制，分别负责对《2010 年联合行动计划》的各项行动路线进行监督与指导。其具体分工与运作方式如下：④

---

① Richard Brennan, et al. , *Ending the U. S. War in Iraq: The Final Transition, Operational Maneuver, and Disestablishment of United States Forces-Iraq*, Santa Monica, Ca: Rand Corporation, 2013, p. 77.

② 马连森、李大光：《美军撤退，伊拉克难迎"新曙光"》，《解放军报》2010 年 8 月 21 日第 004 版。

③ Richard Brennan, et al. , *Ending the U. S. War in Iraq: The Final Transition, Operational Maneuver, and Disestablishment of United States Forces-Iraq*, Santa Monica, Ca: Rand Corporation, 2013, p. 78.

④ Richard Brennan, et al. , *Ending the U. S. War in Iraq: The Final Transition, Operational Maneuver, and Disestablishment of United States Forces-Iraq*, Santa Monica, Ca: Rand Corporation, 2013, pp. 89 – 90.

1. 联合战役工作组（Joint Campaign Working Group）

由驻伊使馆和美军部队的高级参谋人员构成，每周召开例会，依次对《2010年联合行动计划》的政治、能源经济、法治、安全四条行动路线进行讨论。工作组由使馆的"政治—军事战略计划组"（Political-Military Strategic Planning Team）和驻伊美军部队"战略计划部"（J5）主持，分别对各行动路线的执行情况进行评估，确定交接工作面临的挑战，统筹谋划工作进展，并将需要高层审议的问题提交"执行核心组"。

2. 执行核心组（Executive Core Group）

由驻伊使馆和美军部队的高级行政官员构成，每周召开例会，对影响执行交接计划和美军撤离的关键问题进行审议。向"联合战役工作组"下发指导性意见，必要时将议题提交"行动路线核心组"审议。

3. 行动路线核心组（LOO Core）

由驻伊美军司令和大使主持，每周召开例会，对各行动路线进行轮流审查。国防部与国务院驻伊拉克的最高官员对交接工作的相关提议进行审议，对重大挑战进行评估，对拟采取的行动作出决策，然后下达指令，交由参谋层面的"联合战役工作组"执行。

4. 高级领导者论坛（Senior Leader Forum）

是美驻伊部队司令与驻伊大使商讨战略政策的平台，每季度举行一次。大使与司令对阶段性的工作进展进行评估，确保在整个交接过程中有效推进《2010年联合行动计划》目标。论坛的决定将成为"执行核心组"和"联合战役工作组"下一步开展工作的指导方针。

以上四个跨部门协调机制能够有效运行，确保了美国在任务交接和部队撤离的整个过程中能够持续推进战略目标。除此之外，《第11—01号作战命令》（OPORD 11-01）还在使馆与中央司令部和驻伊部队之间设立了其他层面的跨部门工作组，负责在行政和后勤领域进行协调，对交接过程给予保障。具体情况如表4.2所示。

表4.2　　　美国驻伊拉克跨部门协调机制（行政与后勤领域）①

名称	构成单位	职能
使馆保障组（Embassy Support Group）	驻伊美军部队后勤部（USF-I J4）、驻伊使馆管理处	协调驻伊美军对使馆提供保障事宜。
基地交接工作组（Base Transition Working Group）	驻伊美军部队基地发展部（USF-I J7）、驻伊使馆管理处	协调驻伊美军部队与使馆交接设施，包括财产、房屋、保障和安全设施。
作战交接工作组（Operations Transition Working Group）	驻伊美军部队作战部（USF-I J3）、驻伊使馆地区安全官（RSO）	协调撤军后使馆负责的安全、监视与保卫事宜。
中央司令部伊拉克交接工作组（USCENTCOM Iraq Transition Working Group）	中央司令部战略计划部（USCENTCOM J5）、驻伊美军部队各部代表、驻伊使馆政治—军事处	协调驻伊美军部队向中央司令部的特定交接事宜，讨论驻伊美军再部署阶段的准备情况。

　　总之，美国驻伊使馆与部队建立的跨部门协调机制有效促进了交接过程的管理工作。通过这些协调机制，军政部门各层级官员能够互相了解情况，对工作进度进行跟踪与评估，减少工作中的挑战和不确定因素。这些机制有助于美国驻伊部队和使馆之间开展密切合作，在推动美国驻伊部队按期撤离、实现工作顺利交接方面发挥了重要作用。

　　在制订从伊拉克撤军的计划及实施阶段，美国国务院与国防部在一线协调机制的运作既有不足也有优点。不足之处是前期（希尔大使任内）由于跨部门工作关系不佳，美国驻伊部队和使馆之间的协调机制运作陷入停滞，跨部门协调陷入低谷，给开展工作带来了严重的负面影响；优点是后期（杰弗雷大使任内）设立多层级跨部门政策协调架构，以及在行政和后勤领域设立一系列保障性跨部门协调组，对

　　①　资料来源：Richard Brennan, et al., *Ending the U. S. War in Iraq: The Final Transition, Operational Maneuver, and Disestablishment of United States Forces-Iraq*, Santa Monica, Ca: Rand Corporation, 2013, p. 91. 此表系基于原文信息制作。

于使馆与部队之间有效开展工作协调发挥了积极作用。上述情况再次验证了军政主官的重视程度与良好的工作关系是保障机制良性运作的重要前提。

小　结

2011 年 12 月 18 日，随着最后一批美国部队撤离伊拉克，伊拉克战争划上了休止符。[①] 战争历时九年，其间经历了美国两届政府的更替，以及国务院与国防部领导层的多次轮换，美国驻伊大使与部队司令也数易其人。在战争的各个阶段，国务院与国防部在国家层面、部门层面和一线基层的协调机制体现出不同的运行特点，对战争进程也产生了不同程度的影响。

在战前决策阶段，国务院与国防部高层的政策主张分歧和人际关系对立使得国家安全委员会体系内的跨部门协调运行不畅；加上总统对正式的国家安全委员会议事过程不够重视，偏重非正式的私下接触，使得立场强硬且迎合总统意愿的国防部占据上风。此外，国家安全事务助理未能对国家安全委员会系统实施有效监督和强力指导，不愿将国务院与国防部的分歧上报总统，导致部门矛盾不断积累，官僚斗争不断恶化，给跨部门政策协调带来负面影响。

在作战计划制订阶段，由于国防部与国务院的前期工作彼此隔离，互相排斥，导致作战计划第四阶段的军政协调存在严重疏漏。即使在后期采取措施进行整合，但部门文化差异给军政计划整合造成困难；加上准备时间仓促、人力和资源限制，导致军方在最终计划中未能妥善解决国务院的关切，给战争第四阶段的决策与工作失误埋下伏笔。总体而言，作战计划制定阶段反映出国务院与国防部部门层面之

---

① Moni Basu, "Deadly Iraq War Ends with Exit of Last U. S. Troops", December 18, 2011, CNN. Available at: http://edition.cnn.com/2011/12/17/world/meast/iraq-troops-leave/index.html? hpt = hp_ t1. 登录时间 2015 年 3 月 25 日。

间跨部门协调的缺陷。

　　在战后重建阶段，国务院与国防部在伊拉克一线的跨部门协调工作随军政主官的变化而呈现波动。当一线军政主官个人关系融洽、重视合作时，驻伊部队和使馆工作层面就能较好地实现跨部门协调；反之，当一线军政主官关系紧张时，就会对跨部门协调工作形成阻碍。这充分验证了人为因素在跨部门协调机制运作中发挥的关键作用。

第五章 分析、评价与启示

美国国务院与国防部的协调机制经过漫长的历史演变过程，逐渐形成比较完整的体系架构，并在外交政策过程中推动外交与军事手段的跨部门协调。基于上文论述，本章旨在对推动协调机制演变的原因进行分析，对当前协调机制的特点和运行效果进行总体评价，并对影响协调机制运行效果的因素进行论述；在综合分析与评价的基础上，对美国国务院与国防部协调机制建设所提供的启示与借鉴意义进行阐述。

第一节 推动协调机制演变的原因

美国国务院与国防部协调机制的建立和发展是国际战略环境和国内政治因素共同作用的结果，此外，还受科学技术进步和公共管理理论发展的影响。但是，推动协调机制不断演变并形成当前架构的关键原因可以概括为四个方面，分别是国家利益拓展的客观需求、战争与危机的影响、政府核心部门的推动和国家领导人的决心。

一 国家利益拓展的客观需求

从历史角度看，美国国务院与国防部协调机制建立与演进的牵引是满足美国国家利益拓展的需求。随着国家实力的增长，国家利益尤其是海外利益会相应地扩张，保护海外利益的需求也会越来越强烈。为此，国家必须综合运用军事和外交手段，为国家利益拓展提供保障和支撑，由此产生将军事力量运用与外交政策进行统筹协调的需求，进而促使政府建立相应的协调机制。

在建国之后很长的历史时期，由于占据地缘政治环境优势，加上综合国力相对较弱，美国政府在外交政策军政协调领域的需求不高，军政协调机制的发展非常缓慢。二战之后，美国一跃成为超级大国，开始保持庞大的海外驻军规模，并逐步建立起参与和领导全球事务的国际机制，外交政策的全球卷入程度也空前增长，保护国家利益的需求日益膨胀，由此带来统筹协调外交与军事手段的迫切需求。在这种背景下，美国国务院与国防部的协调机制取得突破性的进展，建立了国家安全委员会，奠定了国家层面进行外交与军事政策协调的制度基础。

冷战期间，美国与苏联在全球范围争夺霸权，作为领导西方"自由世界"的一极，美国极力拓展全球势力范围，建立政治和军事同盟，因此统筹外交与军事政策的压力进一步增大。在这样的时代背景下，美国国务院与国防部协调机制也进一步向前演进。

冷战之后，美国成为全球唯一的超级大国，国际战略格局的转变推动它主动承担维系国际秩序的任务，美国国家利益的范畴进一步扩大。为此，国务院与国防部协调机制也在这一背景下继续改进，以适应不断变化的国际形势需求。"9·11"事件之后，美国面对反恐战争的新需求，迅速调整国家利益重心，将外交和军事政策重点聚焦于应对恐怖主义威胁上来。为此，国务院与国防部协调机制也作出相应调整，从国家层面到基层都加强了反恐战争跨部门协调保障。

当前，国际战略环境趋于复杂，恐怖主义威胁没有根除，局部地区形势依然动荡，国际热点问题此起彼伏，国家面对的威胁更加多样化。美国国务院与国防部协调机制形成当前的体系架构，目的是更好地统筹外交与军事手段，保护国家利益。

二　战争与危机的冲击

战争与危机能够突出暴露政府外交政策协调机制的不足与缺陷，

促使政府对当前协调机制的现状进行批判性审视，其造成的冲击能激发政府改革的动力，也能提供充分的民意支持，因此战争与危机是美国国务院与国防部协调机制发展最重要的刺激因素，对于打破体制固有的惰性、消除官僚机构的抵制、完成机构重组、实现利益重新分配具有不可比拟的推动作用。

　　第二次世界大战之前，由于军政跨部门协调机制不够完善，美国在进行国家动员和战略整合方面存在许多不足，如何统筹外交与军事资源、整合外交与军事力量、经营联盟战略、平衡全球战略重心等问题都对军政部门和国家元首构成了巨大挑战。"珍珠港"事件给美国政府和人民造成史无前例的冲击，既暴露出美国政府在情报分析方面的漏洞，也体现出军政协调方面的缺陷。因为此前军方没有做好与日本交战的准备，竭力延迟开战时机，但是国务院却未能安抚日本，反而不断对日本施压。① 由于外交与军事部门未能有效协调，美国蒙受了巨大灾难。珍珠港事件之后，国家安全概念成为美国外交政策的指导原则，军政跨部门协调机构也得以建立。美国于 1945 年成立了"国务院、陆军部、海军部协调委员会"，负责协调各部门在外交政策和对外关系议题的立场。② 战后，美国政府痛定思痛，通过对军政协调体制暴露出的缺陷进行反思，充分意识到加强跨部门政策协调与统筹的重要性。1947 年，美国通过《国家安全法》，建立了国家安全委员会，奠定了美国二战以来国务院与国防部协调机制的基础。

　　同样，"9·11"事件也对美国产生巨大的冲击，对美国的国家安全观、外交政策与政府机构都产生了深刻的影响。就国务院与国防部协调机制而言，"9·11"事件推动了部门间情报协调机制的改进，促进了国务院与国防部在共同打击恐怖主义方面的协调与合作。近年

---

① 参见 Douglas Stuart, "Constructing the Iron Cage: The 1947 National Security Act", *Affairs of State: The Interagency and National Security*, ed., Gabriel Marcella, Carlisle, PA: U.S. Army War College, 2008, p. 61.

② Richard A. Best Jr., *The National Security Council: An Organizational Assessment*, CRS Report RL30840, Washington, DC: Congressional Research Service, January 2011, p. 3.

来，美国在阿富汗和伊拉克发动的"反恐战争"又突出暴露了国务院与国防部在制订计划、战后维稳重建等方面存在的协调问题，为此，美国政府采取双管齐下的措施，在建立新协调机构的同时，着手完善已有协调机构。比如在国家安全委员会设立主管伊拉克和阿富汗事务的国家安全事务助理帮办和相应的跨部门协调机构，在国务院成立"重建及稳定办公室"，并在阿富汗和伊拉克一线成立相应的跨部门协调机构，这些措施对于改进国务院与国防部的政策协调发挥了重要作用。

三 政府核心部门的推动

在美国国务院与国防部协调机制的建立和演变过程中，政府核心部门发挥了重要的推动作用。这些部门包括国会、国务院和国防部。

一是国会驱动国务院与国防部协调机制的建设。美国宪法将外交决策权力赋予国会与总统，而国会对国务院和国防部两个外交决策部门具有独特的监督和影响力，并可以通过多种方式对国务院和国防部协调机制建设施加影响。具体而言，国会可以通过立法确立国务院和国防部的组织架构和协调机制；还能通过要挟立法的方式向行政部门施压，逼其对国务院和国防部的协调机制进行调整；国会掌管着"钱袋子"，通过控制拨款，实现对行政部门的操控；还可以通过非正式交流对行政部门提供建议，对其机构设置和协调机制建设等施加影响；此外，国会还拥有监督权，通过听证或调查的方式对现行协调机制的运行情况进行审查，令其纠正错误或者进行调整。[1]

从国务院与国防部协调机制建立与发展的过程看，国会发挥的作用不容小觑。在1947年《国家安全法》的制定过程中，国会与总统、行政部门反复谈判、交涉，举行立法听证会，最终确定国家安全委员会的法定成员和组织架构，奠定了国务院与国防部在国家层面协调机

---

① 参见 Richard F. Grimmett, "Foreign Policy Roles of the President and Congress", June 1, 1999. Available at: http: //fpc. state. gov/6172. htm. 登录时间: 2015 年 3 月 25 日。

制的基础。① 艾森豪威尔执政时期，参议员亨利·杰克逊（Henry Jackson）领导的"杰克逊分委会"对国务院与国防部在国家安全委员会的政策协调方式进行长期调查，并对如何改进政策协调和议事程序提供了详实的建议方案，这对肯尼迪政府产生了重大影响。② 在里根政府时期，国会成立调查委员会，针对"伊朗门事件"展开调查，对改进国家安全委员会的运作方式发挥了重要影响。③ 此外，国会还经常举行听证会，对国务院与国防部协调机制的实际运作进行审查。

二是国务院与国防部推动跨部门协调机制的建设。国务院与国防部作为官僚机构，虽然权力不及总统与国会，但在事关自身机构建设和部门间协调机制建设方面却扮演着重要的角色。这是因为官僚机构具有独特的优势：第一，官僚机构具有部门专属的知识与技能。在所辖职责范围，官僚机构积累和发展了详细、深入、专业的知识，这样，总统在处理相关事务时不必关注细枝末节的问题，可以直接交由官僚机构去完成。由此带来的影响就是总统在对官僚机构相关的事务进行决策时，面对的是比自己更了解情况的专家。正如马克思·韦伯所言："'政治主子'发现自己处于'半吊子'的位置，而他所面对的训练有素的官员则是行政管理领域的'行家里手'。"④ 这样，在涉及与本身机构相关的协调机制建设方面，国务院与国防部拥有很大的发言权。第二，官僚机构还具有"不对称动机""逃避责任""诉诸公众"等优势。⑤ 在事关机构自身生存与发展的问题上，官僚机构具

① Douglas T. Stuart, *Creating the National Security State: A History of the Law That Transformed America*, Princeton, New Jersey: Princeton University Press, 2008, pp. 109 – 143.

② Karl F. Inderfurth & Loch K. Johnson, eds., *Fateful Decisions: Inside the National Security Council*, New York: Oxford University Press, 2004, pp. 32 – 33.

③ Inouye-Hamilton Committee, "Congress and the NSC", *Fateful Decisions: Inside the National Security Council*, eds. by Karl F. Inderfurth & Loch K. Johnson, New York: Oxford University Press, 2004, pp. 316 – 334.

④ Max Weber, *Essays in Sociology*, Translated by H. H. Gerth & C. Wright Mills, New York: Oxford University Press, 1946, p. 232.

⑤ Amy B. Zegart, *Flawed by Design: The Evolution of the CIA, JCS, and NSC*, Stanford, California: Stanford University Press, 1999, pp. 50 – 51.

有比总统和国会更强的动机去全力争取；官僚机构可以抵制、忽视、规避上级甚至总统的命令；官僚机构可以通过向媒体通风报信、国会听证、官员辞职等方式对政策施加影响。

从国务院与国防部协调机制的发展看，很多时候协调机制都是在军方或军政双方共同提议下建立的。例如，在二战前夕，时任国务卿科德尔·赫尔（Cordell Hull）致函总统，提议组建以国务院、陆军部和海军部为主体的协调委员会，新成立的机构被命名为"常设联络委员会"，这是美国政府首个就外交政策进行定期军政磋商的机构。①而海军部长詹姆斯·福莱斯特（James Forrestal）在国家安全委员会成立过程中发挥了重要作用，由他发起的《埃伯斯塔特报告》提出有关国家安全委员会的建议，大部分都被1947年《国家安全法》采纳。近年来，美国在反恐战争中暴露出军政协调机制的弱点，促使国防部长盖茨呼吁对现有的国家安全体制进行改革，以便适应未来多样化的挑战。②

国务院与国防部人员交叉任职项目的迅速拓展，主要也源自两部门高层的大力支持。参联会主席早在2009年就颁布了《军官职业军事教育政策》（Officer Professional Military Education Policy），将跨部门教育和工作经历作为军官必备素质。③国务院2010年首份《四年发展与外交评估报告》（QDDR）提出，国务院人员应具备有效开展跨部门工作的能力，时任国务卿希拉里·克林顿下令将此纳入外交官晋升规定，此举大大提高了外交官申请借调任职的积极性。④

　　① 周琪主编：《美国外交决策过程》，中国社会科学出版社2011年版，第71页。

　　② Catherine Dale, Nina M. Serafino & Pat Towell, *Organizing the U. S. Government for National Security: Overview of the Interagency Reform Debates*, CRS Report RL34455, Washington, DC: Congressional Research Service, April 2008, pp. 4 – 5.

　　③ Chairman of the Joint Chiefs of Staff, "Officer Professional Military Education Policy", July 15, 2009, available at: http: //www. dtic. mil/cjcs_ directives/cdata/unlimit/1800_ 01. pdf. 登录时间：2015年3月25日。

　　④ 参见 Arthur D. Simons Center, "Special Report: The Foreign Policy Advisor Program", May 10, 2013, available at: http: //thesimonscenter. org/special-report-the-foreign-policy-advisor-program/. 登录时间：2015年3月25日。

总之，通过政府核心部门的推动，国务院与国防部协调机制的发展有了内在动力支持，能够与时俱进地进行改进和调整，使其更好地适应外交与军事政策协调的需求。

四 总统的决心与魄力

美国总统作为国务院和国防部的最高领导，对于两部门间协调机制的建设显然具有决定性的影响。总统可以通过下达行政命令、政治任命、制订机构重组计划，或者请求立法推行改革等手段来实现对现有机制的变更。① 作为惯例，新一届总统上任后，都会对上届政府的国家安全委员会体制进行相应的调整。尽管国家安全委员会发展的过程体现出的延续性大于变化性，但总统总会按照自己的决策风格和喜好对军政协调机制架构进行适应性调整。

但是，在国家安全委员会最初成立的时候，或者对既有的军政协调体制作出重大改革的时候，需要国家元首的坚定决心和果断决策，总统要做到这一点也绝非易事。因为对现有体制的调整意味着改变现状，这既涉及对当前利益结构的调整，也隐含着未来的不确定性，这需要总统的政治远见和责任担当。对当前利益结构进行调整势必会引发官僚机构和利益集团的顾虑和抵制，有可能带来政策的不确定性。正如纽斯塔特（Richard Neustadt）所述，总统必须经常斗争才能获得官僚机构的服从，因为"没人站得比他高，没人看得比他清楚，没人能感受他担负的重任……总统本人承担的责任绝非他人能比"。②

在通过 1947 年《国家安全法》之前，杜鲁门总统与海军部和国会进行了长达三年的斗争。二战后，虽然各政府机构都认识到政府体制必须进行改革，但是对于如何改革却形成截然相反的两派观点。杜鲁门和陆军部认为军种统一是建立有效国家安全体制的前提条件，但

---

① Amy B. Zegart, *Flawed by Design: The Evolution of the CIA, JCS, and NSC*, Stanford, California: Stanford University Press, 1999, p. 48.

② Richard E. Neustadt, *Presidential Power*, New York: Wiley, 1960, p. 8.

以海军部为代表的观点却强烈反对武装部队统一，杜鲁门经过综合分析，果断决策，最终促成军种部达成一致意见，推动国会通过《国家安全法》。[①] 因此，在对国务院和国防部协调机制进行重大改革时，需要总统性展示"责任止于此！"（The Buck Stops Here！）的决心和魄力。国家元首下定决心既能表明对既定方针的坚定支持，也能对官僚机构的拖延和抵制形成强烈震慑，推动机制建设向既定方向发展。

第二节　当前美国国务院与国防部协调机制的特点

当前，美国国务院与国防部协调机制为保障外交与军事政策协调发挥着不可或缺的作用，体现出鲜明的特点：一是体制架构呈现梯次性，二是协调规则具备制度化和稳定性，三是人员配备呈现专业化和交叉性，四是协调方式和手段多样化。

一　体制架构的梯次性

总体而言，美国国务院与国防部协调机制已经形成国家层面、部门层面和一线基层的梯次架构，而且各层面又包含不同级别的协调渠道，部门间协调机制已形成纵横交叉的立体结构，这便于部门之间在各个层面保持信息双向流动，为外交政策从上到下的系统性协调提供保障。

在国家层面，国务院与国防部通过国家安全委员会体制对外交政策的重要议题和关键决策进行协调。国家安全委员会下设三级机构，分别负责在部长层面、副部长层面和助理部长层面对外交政策议题进行横向跨部门审议与协调，同时上级委员会对下级委员会提交的议题实施纵向协调。各级委员会分工明确，各司其职，下级委员会给上级

---

① Douglas T. Stuart, *Creating the National Security State: A History of the Law That Transformed America*, Princeton, New Jersey: Princeton University Press, 2008, pp. 7 - 8, pp. 72 - 143.

提供政策支撑，上级委员会给下级提供政策指导，共同为总统决策服务。

在部门层面，主要对外交政策的一般议题和例行事务进行协调，国务院与国防部形成了由分管领导负责、工作层面提供保障的跨部门协调机制架构。分别由主管政治事务的副国务卿和主管政策的副国防部长担任领导，由下级助理国务卿、助理国务卿帮办、国家主管、业务负责人逐级提供保障。根据议题的重要性和复杂程度，两部门各级官员在职责权限内进行协调，并逐级汇报。

在一线基层，主要对外交政策的执行进行协调，国务院和国防部分别通过驻外使馆和联合作战司令部进行跨部门政策协调，并且各自具备从领导到工作层面的逐级协调渠道。

总之，美国国务院与国防部协调机制的梯次架构是机制建设的一大特点，这有助于形成各层级分工明确、功能互补的整体效能。从外交政策的制定到执行，国务院与国防部在国家层面、部门层面和一线基层建立起的立体网状协调体系给外交政策逐级跨部门协调创造了多样化的平台，为保障外交与军事政策的统筹协调提供了有力支撑。

二 协调规则的制度化和稳定性

美国通过法律法规、行政命令、条例条令等方式将国务院与国防部协调机制的运行规则制度化，而且在历届政府得以延续，具有相当程度的稳定性。这有助于积累历史传承的有益经验，也有利于保障协调机制的有序运行。

在国家层面，国务院与国防部的政策协调平台是国家安全委员会，1947 年《国家安全法》及其修正案给国家安全委员会提供了制度保障，奥巴马的"第一号总统政策令"对国家安全委员会的组织架构、各级委员会的职能和成员构成作出明确规定，国家安全事务助理詹姆斯·琼斯的《21 世纪跨部门过程》备忘录给国家安全委员会跨部门协调过程提供指导原则，这些都构成国家层面协调规则的制度化基础。值得一提的是，1947 年《国家安全法》确立的国家安全委员会体系一直延续至今，奥巴马总统的"第一号总统政策令"与冷战以来历任总统对国家安全委员会体制的指导方针没有多大变化，这些都体现出协调规则的稳定性。

在部门层面，国务院和国防部分别通过颁布条例和命令等方式规定协调机构的职能、确定协调人员的职责和参与方式，由此奠定协调规则的制度基础。如国务院颁布的《外交事务手册》对承担跨部门协调职能的机构和人员提供工作指导和制度保障，国防部颁布《国防部及其主要机构职能》等一系列命令，对国防部承担跨部门协调职能的机构作出明确说明，参联会主席颁布《联合参谋部参与跨部门过程》等命令文件，对下属机构参与跨部门协调提出明确的指导方针。与国家层面指导方针相似的是，部门层面的条例和命令也保持高度稳定性。

在一线基层，驻外使馆和联合作战司令部跨部门协调机制的运作规则也有相应的制度和条令支撑。奥巴马总统签署的"命令状"给大使处理跨部门协调事宜提供了宏观指导，国防部颁布的"第 3－08 号联合出版物"为联合作战司令部的跨部门协调提供了指导原则。美国历届总统致大使的"命令状"赋予大使的权限保持高度一致，国防部颁布的"第 3－08 号联合出版物"也具有长期效力，这些方面都保证了基层协调规则的稳定性。

总之，协调规则作为协调机制的有机组成部分，通过法律法规、行政命令和条例条令等方式固化下来，有助于国务院与国防部在政策协调时有法可依、有章可循，能够最大限度地排除人为干扰，在客观上为协调机制正常运行提供了保障。

三 人员配备的专业化和交叉性

美国国务院与国防部跨部门协调机构的人员配备体现了专业化特征，而且跨部门交叉任职人员规模稳步增长，这构成了国务院与国防部协调机制的另一特点。

以国家安全事务助理为首的国家安全委员会工作班子是协调机构人员配备专业化最重要的表现。国家安全事务助理通常是具有政治学和国际政治研究背景的学者，或是多年参与美国外交和安全事务的将军或政治家。① 国家安全委员会工作班子成员大多是地区性或职能性外交政策领域的行家里手，或者是长期在国家安全机构任职的职业官僚。这些专业官员熟悉政策议题，了解政府运作过程，可以得心应手地处理外交政策的跨部门协调事务。当然，下层协调机构对工作人员也有很高的专业化要求，如国务院政治军事事务司、国防部国际安全事务局等。

另外，国务院与国防部人员交叉任职的规模在持续增长，这些人员通常都在跨部门协调岗位任职。以外交政策顾问项目为例，2004年国务院派往国防部的外交政策顾问仅有17名，到2012年总人数已达91人，他们分别在国防部长办公厅任职或担任参谋长联席会议主席、各军种司令、联合作战司令部司令以及下属司令部指挥员的外交政策顾问。② 与此同时，国防部派遣职业军官到国务院任职的规模也在不断增长，国防部军官主要在国务院国务卿办公室、副国务卿办公室和政治军事事务司工作，也有部分人员在地区事务司任职。③。2012年1月，国务院与国防部签署新的《人员交流备忘录》，规定将国务院派往国防部交流任职的人数翻一番，达到90余人；国防部派往国务院的军官人数也从原先的50人上升到98人。④

总之，国务院与国防部协调机构人员配备的专业化有助于实现政

---

① 张骥主编：《世界主要国家国家安全委员会》，时事出版社2014年版。第65页。

② Arthur D. Simons Center, "Special Report: The Foreign Policy Advisor Program", May 10, 2013, available at: http://thesimonscenter.org/special-report-the-foreign-policy-advisor-program/. 登录时间：2015年3月25日。

③ Harry W. Kopp & Charles A. Gillespie, *Career Diplomacy: Life and Work in the U. S. Foreign Service*, Washington, DC: Georgetown University Press, 2008, p. 120.

④ Office of the Spokesperson, U. S. Department of State, "New State-Defense Personnel Exchange Agreement Reached", January 19, 2012. Available at: http://www.state.gov/r/pa/prs/ps/2012/01/181551.htm. 登录时间：2015年3月25日。

策协调的专门分工，提高政策协调的针对性和有效性；军事和外交人员交叉任职有助于增进相互理解，建立广泛的跨部门关系网，拓宽跨部门协调渠道。

四　协调方式和手段的多样化

当前，国务院与国防部针对外交政策协调议题的性质和现实情况，综合采取多种方式进行跨部门协调，这增强了协调机制实际运作的灵活性，给跨部门政策协调注入了活力。

以国务院与国防部在国家安全委员会体制内的政策协调为例，最典型的方式是举行正式会议，在各级委员会，不同级别的官员通过固定的议事程序对政策议题展开讨论、交流观点、协调立场；如总统或其他重要成员不能直接与会，则通过保密电视电话会议的方式进行协调，白宫情况室先进的会议保障设施给这一途径提供了便利；另外，总统、国家安全事务助理还可以通过小范围的非正式会谈，听取国务卿、国防部长的政策建议，或对二人的政策立场进行协调；主官委员会和副主官委员会层面可以通过文件流转的方式，对政策性议题进行跨部门协调。

在部门层面和一线基层，负责跨部门政策协调的官员和机构也可以采用正式或非正式的方式进行沟通与协调，电话、会议、文件流转等方式都是政策沟通与协调的常用手段；部门间人员交叉任职增加了跨部门政策协调的途径，通过借调人员的人脉进行跨部门沟通成为一种捷径；此外，国务院与国防部在制定政策规划时经常通过"3D"规划小组，邀请对方负责政策规划的人员参与工作，在共同磋商的过程中完成计划制订。

国务院与国防部跨部门协调方式和手段的多样化给协调机制的实际运作提供了便利，增强了政策协调的可操作性和灵活性，这也构成了美国国务院与国防部协调机制的又一特点。

第三节 当前国务院与国防部协调机制的运行效果

在奥巴马政府时期，国务院与国防部协调机制总体运行顺畅，能够满足外交和军事政策协调的需求，在外交政策议题跨部门协调方面发挥出积极成效；但是协调机制依然存在一些历史遗留的缺陷，而且面临着新问题和新挑战。

一 协调机制的成效

在美国外交政策过程中，国务院与国防部的协调机制为跨部门政策协调发挥了积极作用，取得了良好成效，具体体现在以下几个方面。

一是在政府不同层面实现外交与军事议题的跨部门协调。在国家层面，国家安全委员会制度平台为国务院与国防部助理部长级别以上官员提供了定期政策协调的渠道。国家安全委员会体制的层级架构呈金字塔状，从总统、部长、副部长到助理部长级官员实现逐级分工，政策权力从下到上趋于集中，政策协调工作量从上到下逐渐增大。下级官员为上级官员逐级提供政策协调支撑，有助于减轻上级官员的工作负担，使其集中精力处理重大外交政策，优化了外交政策流程。国家安全委员会和国土安全委员会两大工作班子经过整合，形成"国家安全工作班子"，在国家安全事务助理的领导下，能够扮演国务院与国防部政策协调的"中介"角色，有助于总统对外交政策协调过程实施掌控。在部门层面，国务院与国防部也建立起跨部门政策协调的渠道，从副部长、助理部长、助理部长帮办、国家主管直到业务负责人都有逐级政策协调的渠道，这有助于实现合理工作分工，提高政策协调效率。在一线基层，驻外使馆和联合作战司令部也建立起梯次性协调机制，为解决不同性质的外交政策议题协调提供了便利。

二是对重要外交政策议题实现专业化协调。针对外交政策的重要议题，美国政府在国家安全委员会成立专门机构，由国家安全工作班子幕僚领导，负责政府跨部门政策协调。奥巴马政府在国家安全委员会分别设立了应对网络安全、涉及大规模杀伤性武器的恐怖主义、边境安全、信息共享等议题的协调机构，① 体现出政府对上述政策问题的重视。成立专业化的政策协调机构不仅有利于提高政策协调的针对性和有效性，也有利于总统对重要外交政策领域跨部门协调的总体掌控。同样，国务院与国防部在部门层面也分别设有针对特定政策议题的跨部门协调机构，提高了部门层面政策协调的针对性和有效性。

三是在部门层面政策协调实现归口化管理。在这方面，国务院政治军事事务司发挥了重要作用，作为国务院与国防部联系的枢纽，政治军事事务司统筹负责例行外交政策议题的跨部门协调，推动两部门在战略计划制定过程中的合作，并统一管理国务院与国防部的人员交流项目。政治军事事务司为处理军事与外交事务的例行跨部门协调提供了便利，避免了部门之间多头协调和重复协调的弊端，有助于优化跨部门政策协调管理，提高政策协调的效率。

总之，国务院与国防部政策协调机制在不同层级实现了梯次分工，由专业化机构负责对重大政策议题实施协调，而且在部门层面由归口单位对政策协调提供保障，这些都体现了跨部门政策协调的良好成效。

二　协调机制的问题

当前国务院与国防部协调机制在运行过程中还存在一些历史遗留问题和新挑战，具体表现在两方面：一是部门能力与角色失衡，二是国家安全工作班子机构臃肿，二者均导致政策协调效率低下。

一方面，国务院与国防部部门能力与角色不均衡，这是协调机制的遗留问题。部门能力与角色不均衡首先体现在国务院人员编制与财

---

① Richard A. Best Jr. , *The National Security Council： An Organizational Assessment*, CRS Report RL30840, Washington, DC： Congressional Research Service, January 2011, p. 24.

政预算相对紧张与外交政策任务需求迅速增长之间的矛盾。与国防部相比，国务院人员编制少，外交官数量有限，加上财政预算小，极大地限制了国务院职能的发挥。当前，美国外交政策对灵活使用软实力的需求急剧增长，要求国务院参与的任务更加多样，这更加突出了国务院资源匮乏、人员缺编的问题。此外，国防部与国务院人员交流任职项目的拓展需要国务院提供更多的外交官，这进一步增大了国务院的人才队伍建设的压力。国务院与国防部部门能力与角色不均衡，使得军政协调机制的天平向国防部倾斜，导致外交政策"军事化"倾向愈演愈烈；同时，国防部人力资源与财政预算的相对优势使得军方具有更大发言权，削弱了国务院在协调机制中的权威和份量，不利于机制的良性发展。

另一方面，国务院与国防部协调机制面临的新问题是国家安全工作班子人员规模过于庞大，导致白宫协调机构臃肿。国家安全委员会成立之初，工作班子人员只有寥寥数人，到尼克松执政时期达50人左右，到克林顿政府时期达到100人，[1] 到奥巴马政府时期已达到370人左右。[2] 这是奥巴马将国家安全委员会和国土安全委员会工作班子整合的结果，同时也反映出当前白宫外交政策协调面临的现实矛盾，那就是面对日益增长的外交政策议题，急需更多的工作人员进行跨部门协调。但是，国家安全工作班子人员规模的膨胀带来了一系列负面影响。一是导致政策权力进一步向白宫集中，降低了国务院和国防部的政策影响力；二是导致国家安全工作班子机构臃肿，使国务院与国防部在国家层面的协调平台运行效率下降；三是需要对庞大的工作班子实行层级管理，导致跨部门政策协调的管理层级增多，反而降低了政策协调的效率。

---

① Karl F. Inderfurth & Loch K. Johnson, eds., *Fateful Decisions: Inside the National Security Council*, New York: Oxford University Press, 2004, p. 131.

② 参见 David Rothkopf, "National Insecurity: Can Obama's Foreign Policy Be Saved?" *Foreign Policy*, September/October 2014. Available at: http://foreignpolicy.com/2014/09/09/national-insecurity/. 登录时间：2015 年 3 月 25 日。

第四节　影响协调机制运行效果的因素

从美国国务院与国防部协调机制的历史演变和实际运作情况看，影响机制运行效果的因素既有体制性因素，又有人为因素。体制性因素主要包括体系架构、协调过程和官僚政治因素；人为因素包括"中介人"角色、总统与部门主官的管理风格以及跨部门工作关系。

一　体制性因素

（一）协调机制的架构

国务院与国防部协调机制的架构是影响机制运作效果的结构性因素。从国家战略层面直到基层的机制设置是否具有梯次性、各层面的机制是否具有支撑性和互补性，在很大程度上决定了协调机制的体制保障是否有力、机制运作是否顺畅，协调过程是否高效。

在国家安全委员会成立初期，其体制架构呈扁平形，只有法定成员一个层级，而且国家安全委员会工作班子人数有限，在文件起草和会议保障方面不能提供有力支撑。政策议题只能在国家安全委员会法定成员层面讨论，而政策文件通常由国务院政策规划司起草。这样的架构和组织方式存在两大缺陷：一是国家安全委员会之下的纵向政策协调缺乏条理与规范，二是政策文件往往带有国务院的部门偏见。

到艾森豪威尔执政时期，国家安全委员会的体制架构有了长足进步。除了设立国家安全事务特别助理职务，增加工作班子人数外，还成立了计划委员会和行动协调委员会，分别在助理部长和副部长级别进行政策协调，使战略层面的体制架构层级鲜明，职能分工更加明确。后来国家安全委员会经过历届政府的实践与调整，在老布什总统任期形成了主官委员会、副主官委员会和政策协调委员会的三级组织架构，各层级分工明确，互为支撑，奠定了国家安全委员会架构的基本模式，并一直沿用至今。

美国国务院与国防部的协调机制除了在战略层面实现体制架构的梯次性配置外，在部门层面、海外联合作战司令部、驻外使馆都建立了层级分明的协调机制架构；此外，伊拉克战争的案例表明，在重建维稳工作的后期阶段，驻伊使馆和驻伊美军部队也建立了多层次的跨部门协调机制，有效实现了各层级的分工协作，改善了军政协调的效率与水平。

总之，协调机制架构本身虽然不能保证政策协调的有序进行，但良好的体制架构能够促进政策协调，而低劣的体制架构则会阻碍政策协调。

（二）协调过程因素

国务院与国防部协调机制实际运作中，协调过程是否遵循正常的运行程序也是影响机制效果的关键因素。通常总统上任后颁布的第一条行政命令就是确立国家安全委员会的组织架构和议事程序，这充分体现了协调过程的重要性。协调过程有章可依，议事程序清晰明确，有助于建立顺畅的汇报渠道，减少协调过程中的干扰和羁绊，保障政策协调逐级有效运行。相反，假如协调过程存在疏漏、缺乏监管，轻则导致协调机制运行紊乱、效率低下，重则导致政策协调失败，甚至危机。

需要指出的是，总统除了采取正式的跨部门协调途径外，往往还会利用非正式途径获取政策咨询和建议。但是，非正式政策协调过程只能作为正式过程的补充，而绝不可取而代之，因为非正式政策建议途径不能保证政策分歧得到充分辩论，也不利于政策团队全面掌握信息，反而会因暗箱操作导致信息闭塞和决策偏差。如果总统过多地依赖非正式途径，甚至将非正式途径凌驾于正式跨部门协调过程之上，就会严重影响正常议事程序，给协调机制的运行带来消极影响。同样，国务院与国防部在部门层面和一线基层如果脱离正常的跨部门协调过程，越过同级之间的横向政策协调，直接将问题或政策汇报至上级或白宫，也会造成同级单位的政策协调断层，甚至导致政策失误。

因此，只有保持协调过程的规范性和透明性，国务院与国防部协调机制才能更好地发挥作用，才能促使跨部门政策议题得到深入剖析、部门分歧得到充分表达，向上确保传达清晰准确的政策分析和选项，向下确保政策有效贯彻执行。

（三）官僚政治因素

国务院与国防部协调机制运作过程中，官僚政治因素对部门互动具有深刻的影响。这是因为，外交政策决定往往影响机构在政策执行中承担的角色和职能定位，而国务院与国防部都想在决策过程中扮演更大的角色，承担更多的任务。这不仅意味着部门地位的提升和势力范围的扩大，而且影响着政府资源和权力的流动，因为政府总是提供更多的资源给承担重要外交政策任务的部门，也会赋予其更大的政策权力。反过来，部门资源和权力的增长又会扩大其在外交决策过程中的作用，进而影响其在跨部门协调中的话语权和影响力。

因此，在政策协调过程中，如果国务院与国防部官员一味强调部门利益和地盘之争，陷入官僚政治斗争的恶性循环，就会阻碍政策协调的进程，影响协调机制的运作效率；反之，如果国务院与国防部官员能够克服官僚政治因素的阻碍，在政策协调过程中以国家利益为重，超越狭隘的部门利益，就会促进政策协调的有序进行，提高协调机制的运作效率。

由此可见，在国务院与国防部协调机制运作过程中，如何有效克服官僚政治的羁绊，避免因部门利益和地盘之争导致政策协调陷入困境，是必须面对和解决的关键问题。

二　人为因素

（一）"中间人"角色因素

总统国家安全事务助理、副助理和国家安全工作班子在国务院与国防部政策协调过程中扮演着重要角色，他们直接影响协调机制的运作效果。这是因为，国务院与国防部在国家层面的政策协调平台是国家安全委员会体系，而国家安全事务助理及其下属成员分别担任主官委员会、副主官委员会和政策协调委员会主席，他们能否扮演好"诚实的中间人"的角色对于各级委员会能否有效运作具有重大影响。

国家安全事务助理在国务院与国防部协调机制的运作中发挥独特作用，需要在服务总统和有效管理政策过程中取得平衡。为了推动部门间政策协调的顺利开展，国家安全事务助理应作为"诚实的中间人"，既要向总统汇报国务院和国防部等部门的政策共识，又要如实反映各部门的政策分歧；他还要保证白宫与各部门的沟通渠道畅通，使弱势方的观点能被听到；他要作为总统的"守门人"，管理白宫信息汇报渠道，并随时警惕对异常情况进行纠正；他有时还要作为干预者，协调国务院与国防部的不同立场。布热津斯基曾一针见血地指出，国务卿和国防部长谁都不会接受对方的领导，有时也不愿接受对方主导的联合行动，必须由接近总统并且能领会总统思想原则的人（国家安全事务助理）进行干预。①

同样，国家安全事务副助理和国家安全工作班子幕僚在担任相应级别委员会主席时，也需要在国务院与国防部各级官员的政策协调中扮演好"诚实的中间人"的角色，他们需要努力促成部门共识，如实反映部门分歧，保持协调机制公平与公正，从而促使政策协调有序进行。

（二）总统与部门主官的管理风格

总统的管理风格对国务院与国防部在国家层面协调机制的运作效果具有重大影响。这是因为，总统的管理风格和喜好不仅决定国务卿与国防部长提供政策建议的方式，还直接影响国务院与国防部在国家安全委员会各层级协调机制的架构和运作方式。总统可以选择采取白宫集权型也可以选择权力下放型的决策模式，这决定了国务院和国防部在协调机制中的地位和权力。正如学者指出，"就管理国家安全政

---

① ［美］赫德里克·史密斯：《权力游戏——华盛顿是如何工作的》（下册），肖峰、姬金铎等译，中国人民大学出版社1991年版，第341页。

策而言，没有一个理想化的体系。在某个时间节点，最佳的体系完全取决于总统的利益和管理风格。"①

　　学者将总统的管理风格分为三大类：正式型（formalistic）、竞争型（competitive）和共同掌权型（collegial）。② 正式型的管理风格特征是具有井然有序的政策制定架构、明确的议事程序、等级严格的汇报渠道，以及结构严谨的工作班子；这种管理风格的好处是总统可以从政策参与者多样化的观点和判断中受益，但这种风格的总统却不赞成成员之间公开冲突和争论。可见，正式型管理风格的总统希望国务院与国防部的协调机制严格按照既定规则，并保持协调机制运行公开透明，艾森豪威尔总统就是这一类型的代表。

　　竞争型管理风格的总统鼓励成员之间不受约束地公开表达观点、阐述分歧，鼓励组织架构的模糊性和职能领域的交叉性，并且乐见成员与总统保持多种交流渠道。因此，竞争型管理风格的总统不希望完全发挥国务院与国防部协调机制的作用，而是刻意保留与国务卿和国防部长的非正式沟通渠道，保持政策协调的模糊性，以便通过国务院与国防部之间的竞争达到总统的要求，罗斯福总统是这一类型的典型代表。

　　共同掌权型管理风格的总统企图扬长避短，保留前两种类型的优点。总统希望打造一个志同道合的决策团体，共同分析政策议题并提出解决方案，从成员的不同观点和竞争中受益，但决策团体出于对总统的忠诚又不会钩心斗角、卷入内讧。共同掌权型管理风格的总统希望国务卿与国防部长密切合作，保持国务院与国防部协调机制高效运转，以达到外交与军事政策优势互补的效果。老布什总统的管理风格

　　① Philip A. Odeen, "The Role of the National Security Council in Coordinating and Integrating U. S. Defense and Foreign Policy", *Public Policy and Political Institutions: United States Defense and Foreign Policy—Policy Coordination and Integration*, ed. by Duncan L. Clarke, Greenwich, Connecticut: JAI Press Inc. , 1985, p. 20.

　　② Richard Tanner Johnson, *Managing the White House: An Intimate Study of the Presidency*, New York: Harper & Row, 1974; Alexander George, *Presidential Decision-Making in Foreign Policy: The Effective Use of Information and Advice*, Boulder, CO: Westview Press, 1980, pp. 148 – 149.

具有共同掌权型的典型特征。

奥巴马的管理风格总体介于正式型和竞争型之间，这体现在他强调通过国家安全委员会的正式运作程序进行决策，要求成员之间公开辩论，甚至鼓励副总统扮演"唱反调者"的角色。这样既有助于保持协调机制运行公开透明，又可以从团队成员的观点交锋中受益，使总统掌握政策协调的主动权。

另外，国务院与国防部主官在跨部门协调领域的领导风格也是影响部门间协调机制效果的关键因素。换言之，国务卿与国防部长是否重视外交决策过程的跨部门协调，能否意识到部门能力的局限性，是否注重发挥外交政策的外交和军事合力，这些方面直接影响部门间协调机制能否发挥作用、如何发挥作用以及发挥多大作用。如果国务院与国防部领导都具备合作型领导的特质，鼓励下属充分利用外交政策跨部门协调机制，就会促进协调机制有效运行，反之，如果一方领导在外交政策领域主张特立独行，仅靠单一部门孤军奋战，必将对协调机制运行带来消极影响。

在小布什政府时期，国防部长拉姆斯菲尔德刚愎自用，对国务院在外交决策中的作用嗤之以鼻，这种领导风格对国务院与国防部跨部门协调产生了严重的负面影响。① 相反，在奥巴马第一任期，国务卿希拉里与国防部长盖茨、帕内塔都主张加强跨部门协调与合作，共同推进美国的外交政策，部门领导的重视对国务院与国防部协调机制的良性运作发挥了推动作用。

（三）跨部门工作关系

国务院与国防部各层级的工作关系对协调机制运行会产生直接影响，这一点不言自明。部门高层尤其是国务卿与国防部长之间的关系对于协调机制的整体运行十分重要，如果两部门主官关系融洽、合作密切，就能有效降低官僚政治和部门利益产生的负面影响，推动协调

---

① 参见 Bradley Graham, *By His Own Rules：The Ambitions，Successes，and Ultimate Failures of Donald Rumsfed*，New York：PublicAffairs，2009，pp. 355 – 356.

机制的良性运行。部门主官间的友好关系还可以发挥良好的示范作用，成为下级官员效仿的榜样。

同样，在国务院与国防部的部门层面也需要建立良好的工作关系。例如，在国务院地区事务司、政治军事事务司与国防部国际事务局以及联合参谋部之间要进行大量的例行政策协调，工作层面建立良好的人际关系有助于疏通联系渠道，保证政策协调过程的顺利进行。否则，如果工作层面人际关系不和，就会对政策协调形成阻碍，导致政策协调的拖沓和延误，降低协调机制的运作效果。

在一线基层，建立良好的跨部门工作关系更加重要。因为远离总部机关指导，在具体政策执行时，国务院与国防部官员必须通过相互理解，甚至彼此妥协来达成协调与合作，所以建立工作层面的良好关系成为协调机制的润滑剂。伊拉克战争案例一再证明，国务院与国防部一线协调机制的运行效果很大程度上取决于驻伊大使和驻伊美军司令之间的关系。当军政主官关系融洽时，跨部门协调机制运行就比较顺畅，发挥效果就比较显著；反之，当军政主官关系不合时，军政协调机制就难以有效发挥作用，甚至还会导致政策失误。

第五节　对外交与军事部门协调机制建设的启示

当今世界，由于国家面对的安全威胁更加复杂多元，安全议题的交叉性、叠加性更加突出，单独依靠外交或军事手段已不能满足外交政策的需要，这对国家加强外交与军事部门统筹协调提出迫切需求。各国应该加强跨部门协调机制建设，努力做到"政府一盘棋"，统筹推进国家外交政策。在这方面，美国国务院与国防部协调机制的演变历史和运行实践能对其他国家外交与军事部门协调机制建设提供多重启示，在协调机制建设应具备的主客观条件、加强协调机制建设的具体举措、保障协调机制有效运行和良性发展等方面都提供了可供借鉴的一般经验，具体体现在以下六个方面：

一 国家利益拓展与外交危机事件提供机制建设的牵引力

美国国务院与国防部协调机制的发展历程表明，随着国家综合实力的增长，国家利益，尤其是海外利益会迅速拓展，这给政府统筹运用外交政策工具以保护国家利益带来新挑战。由于外交与军事手段是国家推行外交政策的主要依托，也是保护国家利益的重要工具，所以国家统筹运用外交与军事手段的压力增大，由此产生加强外交与军事部门协调机制建设的牵引力。从这种意义上讲，国家利益拓展的速度与推进协调机制建设的动力成正比，国家利益拓展越迅速，协调机制建设的动力就越强，反之，国家利益拓展速度放缓，协调机制建设的动力也相应降低。

除此之外，战争与危机也能对军事与外交部门协调机制建设产生重大冲击，因为战争与危机能够突出暴露政府跨部门协调能力的缺陷，凸显现有协调机制的不足，促使国家对政府跨部门协调机制作出改进。鉴于当今世界以和平与发展为主题，各国不会轻易诉诸战争来解决问题，因此依靠战争来提供外交与军事协调机制建设牵引力的可能性较小。但是，当今世界仍不稳定，地区动荡时有发生，国家常常会面对规模不等的外交危机事件，例如在某国局势动荡时组织撤侨行动、应对国外恐怖袭击等，当应对重大外交危机或者多发的小型外交危机时，也可能暴露出国家外交与军事部门协调机制的不足，进而推动对现有协调机制作出调整。

总之，国家利益的拓展与外交危机事件的冲击是外交与军事部门协调机制建设的外部刺激因素，客观上会推动政府对现有协调机制的缺陷与不足进行审视，当问题累积到量变的程度时，对现有协调机制作出改进乃是顺应潮流之举。

二 国家元首与政府核心部门提供机制建设的推动力

当外部客观条件要求对外交与军事部门协调机制建设作出重大革

新时，国家元首的决心和政府核心部门的推动对促成协调机制变革发挥着关键作用。

一方面，国家元首可以通过自上而下的推动，实现对协调机制的变革。二战之后，杜鲁门总统推动建立国家安全委员会就是典型例子。历史证明，对已有协调机制进行变革意味着打破现状，重新分配利益，这会影响官僚机构的利益消长，并可能导致相关利益集团的抵制；另外，政府组织机构倾向于安于现状，不愿作出改变，体制上的惰性也会构成变革的阻碍。因此，国家元首表明实施协调机制变革的决心与魄力，并运用政治智慧对官僚机构的利益诉求进行疏导，有助于降低官僚机构的抵制情绪，克服组织机构安于现状的惰性，为协调机制的变革提供动力和活力。

另一方面，政府核心部门的倡议也能提供协调机制变革的动力。当现有协调机制远远落后于外交与军事部门政策协调需求时，部门领导往往会提议对协调机制作出改进。如二战前夕，美国国务卿科德尔·赫尔提议国务院、陆军部和海军部组建"常设联络委员会"；美国前国防部长盖茨面对反恐战争暴露出的军政协调机制缺陷，呼吁对现有国家安全体制进行改革。外交与军事部门本身作为协调机制的利益相关方，对协调机制建设的优点与不足最有发言权，所以当两部门提出对自身协调机制加以改进时，往往更具有说服力。此外，部门本身提出改革倡议有助于克服机构内部阻力，这为推进协调机制建设奠定了内部基础。

综上所述，外交与军事部门协调机制建设需要国家元首和政府核心部门的共同推动，有了国家元首的支持和政府核心部门的拥护，协调机制的建设与发展有望稳步推进，获得成效。

三　梯次性体系架构奠定协调机制的合理布局

外交与军事部门协调机制的体系架构是机制建设的关键。国家要根据国家利益的拓展和外交政策需求，基于本国政治体制和国内政治环境，统筹谋划外交与军事部门协调机制的整体建设，合理布局协调机制梯次性架构。

具体而言，国家要深入评估国家层面、部门层面，直至一线基层外交与军事协调机制的现状、需求和不足，针对未来国家利益拓展和外交政策发展方向，对如何构建不同层面的协调机制进行深入研究，统筹谋划，着手建立能够满足当前需求并适应未来发展趋势的外交与军事部门协调机制架构。

在国家层面要注重建立为外交决策、战略规划、政策制定与执行、危机应对等提供保障的协调机制。首先，要建立国家元首与外交和军事部门主官进行政策协调的委员会，作为外交决策和政策制定的最高平台，国家元首通过该平台对外交政策重大议题实现跨部门协调。其次，要按照政策议题的重要性，在国家层面建立不同层级的跨部门协调委员会，以便实现政策协调的逐级分工，这有助于减轻上层工作压力，并保证逐级掌控和管理政策协调。再次，为保障国家层面协调机制的正常运转，应专门建立服务国家元首的工作班子（即国家安全委员会工作班子），在工作班子领导的带领下，为国家层面各级协调委员会的运行提供指导与保障。

在部门层面要重点建立为例行外交与军事议题协调提供保障的协调机制，同时也应体现机制建设的层级架构和职能分工。首先，在外交与军事部门领导层，应分别授权一名副部长分管跨部门协调事宜，直接对部门最高领导负责，在二人之间建立沟通与协调的渠道；副部长在职权范围内处理下级上报的政策协调问题，并对部门间的政策协调提供指导。其次，外交与军事部门还要互设对口联络机构，作为跨部门协调的归口管理单位，这样有助于克服部门间多口协调、重复协调的弊端，实现协调的针对性和有序性。再次，针对外交政策的关键议题，国家元首也可以根据议题性质和部门优势，授权成立由外交或军事部门牵头的跨部门协调机构，作为部门间政策协调的主导机构。

在一线基层要着眼建立政策执行的跨部门协调与合作机制。在承担涉外职能的地区司令部总部，要研究设立外交与军事跨部门协调机构的可行性，适情适度推进协调机制建设；在驻外使馆，要加强大使与武官处的协调与合作；在海外执行任务的军事单位，可探索促进外交与军事人员一线合作的协调机制建设。

四　制度化协调规则保障协调机制有序运作

协调规则的制度化建设是协调机制建设的有机组成部分，是保障协调机制有序运作、良性发展的先决条件。具体而言，协调规则可以通过立法、行政命令、政策文件、部门规章制度、条例条令等方式确立下来，明确规定协调机构与人员的职能权限、协调机制的运行规则与运作程序等要素。

在国家层面，可以通过立法、行政命令和政策文件等方式确立协调规则的制度化保障。具体而言，要以立法的形式明确外交与军事部门协调机制的性质和地位，确定参与协调机制的法定成员，明确成员的权利与义务，制定协调机制运作的宏观指导原则。国家元首通过下达行政命令，对国家层面跨部门协调机制的职能、运行规则与运行程序作出规定。基于国家元首命令，工作班子领导应制定国家层面跨部门协调机制运行的具体指导文件，进一步对协调机制的运行规则与程序作出细化说明。

在部门层面，外交与军事部门可通过颁布规章制度、命令文件、条令条例等形式对跨部门协调机制的职能权限、运行规则、程序步骤等作出规定，明确外交与军事部门在跨部门协调机制中的角色和任务，为部门层面协调机制运行提供制度保障。

在一线基层，外交与军事部门也应对协调机构军政人员的职责权限、协调机制的运行规则和程序等作出明确规定，避免因军政人员职责交叉、协调权限不清等造成机制运行的紊乱无序。

五　规范有序的协调过程改善协调机制的运行效果

保证政策协调过程的规范性和有序性是改善协调机制运行效果的

重要条件。美国国务院与国防部协调机制的运行实践证明，当跨部门政策协调遵循正式规范的过程时，部门各级领导可以通过相应的政策协调平台开诚布公地阐述政策立场，这有助于达成政策共识并发现部门意见分歧；即使有时难以解决政策分歧，也能确保双方官员相互了解情况，为未来进一步化解矛盾打下基础。相反，当政策协调脱离正常轨道时，如外交与军事部门官员利用后门渠道，私下与总统、国家安全事务助理或国家安全工作班子接触，单方面兜售部门政策立场与建议，久而久之，就会造成信息闭塞、片面，加深部门之间的隔阂和积怨，给官僚政治干扰政策协调过程提供可乘之机，从而严重影响协调机制的运行效果。

保证政策协调过程规范有序的前提是要求各级政策协调平台坚持按协调规则运行。具体而言，国家元首不能过度依赖非正式的政策咨询和建议方式，更不能将其凌驾于正式的跨部门政策协调机制之上；外交与军事部门政策协调的"中间人"应公平、公正，做好政策协调的监管者和引导员；外交与军事部门官员应摒弃官僚政治，保持协调过程的公开透明。

总之，要确保外交与军事部门协调机制的运作效果，必须保证政策协调过程的规范性和有序性，关键是要求各级协调机制严格按照协调规则运行，维护协调规则的权威性和约束力。

六 跨部门人员交流促进协调机制良性发展

推进外交与军事人员跨部门交流是加强协调机制建设、促进协调机制良性发展的重要举措。跨部门人员交流既包括共同研讨交流和联合课题攻关等短期或临时性项目，又包括人员交叉任职和联合培养等长效机制，后者的作用更为重要。因为实行外交与军事人员交叉任职，不仅能给军政人员提供长期共事、了解对方部门文化的机会，而且有助于双方在工作中建立广泛的跨部门人际关系网，扩展跨部门联系渠道，从而促进协调机制的流畅运转；加强外交与军事人员联合培养制度有助于受训人员建立跨部门知识储备，为胜任未来跨部门协调岗位工作打下基础，并为协调机制的长远发展提供后备支撑。

外交和军事部门可通过签署合作备忘录的方式固化任职交流制度，对任职交流的人员规模及工作岗位作出规定。任职交流人员既可以赴对方机关工作，也可以赴下属协调机构工作，以此促进跨部门人员交融，增进对跨部门文化的理解。军方可选派人员赴外交部门总部机关或下属跨部门协调机构任职；外交部门可以选派人员担任军方总部首长和军区司令的外交政策顾问，或赴军方的外事单位任职。这样有助于形成"你中有我、我中有你"的跨部门融合，对促进外交与军事部门的交流与合作发挥积极作用。

外交部门和军事部门通过签署合作备忘录，还可以建立外交与军事人员联合培养制度。例如，在有资质的军事院校设立专门的跨部门人才培训项目，开设跨部门课程，由外交与军事部门选派跨部门工作岗位的储备人员参训，使受训人员在学习研讨中建立扎实的跨部门知识积累，并加深外交与军事人员的互动交流，增进了解。外交部门可以选派有资质的外交官赴军事院校作讲座，或者担任全职教官。通过建立外交与军事人员联合培养制度，可为促进协调机制的长期可持续发展作出积极贡献。

综上所述，国家在推进外交与军事部门协调机制建设时，要善于利用国家利益拓展对机制建设产生的牵引力以及外交危机事件对机制建设产生的冲击力，彰显加强协调机制建设的必要性；国家元首应表明推进机制建设的决心和魄力，凝聚政府核心部门的支持，使协调机制建设具备可行性。在统筹谋划协调机制建设时，国家应该立足现实，从外交政策大局出发，努力实现协调机制在国家层面、部门层面和基层的整体合理布局；建立健全协调规则的制度化保障，明确协调机构与人员的职责权限，确定协调机制的运行规则和运作程序；保证协调机制运作过程规范有序、公开透明，使其有效发挥政策协调的作用；同时要推进外交与军事人员任职交流和联合培养工作，增进军政人员的相互了解，扩充跨部门人才储备，为协调机制的有效运行和良性发展提供保障。

小　　结

从历史角度看，推动美国国务院与国防部协调机制演变的主要原因包括国家利益拓展的客观需求、战争与危机的冲击、政府核心部门的推动以及总统的决心与魄力。当前美国国务院与国防部协调机制呈现鲜明的特点，具体包括：梯次性的体制架构、制度化的协调规则、职业化的人员配备以及多样化的协调方式。协调机制在运行过程中体现出诸多成效，不仅在政府不同层面实现外交与军事议题的跨部门协调，而且对重要的政策议题实现专业化协调，并对部门层面政策协调实现归口化管理；但协调机制仍存在部门能力与角色失衡以及国家安全工作班子机构臃肿等缺陷。在具体实践中，协调机制的运行效果一方面受到机制架构、协调过程、官僚政治等体制性因素的制约，另一方面又受到"中间人"角色、总统与部门主官的管理风格、跨部门工作关系等人为因素的影响。

通过对美国国务院与国防部协调机制进行分析与评价，有助于为国家加强外交与军事部门间协调机制建设提供有益的借鉴与启示。总体而言，国家要基于国际战略环境和国内政治因素的整体合力，推进外交与军事部门协调机制建设，要统筹谋划协调机制建设的整体布局，加强制度化协调规则保障，要保证协调过程规范有序，促进协调机制顺畅运行，要加强跨部门人员交流，促进协调机制良性发展。

结　语

本书从外交决策过程的视角对美国国务院与国防部的协调机制进行研究，重点对该协调机制的演进历程、推动因素、当前架构、运行方式、特点成效以及启示借鉴等作出分析与阐述。最后，笔者拟对主要研究发现进行总结，并对有待继续发掘的研究方向作出展望。

一　研究发现

本书的研究发现主要体现在以下六个方面：

一是美国国务院与国防部协调机制的演变经历了漫长的过程，具体可分为孕育与萌芽期、建立与发展期、稳定与成熟期三个阶段，发展轨迹总体遵循从国家层面到部门层面直至一线基层逐渐完善的过程，机制设置呈现从简单到复杂的发展趋势。

二是美国国务院与国防部协调机制是在国际战略环境和国内政治因素共同作用下得以建立并完善的。但是，对协调机制的建立具有重大影响，且在机制发展的关键节点发挥重大作用的因素主要包括国家利益的拓展、战争与危机的影响、政府核心部门的推动和国家领导人的决心。

三是当前美国国务院与国防部协调机制已经形成比较完整的体系架构，这包括国家层面的国家安全委员会及其下属的主官委员会、副主官委员会、跨部门政策委员会三级体系架构；部门层面从副部长级别的主管领导到司、局级对口单位以及工作层面的政策协调渠道；一线基层驻外使馆和联合作战司令部的跨部门协调机制。值得一提的是，美国国务院与国防部在部门层面和一线基层都实现了军政人员的交叉任职。

四是美国国务院与国防部协调机制具有若干鲜明的特点，总体上发挥了积极的成效。协调机制的特点主要包括从上到下层次鲜明的协调体制架构、协调规则的制度化和稳定性、人员配备的专业化和交叉性，以及协调方式和手段的多样化。该协调机制有助于政府在不同层面实现外交与军事议题的跨部门协调、对重要的外交政策议题实现专业化协调；也有助于对部门层面的政策协调实现归口化管理。当然，该协调机制也存在一些不足，主要体现在部门能力角色失衡以及国家安全工作班子机构臃肿，导致政策协调效率低下。

五是影响美国国务院与国防部协调机制运行的因素既包括体制性因素又包括人为因素。其中体制性因素包括协调机制的架构、协调过程和官僚政治；人为因素则包括"中间人"角色、总统与部门主官管理风格和跨部门工作关系等方面。体制性因素作为客观条件，可以通过改进机制加以完善；但人为因素却具有主观性和不确定性，要有效克服人为因素的干扰，既需要建立完善的制度约束，又需要提高当事人的素质与觉悟。

六是美国国务院与国防部协调机制的演变历史和运行实践为其他国家加强外交与军事部门协调机制建设提供了借鉴，在协调机制建设应具备的主客观条件、加强协调机制建设的具体举措、保障协调机制有效运行和良性发展方面都具有积极的启示意义。

二 研究展望

美国国务院与国防部在外交政策过程中的协调机制是美国外交政策跨部门协调机制的缩影，但囿于时间、材料和个人能力，本书的研究还存在诸多不足之处，可继续深入挖掘的领域依然广阔。笔者认为今后应重点加强以下三方面的研究。

首先，要进一步加强对美国国务院与国防部协调机制在具体运行层面的研究。虽然本书选取伊拉克战争为案例，考察美国国务院与国防部协调机制在整个战争过程的运作情况，但是针对不同外交政策议题，美国国务院与国防部协调机制的具体运作方式也不尽相同。这就需要我们对更广泛的外交政策案例进行研究，发现美国军政协调机制在不同案例体现出的共性和不同，以便对其运作方式和影响因素作出更加全面、客观、中肯的描述。

其次，应进一步加强对美国外交政策其他机构的跨部门协调机制研究。美国外交政策部门日益重视"政府一盘棋"，注重综合利用"外交、信息、军事、经济"（DIME）手段推进外交政策，加强外交政策的跨部门协调将是今后的发展方向。为此，我们除了要对美国国务院与国防部协调机制的发展进行跟进研究，还要对国家情报总监办公室、中央情报局、美国国际开发署、国土安全部……等一系列国家安全机构的跨部门协调机制进行广泛深入的研究，这样才有助于掌握美国外交政策跨部门协调机制的全貌，进一步深化对美国外交政策过程的理解。

再次，要进一步促进研究成果转化，对如何完善中国外交政策过程中的军政协调机制建设提出针对性政策建议。尽管本书在研究基础上提出普遍性的政策建议，但由于各国政治制度不同，行政文化和外交政策目标各有差异，所以各国外交政策过程中的军政协调机制必然不尽相同。任何国家都不能对别国的作法生搬硬套，否则难免出现削足适履、水土不服的情况。为此，我们应该针对中国外交政策过程军政协调机制建设的需求进行研究，基于本国国情，结合已有研究成果，促进成果转化，以便更好地为建设有中国特色的外交政策军政协调机制服务。

附　录

一　英汉人名对照表

Albert Wedemeyer	阿尔伯特·魏德迈
Alexander Haig	亚历山大·黑格
Al Gore	阿尔·戈尔
Alfred Goldberg	阿尔弗莱德·戈德伯格
Anna Nelson	安娜·奈尔森
Anthony Lake	安东尼·莱克
Ashton Carter	阿什顿·卡特
Bill Clinton	比尔·克林顿
Bob Woodward	鲍伯·伍德沃德
Brent Scowcroft	布兰特·斯考克罗夫特
Caspar Weinberger	卡斯帕·温伯格
Charles Evans Hughes	查尔斯·埃文斯·休斯
Christopher Shoemaker	克里斯托弗·舒马克
Chuck Hagel	查克·哈格尔
Colin Powell	科林·鲍威尔
Condoleezza Rice	康多莉扎·赖斯
Cordell Hull	科德尔·赫尔
David Petraeus	戴维·彼德雷乌斯
David Rothkopf	大卫·罗斯科普夫
Dick Cheney	迪克·切尼

Donald Rumsfeld	唐纳德·拉姆斯菲尔德
Donald P. Warwick	唐纳德·沃威克
Douglas Feith	道格拉斯·费斯
Duncan Hunter	邓肯·亨特
E. Allan Lightner	艾伦·莱特纳
Elihu Root	艾利胡·鲁特
Elmer Plischke	埃尔默·普利施科
Ernest R. May	厄内斯特·R. 梅
Eugene R. Wittkopf	尤金·维特科普夫
Frank Carlucci	弗兰克·卡卢奇
Franklin D. Roosevelt	富兰克林·罗斯福
Gabriel Marcella	伽伯利尔·马西拉
George Casey	乔治·凯西
George C. Marshall	乔治·马歇尔
George Shultz	乔治·舒尔茨
George H. W. Bush	乔治·H. W. 布什（老布什）
Graham T. Allison	格雷厄姆·艾利森
Hamilton Fish	汉密尔顿·费什
Harold D. Lasswell	哈罗德·D. 拉斯韦尔
Herbert A. Simon	赫伯特·A. 西蒙
Herbert Hoover	赫伯特·胡佛
Hillary Clinton	希拉里·克林顿
I. M. Destler	I. M. 戴斯特勒
James Baker	詹姆斯·贝克
James C. Bradford	詹姆斯·布莱德福
James Forrestal	詹姆斯·福莱斯特
James M. McCormick	詹姆斯·麦考米克
James N. Rosenau	詹姆斯·罗森诺
James Jeffrey	詹姆斯·杰弗雷
James Jones	詹姆斯·琼斯
James R. Locher, III	詹姆斯·洛克尔三世

续表

J. Boone Bartholomees, Jr.	小布恩·巴斯洛米斯
Jerel A. Rosati	杰拉尔·罗赛蒂
John Gaddis	约翰·甘迪斯
John Kerry	约翰·克里
John Lovell	约翰·洛维尔
John M. Ohly	约翰·欧利
John Negroponte	约翰·内格罗蓬特
John P. Glennon	约翰·格莱农
John Prados	约翰·普拉多斯
John QuincyAdams	约翰·昆西·亚当斯
John Steinberg	约翰·斯坦伯格
Joseph Biden	约瑟夫·拜登
Joseph McCarthy	约瑟夫·麦卡锡
Joseph Stilwell	艾森豪威尔·史迪威
Karl Inderfurth	卡尔·因德弗斯
Kjeld Schmidt	科耶达·施密特
Leon Panetta	列昂·帕内塔
Les Aspin	阿斯平
Lloyd J. Austin	劳埃德·J. 奥斯汀
Lock Johnson	洛克·约翰逊
Louis Mclane	路易斯·麦克莱恩
L. Paul Bremer	L. 保罗·布莱默
Marc Grossman	马克·格罗斯曼
Malcolm Anderson	马尔科姆·安德森
Maliki	马利基
Mary Matalin	玛丽·马特琳
Max Weber	马克斯·韦伯
McGeorge Bundy	麦乔治·邦迪
Michael Mullen	迈克尔·马伦
Morton H. Halperin	莫顿·霍尔珀林
Paul Wolfowitz	保罗·沃尔夫维茨

续表

R. D. Agarwal	R. D. 阿加瓦尔
Richard Armitage	理查德·阿米蒂奇
Richard Burt	理查德·伯尔特
Richard Cheney	理查德·切尼
Richard E. Newstadt	理查德·纽斯塔特
Richard Haas	理查德·哈斯
Richard Perle	理查德·珀尔
Richard R. Snyder	理查德·斯耐德
Robert Cutler	罗伯特·卡特勒
Robert Elder	罗伯特·艾尔德
Robert Gates	罗伯特·盖茨
Robert J. Art	罗伯特·阿特
Robert Kimmitt	罗伯特·基米特
Robert Lansing	罗伯特·兰辛
Robert McNamara	罗伯特·麦克纳马拉
Robert Murphy	罗伯特·墨菲
Roger Hilsman	罗杰·希尔斯曼
Roger R. Trask	罗杰·特拉斯克
Roger Z. George	罗杰·乔治
Ryan Crocker	莱恩·科罗克
Sandy Berger	桑迪·伯格
Sara L. Sale	萨拉·塞尔
Samuel P. Huntington	塞缪尔·亨廷顿
Sidney W. Souers	西德尼·索厄斯
Stephen Hadley	斯蒂芬·哈德利
Susan Rice	苏珊·赖斯
Theodore Roosevelt	西奥多·罗斯福
Thomas Donilon	托马斯·多尼龙
Thomas S. Estes	托马斯·艾斯特斯
Tommy Franks	汤米·弗兰克斯
Victor Renuart	维克多·雷努阿特

续表

Warren Christopher	沃伦·克里斯托弗
WilliamJennings Bryan	威廉·詹宁斯·布莱恩
W. R. Schilling	W. R. 谢林
Zal Khalilzad	扎尔·卡里扎德

二 英汉术语对照表

3D	外交、防务、发展
ACT	文职先遣队
After-Action Review	行动后评估报告
Annual Integrated Assessment of Security Assistance	年度安全援助综合评估
Arms Control and International Security	军控与国际安全
Army Corps of Engineers	陆军工兵部队
ASEAN	东盟
Assistant Secretary of State	助理国务卿
AU	非盟
Baathist	社会党
Base Transition Working Group	基地交接工作组
Bay of Pigs	猪湾事件
Brigade Combat Team	作战旅
budget estimate	概预算
Bureau of African Affairs	非洲事务司
Bureau of Conflict and Stabilization Operations	冲突与稳定行动司
Bureau of East Asian and Pacific Affairs	东亚与太平洋事务司
Bureau of European and Eurasian Affairs	欧洲与欧亚事务司
Bureau of International Security and Nonproliferation	国际安全与防扩散事务司
Bureau of Near Eastern Affairs	近东事务司
Bureau of Political-Military Affairs	政治军事事务司
Bureau of South and Central Asian Affairs	南亚与中亚事务司
Bureau ofWestern Hemisphere Affairs	西半球事务司

Chief of the National Guard Bureau	国民警卫局局长
civil service officers	公务员
Civilian Response Corps	民间反应队
Civilian Security, Democracy, and Human Rights	民事安全、民主与人权
Coalition Provisional Authority, CPA	盟军临时当局
Combatant Commands	作战司令部
Congressional Research Service	国会研究处
Council of National Defense	国防委员会
country director	国家主管
Crisis Management Group	危机管理小组
CRSG	国家重建与稳定组
Defense Advanced Research Projects Agency	国防高级研究计划局
Defense Agencies	国防部所属各局
defense attaché	国防武官
Defense Commissary Agency	国防物资局
Defense Contract Audit Agency	国防合同审计局
Defense Media Activity	防务宣传局
Defense POW/Missing Personnel Office	国防部战俘及失踪人员办公室
Defense Program Review Committee	防务计划评估委员会
Defense Security Assistance Agency	国防安全援助局
Department of Foreign Affairs	外交部
Department of State	国务院
Department of the Navy	海军部
Deputy Assistant Secretary of State	助理国务卿帮办
Deputy National Security Advisor	国家安全事务助理帮办
Deputy Secretary of State	常务副国务卿
Deputy Under Secretary of State for Political Affairs	主管政治事务的副国务卿帮办
desk officer	业务负责人
Devil's Advocate	唱反调者
diagonal coordination	交叉协调
DIME	外交、信息、军事、经济

续表

diplomatic policy	外交政策
Director for International Security and Assistance Affairs	国际安全与援助事务主任
Director of Central Intelligence	中央情报总监
DoD Field Activities	国防部专业机构
East Asia Informal	东亚非正式会晤
ECCD	欧洲司令部文职副司令
Economic Growth, Energy, and the Environment	经济增长、能源与环境
Embassy Support Group	使馆保障组
end state	最终状态
ePRTs	嵌入式省重建工作队
EU	欧盟
ExComm	执行委员会
Executive Core Group	执行核心组
faculty advisors	学术顾问
Foreign Affairs Manual	外交事务手册
foreign policy analysis	外交政策分析
Foreign Policy Inputs	外交政策输入
foreign service officers	外交官
foreign service professionals	驻外使、领馆人员
foreign service specialists	外事专员
Freeing the Iraqi People	解放伊拉克人民
Functions of the Department of Defense and Its Major Components	国防部及其主要机构职能
Future ofIraq	伊拉克未来
General Accounting Office	总审计署
Global Peace Operations Initiative	全球和平行动倡议
Global Security Contingency Fund, GSCF	全球安全应急基金
Goldwater-Nichols Act	戈德华特—尼科尔斯法案
Government Accountability Office, GAO	美国政府问责署
group thinking	小团体思维
gut player	靠直觉出牌的人

续表

Head of the Navy General Board	海军总委员会首长
Homeland Security Council	国土安全委员会
horizontal coordination	横向协调
House Armed Services Committee	众议院武装力量委员会
Interagency Action Group	跨部门行动组
Interagency Coalition Working Group	跨部门联盟工作组
interagency cooperation	跨部门合作
Interagency Energy Infrastructure Working Group	跨部门能源基础设施工作组
Interagency Executive Steering Group	跨部门执行领导组
Interagency Humanitarian/Reconstruction Group	跨部门人道主义与重建组
InteragencyIraq Political-Military Cell	跨部门伊拉克政治—军事核心小组
Interagency Management System	跨部门管理系统
Interagency Policy Committee	跨部门政策委员会
Interagency Working Groups	部际工作组
Interdepartmental Groups	跨部门工作组
Interdepartmental Regional Groups	跨部门地区工作组
IPC	一体化计划核心小组
Iraqi Reconstruction Management Office	伊拉克重建管理办公室
J1	人力人事部
J2	情报部
J3	作战部
J4	后勤部
J5	战略计划与政策部
J6	指挥、控制、通信与计算机/网络部
J7	作战计划与联合部队发展部
J8	部队结构、资源与评估部
J9, Pacific Outreach Directorate	太平洋外联部
Jackson Subcommittee	杰克逊分委会
JIACGs	联合跨部门协调组
JIATF-South	南部联合跨部门特遣部队
JIATF-Iraq	伊拉克联合跨部门特遣部队

续表

JIATF-West	西部联合跨部门特遣部队
Joint Board of the Army and the Navy	陆海军联合委员会
Joint Campaign Working Group	联合战役工作组
Joint Chiefs of Staff	参谋长联席会议
Joint Staff	联合参谋部
Joint State and Navy Neutrality Board	国务院与海军部联合中立委员会
Landon Lecture	兰顿讲话
Letter of Instruction	命令状
LOO Core	行动路线核心组
Management	管理
Management and Resources	管理与资源
McCarthyism	麦卡锡主义
military assistance advisory group, MAAG	军援顾问团
MNF-I	伊拉克多国部队
Mosul	摩苏尔
Munitions Board	军火委员会
National Military Establishment	国家军事机构
National Security Directive 1	第一号国家安全命令
National Security Presidential Directive 24	第 24 号国家安全总统令
National Security Staff, NSS	国家安全工作班子
National Security Study Memorandum	国家安全研究备忘录
Northern Watch	北方瞭望
NSC Planning Board	国家安全委员会计划委员会
NSC Staff	国家安全委员会工作班子
NSPD 36	第 36 号国家安全总统令
NSPD 44	第 44 号国家安全总统令
NSPD-1	第一号国家安全总统令
OAS	美洲国家组织
Office of Civilian Response Operations	民间反应行动办公室
Office of Conflict Prevention	冲突预防办公室
Office of Global Communications	全球传播办公室

续表

Office of Naval Operations	海军作战办公室
Office of Planning	计划办公室
Office of Reconstruction and Humanitarian Assistance，ORHA	重建与人道主义援助办公室
Office of Reconstruction and Stabilization	重建及稳定办公室
Office of the Secretary of Defense	国防部长办公厅
Operations Center	行动中心
Operations Coordinating Board	行动协调委员会
Operations Transition Working Group	作战交接工作组
OPLAN 1003	第 1003 号作战计划
OPORD 11 – 01	第 11—01 号作战命令
organizational behavior	组织行为
OSCE	欧洲安全与合作组织
output	输出
Paper DC	副主官委员会文件流转
paper mill	造纸厂
Paper PC	主官委员会文件流转
Phase IV	第四阶段
PM	国务院政治军事事务司
POLAD	政治顾问
Policy Planning Staff	政策规划司
Policy Review Committee	政策审查委员会
Policy Review Group	政策审查小组
political advisor	政治顾问
Political Affairs	政治事务
Political Military Affairs Staff	主管军政事务的工作班子
Political Process Model	政治过程模型
Political-Military Implementation Plan	军、政执行方案
Political-Military Strategic Planning Team	政治—军事战略计划组
Pol-Mil Action Team，PMAT	政治—军事行动组
Powell Doctrine	鲍威尔主义

续表

PPD – 1	第一号总统政策令
Presidential Decision Directive 56	第 56 号总统决策令
Presidential Decision Directive/NSC – 2	第二号总统决策令
Principal Deputy	第一帮办
Promote Cooperation	促进合作
Provincial Development Council	省发展委员会
Provincial Reconstruction Teams	省重建工作队
Psychological Strategy Board	心理战略委员会
public circle	公共层次
Public Diplomacy and Public Affairs	公共外交与公共事务
Quadrennial Defense Review	四年防务评估
Quadrennial Diplomacy and Development Review	四年外交与发展评估
Reformation	改革
Research and Development Board	研发委员会
resilience policy	弹性政策
Revolution in Military Affairs	新军事变革
roles	角色
RSO	驻伊使馆地区安全官
Secretary of State	国务卿
Secretary to the Department of Foreign Affairs	外交部长
Senate Foreign Relations Committee	参议院外交关系委员会
Senior Interagency Group	高级部际小组
Senior Interdepartmental Group	高级跨部门工作组
Senior Leader Forum	高级领导者论坛
Senior Review Group	高级审查小组
Senior Staff	高级幕僚
seventh floor principals	七楼长官
Shared Spaces	全球共享空间
Smart Sanction	灵巧制裁
Southern Watch	南方瞭望
Special Arms Control Policy Group	军备控制政策特别工作组

续表

Special Assistant for Interagency Affairs	跨部门事务特别助理
Special Coordinating Committee	特别协调委员会
Stabilization	维稳
Staff assistants	幕僚助理
Standard Operation Procedure，SOP	标准作业程序
Standing Liaison Committee	常设联络委员会
State Liaison Section	国务院联络处
State-Army-Navy-Air Force Coordinating Committee	国务院、陆、海、空军协调委员会
subculture	亚文化
textbook player	墨守成规的人
The Brownlow Commission	布朗洛委员会
The Commission on Government Organization	政府组织委员会
The Committee for Foreign Affairs	外交事务委员会
The Committee of Secret Correspondence	秘密通讯委员会
the country team	驻在国团队
The Eberstadt Report	埃伯斯塔特报告
The Joint Army and Navy Board	陆海军联合委员会
the Military Committee	军事委员会
The National Security Resources Board	国家安全资源委员会
theNorth Atlantic Council	北大西洋理事会
TheRogers Act	罗杰斯法案
the Staff	幕僚
The State-War-Navy Coordinating Committee	国务院、陆军部、海军部协调委员会
Under Secretaries Committee	副部长委员会
Under Secretary of State	副国务卿
USCENTCOM Iraq Transition Working Group	美国中央司令部伊拉克交接工作组
USCENTCOM J5	美国中央司令部战略计划部
USF-I J3	驻伊美军部队作战部
USF-I J4	驻伊美军部队后勤部
USF-I J7	驻伊美军部队基地发展部
Verification Panel	核查小组

vertical coordination	纵向协调
War Council	战争委员会
War Department	陆军部
Washington Special Actions Group	华盛顿特别行动小组
Where you stand depends on where you sit.	位置决定立场。
whole of government	整体政府

参考文献

英文部分

1. 美国政府官方文件和报告

Best, Richard A. Jr. , *The National Security Council：An Organizational Assessment*, CRS Report RL30840, Washington, DC：Congressional Research Service, January 2011.

Bush, George W. , "Management of Interagency Efforts Concerning Reconstruction and Stabilization", NSPD – 44, December 7, 2005, available at：www. fas. org/irp/offdocs/nspd/nspd – 44. html.

Bush, George W. , "National Security Presidential Directive 1", available at：http：//www. fas. org/irp/offdocs/nspd/nspd – 1. htm.

Bush, George W. , "State of the Union Address", 28 January 2003, *Washington Post*, 29 January 2003.

Carter, Jimmy, "Presidential Directive/NSC – 2", *Fateful Decisions：Inside the National Security Council*, eds. by Karl F. Inderfurth & Lock K. Johnson, New York：Oxford University Press, 2004.

Clinton, Hillary Rodham, *Leading Through Civilian Power：The First Quadrennial Diplomacy and Development Review*, U. S. State Department, 2010.

Clinton, William J. , "PDD/NSC 56：Managing Complex Contingency Operations", May 1997, available at：https：//www. fas. org/irp/

offdocs/pdd56. htm.

Commission on Wartime Contracting inIraq and Afghanistan, *Transforming Wartime Contracting*: *Controlling Costs*, *Reducing Risks*, Washington D. C. : Commission on Wartime Contracting in Iraq and Afghanistan, August 2011.

Congress Research Service, "Report by the Commission on the Organization of Government for the Conduct of Foreign Policy", available at: http: // research. policyarchive. org/20213. pdf.

Dale, Catherine, Nina M. Serafino & Pat Towell, *Organizing the U. S. Government for National Security*: *Overview of the Interagency Reform Debates*, CRS Report RL34455, Washington, DC: Congressional Research Service, April 2008.

Department of Defense, "Military Support for Stability, Security, Transition, and Reconstruction, SSTR Operations ", Directive Number 3000. 05, November 28, 2005, available at: https: //www. fas. org/irp/ doddir/dod/d3000_ 05. pdf.

Gates, Robert M. , "Report to Congress on the Implementation of DoD Directive 3000. 05 Military Support for Stability, Security, Transition and Reconstruction, SSTR Operations", April 1, 2007, available at: http: //policy. defense. gov/portals/11/Documents/solic/Congressional _ Report_ on_ DoDD_ 3000 – 05_ Implementation_ final_ 2. pdf.

General Accounting Office, *Department of State*: *Status of Achieving Key Outcomes and Addressing Major Management Challenges*, GAO – 02 – 42, December 2001.

Gore, Albert, *Department of State and U. S. Information Agency*: *Accompanying Report of the National Performance Review*, Washington, DC: Office of the Vice President, 1993.

Government Accountability Office, *Interagency Collaboration*: *Key Issues for Congressional Oversight of National Security Strategies, Organizations, Workforce, and Information Sharing*, GAO – 09 – 904SP, Sept. 2009.

Government Accountability Office, *Managing For Results: Barriers to Interagency Coordination*, GAO/GGD – 00 – 106, March 2000.

Government Accountability Office, *National Security: An Overview of Professional Development Activities Intended to Improve Interagency Collaboration*, GAO – 11 – 108, November 2010.

Government Accountability Office, *National Security: Key Challenges and Solutions to Strengthen Interagency Collaboration*, GAO – 10 – 822T, June 2010.

Government Accountability Office, *Opportunities to Reduce Potential Duplication in Government Programs, Save Tax Dollars, and Enhance Revenue*, GAO – 11 – 318SP, March 2011.

Government Accountability Office, *Provincial Reconstruction Teams in Afghanistan and Iraq*, GAO – 09 – 86R, October 2008.

Government Accountability Office, *Results-Oriented Government: Practices That Can Help Enhance and Sustain Collaboration Among Federal Agencies*, GAO – 06 – 15, October 2005.

House Armed Services Committee hearing transcript, "Building Partnership Capacity and Development of the Interagency Process", April 15, 2008, available at: http://armedservices. house. gov/pdfs/FC041508/Gates-Testimony041508. pdf.

Jackson Subcommittee, "Organizing for National Security", *Fateful Decisions: Inside the National Security Council*, eds. by Karl F. Inderfurth & Loch K. Johnson, New York: Oxford University Press, 2004.

Joint Chiefs of Staff, *Joint Staff Participation in Interagency Affairs*, CJCSI 5715. 01C, 18 January 2012, available at: www. dtic. mil/cjcs_ directives/cdata/unlimit/5715_ 01. pdf.

Kaiser, Frederick M. , *Federal Interagency Coordinative Mechanisms: Varied Types and Numerous Devices*, CRS Report RL31357, Washington, DC: Congressional Research Service, July 2002.

Kaiser, Frederick M. , *Formal Interagency Collaborative Arrangements and Activities*, CRS Report R41803, Washington, DC: Congressional Research Service, May 2011.

National Commission on Terrorist Attacks, *The 9/11 Commission Report: Final Report of the National Commission on Terrorist Attacks Upon the United States*, New York: Cosimo, Inc. , 2010.

Obama, Barack "Presidential Policy Directive – 1: Organization of the National Security System", *White House Memorandum & PPD*, February 13, 2009, available at: http://www. politico. com/pdf/PPM118_090226_ policy_ directive. pdf.

Perito, Robert M. , *Provincial Reconstruction Teams in Iraq*, Washington DC: United States Institute of Peace, March 2007.

Perito, Robert M. , *The U. S. Experience with Provincial Reconstruction Teams in Afghanistan: Lessons Identified*, Washington DC: United States Institute of Peace, 2005.

Ploch, Lauren, *Africa Command: U. S. Strategic Interests and the Role of the U. S. Military in Africa*, CRS Report RL34003, Washington, DC: Congressional Research Service, July 2011.

President's Committee on Administrative Management, *Report of the President's Committee on Administrative Management*, Washington: US Government Printing Office, 1937.

Senate Foreign Relations Committee, " Strengthening National Security through Smart Power—a Military Perspective", March 5, 2008, available at: http://www. gpo. gov/fdsys/pkg/CHRG – 110shrg45518/pdf/CHRG – 110shrg45518. pdf.

Senior State Department Official, "Background Briefing on the Establishment of the Department of State's Bureau of Conflict and Stabilization Operations", November 22, 2011, available at: http://www. state. gov/j/cso/releases/remarks/2011/177688. htm.

Serafino, Nina M. , Catherine Dale & Pat Towell, *Building Civilian Interagency Capacity for Missions Abroad*: *Key Proposals and Issues for Congress*, CRS Report R42113, Washington, DC: Congressional Research Service, February 2012.

Special Inspector General for Iraq Reconstruction, *Hard Lessons*: *The Iraq Reconstruction Experience*, Washington, D. C. : U. S. Government Printing Office, 2009.

United States Commission on Organization of the Executive Branch of the Government, 1947 - 1949, *The Hoover Commission Report*: *On Organization of the Executive Branch of the Government*, New York: McGraw-Hill, 1949.

United States Joint Forces Command, *Commander's Handbook for the Joint Interagency Coordination Group*, *JIACG*, USJFCOM Joint Warfighting Center, Joint Innovation & Experimentation Directorate, 1 March 2007.

U. S. Department of Defense, *Functions of the Department of Defense and Its Major Components*, Washington, D. C. , Department of Defense Directive 5100. 01, December 21, 2010, available at: www. dtic. mil/whs/directives/corres/pdf/510001p. pdf.

U. S. Department of Defense, "Landon Lecture, Kansas State University", available at: http://www. defense. gov/speeches/speech. aspx? speechid = 1199.

U. S. Department of State, *FAM* 400: *Political*, *Economic and Intelligence Functional Bureaus*, March 11, 2015, available at: http://www. state. gov/documents/organization/84162. pdf.

U. S. Department of State, *Foreign Affairs Manual* 110: *Statements of Common Responsibilities of Regional Bureaus*, March 28, 2012, available at: http://www. state. gov/documents/organization/84162. pdf.

U. S. Joint Chiefs of Staff, *Interagency*, *Intergovernmental Organization*, *and Nongovernmental Organization Coordination During Joint Operations*, Joint Pub 3 - 08, Vol. I, Washington, DC: March 17, 2006, available at: www. dtic. mil/doctrine/new_ pubs/jp3_ 08. pdf.

U. S. Joint Chiefs of Staff, *Interorganizational Coordination during Joint Operations*, Joint Publication 3 - 08, Washington, DC: 24 June 2011, available at: http://www. dtic. mil/doctrine/new_ pubs/jp3_ 08. pdf.

2. 国外学者著作和论文

Agarwal, R. D., *Organization and Management*, New Delhi: Tata McGraw-Hill Education, 1982.

Allison, Graham T. & Morton H. Halperin, "Bureaucratic Politics: A Paradigm and Some Policy Implications", in Rayond Tanter & Richard H. Ullman, eds., *International Relations*, Princeton: Princeton University Press, 1972.

Allison, Graham T., *Essence of Decision: Explaining Cuban Missile Crisis*, Boston: Little, Brown and Company, 1971.

Allison, Graham T., *Essence of Decision: Explaining the Cuban Missile Crisis*, Second Edition, New York: Addison Wesley Longman Inc., 1999.

Alvarez, David J., *Bureaucracy and Cold War Diplomacy: The United States and Turkey*, *1943 - 1946*, Thessalonicki: Institute for Balkan Studies, 1980.

Anderson, Malcolm & Joanna Apap, *Striking a Balance between Freedom Security and Justice in an Enlarged European Union*, Brussels: Center for European Policy Studies, 2002.

Arbor, Ann, *Organizing for Foreign Policy Crises: Presidents, Advisers, and the Management of Decision Making*, MI: University of Michigan Press, 2002.

Arkes, Hadley, *Bureaucracy, The Marshall Plan, and the National Interest*, Princeton: Princeton University Press, 1973.

Arnas, Neyla, Charles Barry & Robert B. Oakley, *Harnessing the Interagency for Complex Operations*, Fort Lesley McNair, Washington: Center for Technology and National Security Policy, National Defense University, August 2005.

Art, Robert J. , "A Critique of Bureaucratic Politics", *American Defense Policy*, 7th Edition, eds. by Peter L. Hays, Brenda J. Vallance & Alan R. Van Tassel, Baltimore: The Johns Hopkins University Press, 1997.

Auger, Vincent A. , "The National Security Council System after the Cold War", *Fateful Decisions: Inside the National Security Council*, eds. by Karl F. Inderfurth & Loch K. Johnson, New York: Oxford University Press, 2004.

Bacchus, William I. , *Foreign Policy and the Bureaucratic Process*: The State Department's Country Director System, Princeton, New Jersey: Princeton University Press, 1974.

Badio, Dina, "Groupthink, Iraq, and the War on Terror: Explaining US Policy Shift toward Iraq", *Foreign Policy Analysis*, Vol. 6, No. 4, October 2010.

Baker, James A. III, *The Politics of Diplomacy*, New York: G. P. Putnam's Sons, 1995.

Bartholomees, J. Boone, *The U. S. Army War College Guide to National Security Issues: National Security Policy and Strategy*, Carlisle Barracks, PA: Strategic Studies Institute, 2010.

Bartran, James R. , *PDD – 56 – 1: Synchronizing Effects; Beyond the Pol/*

Mil Plan, Carlisle Barracks, PA: U. S. Army War College, 2000.

Belote, Howard D. , "Proconsuls, Pretenders, or Professionals? The Political Role of Regional Combatant Commanders", *Essays 2004: Chairman of the Joint Chiefs of Staff Strategy Essay Competition*, Washington DC: National Defense University Press, 2004.

Bender, Jonathan and Thomas Hammond, "Rethinking Allison's Models", *American Politics Science Review*, Vol. 86, No. 2, June 1992.

Bob Woodward, *Bush at War*, New York: Simon and Schuster, 2002.

Bogdanos, Matthew, "Transforming Joint Interagency Coordination: The Missing Link Between National Strategy & Operational Success", Center for Technology and National Security Policy, August 2007, available at: www. dtic. mil/get-tr-doc/pdf? AD = ADA471256.

Boyer, Paul S. , *The Oxford Encyclopedia of American Military and Diplomatic History*, New York: Oxford University Press, 2013.

Bradford, James C. , A Companion to American Military History, New York: John Wiley & Sons, 2009.

Brennan, Richard, et al. , *Ending the U. S. War in Iraq: The Final Transition, Operational Maneuver, and Disestablishment of United States Forces-Iraq*, Santa Monica, Ca: Rand Corporation, 2013.

Buchanan, Patrick J. , *Where the Right Went Wrong: How Neoconservatives Subverted the Reagan Revolution and Hijacked the Bush Presidency*, New York: St. Martin's Press, 2004.

Bundy, McGeorge, "Letter to Jackson Subcommittee", *Fateful Decisions: Inside the National Security Council*, eds. by Karl F. Inderfurth & Loch K. Johnson, New York: Oxford University Press, 2004.

Burke, John P. , *Honest Broker?: The National Security Advisor and Presidential Decision Making*, College Station: Texas A&M University Press, 2009.

Burke, John P. , "The Contemporary Presidency: Condoleezza Rice as NSC Advisor: A Case Study of the Honest Broker Role", *Presidential Studies Quarterly*, Vol. 35, No. 3, Sept. 2005.

Burke, John P. , "The Obama National Security System and Process: At the Sixth Month Mark", available at: http: //whitehousetransitionproject. org/ resources/briefing/SixMonth/Burke-6months-review = aug. pdf.

Burt, Sally & Daniel Añorve, *Global Perspectives on US Foreign Policy: From the Outside In*, New York: Palgrave Macmillan, 2013.

Bush, George & Brent Scowcroft, *A World Transformed*, New York: Alfred A Knopf, 1998.

Buss, John C. , "The State Department Office of Reconstruction and Stabilization and Its Interaction with the Department of Defense", available at: http: //smallwarsjournal. com/documents/buss. pdf.

Campbell, John Franklin, *The Foreign Affairs Fudge Factory*, New York: Basic Books, 1971.

Carstensen, Peter H. & Ulrika Snis, "On Knowledge Management: A Field Study", in David G. Schwartz, Monica Divitini & Terje Brasethvik, eds. by *Internet-Based Organizational Memory and Knowledge Management*, London: Idea Group Publishing, 2000.

Chun, Clayton K. S. & Frank L. Lones, "Learning to Play the Game: The National Security Policymaking Process", *Affairs of State: The Interagency and National Security*, ed. by Gabriel Marcella, Carlisle, PA: U. S. Army War College, 2008.

Clinton, Hillary Rodham, *Hard Choices: A Memoir*, London: Simon & Schuster, 2014.

Cockburn, Andrew, *Rumsfeld: An American Tragedy*, New York: Scribner, 2007.

Cohen, Stephen D. , *The Making of United States International Economic*

Policy, New York: Praeger, 1977.

Cowden, Anthony, *The Naval Institute Almanac of the U. S. Navy*, Annapolis, MD: Naval Institute Press, 2005.

Cutler, Robert, "The Development of the National Security Council", *Foreign Affairs*, Vol. 34, No. 3, April 1956.

Daalder, Ivo & I. M. Destler, "The Role of the National Security Advisor", Washington, DC: The Brookings Institution, October 25, 1999.

Daalder, Ivo H. and I. M. Destler, *In the Shadow of the Oval Office: Profiles of the National Security Adviser and the Presidents They Served—From JFK to George W. Bush*, New York: Simon & Schuster, 2009.

Davis, Geoffrey C. & John F. Tierney, "The Need for Interagency Reform: Congressional Perspective and Efforts", *Interagency Journal*, Vol. 3, Issue 1, Winter 2012.

Destler, I. M., "Donilon to the Rescue?: The Road Ahead for Obama's Next National Security Advisor", available at: http://www.foreignaffairs.com/articles/66772/i-m-destler/donilon-to-the-rescue.

Destler, I. M., *Presidents, Bureaucrats and Foreign Policy: The Politics of Organizational Reform*, Princeton, NJ: Princeton University Press, 1972.

Destler, I. M., "The Presidency and National Security Organization", *The National Security, Its Theory and Practice: 1945 – 1960*, ed. by Norman A. Graebner, New York: Oxford University Press, 1986.

DeYoung, Karen, "Obama's NSC Will Get New Power", available at: http://www.washingtonpost.com/wp-dyn/content/article/2009/02/07/AR2009020702076.html? hpid = topnews.

DeYoung, Karen, *Soldier: The Life of Colin Powell*, New York: Knopf, 2006.

Dolan, Chris J. & David b. Cohen, "The War About the War: Iraq and the Politics of National Security Advising in the G. W. Bush Administration's First Term", *Politics & Policy*, Vol. 34, No. 1, March 2006.

Dorman, Shawn, ed., *Inside a U. S. Embassy: How the Foreign Service Works for America*, Washington DC: American Foreign Service Association, 2005.

Dreschsler, Donald R., "Reconstructing the Interagency Process after Iraq", *Journal of Strategic Studies*, Vol. 28, No. 1, February 2005.

Drezner, Daniel W., *Avoiding Trivia: The Role of Strategic Planning in American Foreign Policy*, Washington, D. C. : Brookings Institution Press, 2009.

Drolet, John D., *Provincial Reconstruction Teams: Afghanistan vs. Iraq— Should We Have a Standard Model?* Carlisle Barracks, Pennsylvania: U. S. Army War College, 2006.

Dyson, Stephen Benedict, " 'Stuff Happens': Donald Rumsfeld and the Iraq War", *Foreign Policy Analysis*, Vol. 5, No. 4, October 2009.

Dzimbiri, Lewis B., *Organization and Management Theories: An African Focus*, Göttingen: Cuvillier Verlag, 2009.

Eberstadt, Ferdinand, "Postwar Organization for National Security", *Fateful Decisions: Inside the National Security Council*, eds. by Karl F. Inderfurth & Loch K. Johnson, New York: Oxford University Press, 2004.

Eberstadt, Ferdinand, *Unification of the War and Navy Departments and Postwar Organization for National Security: Report to Hon. James Forrestal, Secretary of the Navy*, Washington: U. S. Government Printing Office, 1945.

Elder, Robert Ellsworth, *The Policy Machine: The Department of State and American Foreign Policy*, New York: Syracuse University Press, 1960.

Estes, Thomas S. & E. Allan Lightner, *The Department of State*, New York: Praeger Publishers, 1976.

Falk, Stanley L., "The NSC under Truman and Eisenhower", *Fateful Decisions: Inside the National Security Council*, eds. by Karl F. Inderfurth & Loch K. Johnson, New York: Oxford University Press, 2004.

Fallows, James, "Blind into Baghdad", *The Atlantic Monthly*, Vol. 293, No. 1, Jan. – Feb., 2003.

Feith, Douglas J., *War and Decision: Inside the Pentagon at the Dawn of the War on Terrorism*, New York: HarperCollins Publishers Inc., 2008.

Feld, Werner J., *American Foreign Policy: Aspirations and Reality*, New York: John Wiley, 1984.

Finney, John D. & Alphonse F. La Porta, "Integrating National Security Strategy at the Operational Level: The Role of State Department Political Advisors", *Affairs of State: The Interagency and National Security*, ed. by Gabriel Marcella, Carlisle, PA: U. S. Army War College, 2008.

Fishel, John T., "The Interagency Arena at the Operational Level: The Cases Now Known as Stability Operations", *Affairs of State: The Interagency and National Security*, ed. by Gabriel Marcella, Carlisle, PA: U. S. Army War College, 2008.

Forsythe, David P., Patrice C. MacMahon & Andrew Wedeman, *American Foreign Policy in a Globalized World*, New York: Routledge, 2006.

Fuchs, Ralph F., "The Hoover Commission and Task Force Reports on Legal Services and Procedure", *Indiana Law Journal*, Vol. 31, Iss. 1, Article 1, 1955, available at: http://www.repository.law.indiana.edu/ilj/vol31/iss1/1.

Gabriel Marcella, "Nationall Security and the Interagency Process", *Guide to National Security Policy and Strategy*, 2nd Edition, ed. by J. Boone Bartholomees, Carlisle, PA: U. S. Army War College, June 2006.

Gaddis, John, *Surprise, Security, and the American Experience*, Cambridge, MA: Harvard University Press, 2004.

Garthoff, Raymond L., *A Journey through the Cold War: A Memoir of Containment and Coexistence*, Washington, D. C.: Brookings Institution Press, 2001.

Gates, Robert M., *Duty: Memoirs of a Secretary at War*, New York: Alfred A. Knopf, 2014.

Gelb, Leslie, *The Irony of Vietnam: The System Worked*, Washington, DC: Brookings Institution, 1979.

George, Alexander, *Presidential Decisionmaking in Foreign Policy*, Boulder, CO: Westview Press, 1980.

George, Roger Z., Harvey Rishikof, eds., *The National Security Enterprise: Navigating the Labyrinth*, Washington DC: Georgetown University Press, 2011.

Glain, Stephen, "The American Leviathan", *The Nation*, September 28, 2009.

Goldberg, Alfred, Steven L. Rearden & Doris M. Condit, *History of the Office of the Secretary of Defense*, 6 Volumes, Washington DC: Office of the Secretary of Defense, 2011.

Goldberg, Alfred, Steven L. Rearden & Doris M. Condit, *History of the Office of the Secretary of Defense: The Formative Years, 1947 – 1950*, Washington DC: Government Printing Office, 1984.

Goldstein, Joel K., "Cheney, Vice Presidential Power, and the War on Terror", *Presidential Studies Quarterly*, Vol. 40, No. 1, March 2010.

Graebner, Norman A., *The National Security: Its Theory and Practice, 1945 – 1960*, New York: Oxford University Press, 1986.

Graham, Bradley, *By His Own Rules: The Ambitions, Successes, and Ultimate Failures of Donald Rumsfed*, New York: PublicAffairs, 2009.

Greenstein, Fred I. & Richard H. Immerman, "Effective National Security Advising: Recovering the Eisenhower Legacy", *Fateful Decisions: Inside the National Security Council*, eds. by Karl F. Inderfurth & Loch K. Johnson, New York: Oxford University Press, 2004.

Gundersen, Jon, "Protecting U. S. National Interests: The Role of the Ambassador and the Country Team", *Small Warfare*, Vol. 11, No. 4, Fall 1998.

Halper, Stefan & Jonathan Clarke, *America Alone: The Neo-Conservatives and the Global Order*, Cambridge: Cambridge University Press, 2004.

Halperin, Morton H. & Priscilla Clapp, *Bureaucratic Politics and Foreign Policy*, Washington DC: Brookings Institution Press, 2006.

Halperin, Morton H., "The Decision to Deploy the ABM: Bureaucratic Politics and Domestic Politics in the Johnson Administration", *World Politics*, Vol. 25, No. 1, October 1972.

Haney, Patrick J., "The Nixon Administration and Middle East Crises: Theory and Evidence of Presidential Management of Foreign Policy Decision Making", *Political Research Quarterly*, Vol. 47, No. 4, Dec. 1994.

Hart, Paul T, Karen Tindall & Christer Brown, "Crisis Leadership of the Bush Presidency: Advisory Capacity and Presidential Performance in the Acute Stages of the 9/11 and Katrina Crises", *Presidential Studies Quarterly*, Vol. 39, No. 3, September 2009.

Hassen, Farrah, "New State Department Releases on the 'Future of Iraq' Project", available at: http: //www2. gwu. edu/ ~ nsarchiv/NSAEBB/ NSAEBB198/.

Hearn, James J., *Departments of State and Defense—Partners in Post-Conflict Operations, Is This the Answer for Past Failures?* Carlisle Barracks, PA: U. S. Army War College, March 2006.

Hernandorena, Carlos, "U. S. Provincial Reconstruction Teams in Afghanistan, 2003 – 2006: Obstacles to Interagency Cooperation", *Interagency and Counterinsurgency Warfare: Stability, Security, Transition, and Reconstruction Roles*, eds. by Joseph R. Cerami and Jay W. Boogs, Carlisle, PA: Strategic Studies Institute, U. S. Army War College, 2007.

Hilsman, Roger, Laura Gaughran & Patricia A. Weitsman, *The Politics of Policy Making in Defense and Foreign Affairs: Conceptual Models and Bureaucratic Politics*, 3rd Edition, Eaglewood Cliffs: Prentice-Hall, Inc. , 1993.

Hilsman, Roger, *To Move a Nation*, New York: Doubleday, 1967.

Hudson, Valerie M. & Christopher S. Vore, "Foreign Policy Analysis: Yesterday, Today, and Tomorrow", *Mershon International Studies Review*, Vol. 39, No. 2, Oct. , 1995.

Huntington, Samuel P. , *The Common Defense: Strategic Programs in National Politics*, New York: Columbia University Press, 1961.

Hybel, Alex Roberto & Justin Matthew Kaufman, *The Bush Administrations and Saddam Hussein: Deciding on Conflict*, New York: Palgrave Macmillan, 2006.

Inderfurth, Karl F. & Loch K. Johnson, eds. , *Fateful Decisions: Inside the National Security Council*, New York: Oxford University Press, 2004.

Irwin, Lew, "Filling Irregular Warfare's Interagency Gaps", *Parameters*, Vol. 39, No. 3, Autumn 2009.

Jackson, Henry M. , *The National Security Council: Jackson Subcommittee Papers on Policy-Making at the Presidential Level*, New York: F. A. Praeger, 1965.

Jackson, Michael Gordon, "A Dramatically Different NSC? President Obama's Use of the National Security Council", Paper prepared for the presentation at the Annual Meeting of the Western Political Science Association, Portland, Oregon, March 22 – 24, 2012, available at: http: //wpsa. research. pdx. edu/meet/2012/jacksonmichael. pdf.

Johnson, Richard Tanner, *Managing the White House: An Intimate Study of the Presidency*, New York: Harper & Row, 1974.

Jordan, Amos A. , William J. Taylor, Jr. , Michael J. Meese & Suzanne C. Nielsen, *American National Security*, Baltimore, MD: Johns Hopkins University Press, 2009.

Kopp, Harry W. & Charles A. Gillespie, *Career Diplomacy: Life and Work in the U. S. Foreign Service*, Washington, DC: Georgetown University Press, 2008.

Krauthammer, Charles, "What Happened to the Powell Doctrine?" *Washington Post*, April 20, 2001.

Kugler, Richard L . , *New Directions in U. S. National Security Strategy, Defense Plans, and Diplomacy: A Review of Official Strategic Documents*, Washington, D. C. : National Defense University Press, 2011.

Lamb, Christopher J. & Edward Marks, *Chief of Mission Authority as a Model for National Security Integration*, Washington, D. C. : National Defense University Press, December 2010.

Lasswell, Harold D. , *Politics: Who Gets What, When and How*, New York: McGraw-Hill, 1938.

Locher, James R. , III, *Victory on the Potomac: The Goldwater-Nichols Act Unifies the Pentagon*, College Station, Texas: Texas A&M University Press, 2002.

Longley, Robert, "About the Government Accountability Office: The Investigative Arm of the U. S. Congress", available at: http: // usgovinfo. about. com/cs/uscongress/a/aboutgao. htm.

Lovell, John P. , *The Challenge of American Foreign Policy: Purpose and*

Adaptation, New York: Collier MacMillan, 1985.

Mann, James, *Rise of the Vulcans: The History of Bush's War Cabinet*, New York: Penguin Books, 2004.

Marcella, Gabriel, *Affairs of State: The Interagency and National Security*, Carlisle Barracks, Pennsylvania: Strategic Studies Institute, 2008.

Marcella, Gabriel, "National Security and the Interagency Process", *U. S. Army War College Guide to National Security Issues*, ed. by J. Boone Bartholomees, Carlisle, PA: U. S. Army War College, 2008.

Marcella, Gabriel, "Understanding the Interagency Process: The Challenge of Adaptation", *Affairs of State: The Interagency and National Security*, ed. by Gabriel Marcella, Carlisle, PA: U. S. Army War College, 2008.

Marsh, David & Gerry Stoker, *Theories and Methods in Political Science*, New York: Palgrave Macmillan, 2010.

May, Ernest R. , "The Development of Political-Military Consultation in the United States", *Fateful Decisions: Inside the National Security Council*, eds. by Karl F. Inderfurth & Loch K. Johnson, New York: Oxford University Press, 2004.

Mazarr, Michael J. , "The Iraq War and Agenda Setting", *Foreign Policy Analysis*, Vol. 3, No. 1, 2007.

McCormick, James, *American Foreign Policy and Process*, Boston: Wadsworth/Cengage Learning, 2013.

McCormick, James M. , *American Foreign Policy and Process*, Fourth Edition, Belmont, CA: Thomson/Wadsworth, 2005.

McCormick, James M. , *The Domestic Sources of American Foreign Policy: Insights and Evidence*, Lanham, Maryland: Rowman & Littlefield Publishers, Inc. , 2012.

Merritt, Richard L. , *Foreign Policy Analysis*, New Brunswick: Transaction Publishers, 1975.

Mitchell, David & Tansa George Massoud, "Anatomy of Failure: Bush's Decision-Making Process and the Iraq War", *Foreign Policy Analysis*, Vol. 5, Issue 3, July 2009.

Mitchell, David, *Making Foreign Policy: Presidential Management of the Decision-making Process*, Burlington VT: Ashgate Publishing Company, 2005.

Moeller, Robert T. & Mary C Yates, "The Road to a New Unified Command", *Joint Force Quarterly*, No. 51, 4th Quarter 2008.

Morgenthau, Hans J., *Politics Among Nations: The Struggle for Power and Peace*, 5th ed., New York: Alfred A. Knopf, 1973.

Nelson, Anna Kasten, "President Truman and the Evolution of the National Security Council", *The Journal of American History*, Vol. 72, No. 2, September 1985.

Neustadt, Richard E., *Presidential Power, The Politics of Leadership*, New York: John Wiley and Sons Inc. , 1976.

Neustadt, Richard E., *Presidential Power: The Politics of Leadership from FDR to Carter*, New York: Wiley, 1980.

Nigro, Louis J. Jr. , "The Department of State and Strategic Integration: How Reinforcing State as an Institution Will Improve America's Engagement with the World in the 21st Century", *Affairs of State: The Interagency and National Security*, ed. by Gabriel Marcella, Carlisle, PA: U. S. Army War College, 2008.

Oakley, Robert B. & Michael Casey, Jr. , "The Country Team: Restructuring America's First Line of Engagement", *Strategic Forum*, No. 227, September 2007.

Odeen, Philip A. , "The Role of the National Security Council in Coordinating and Integrating U. S. Defense and Foreign Policy", *Public Policy and Political Institutions*：*United States Defense and Foreign Policy—Policy Coordination and Integration*，ed. by Duncan L. Clarke，Greenwich，Connecticut：JAI Press Inc.，1985.

O'sullivan，Christopher D.，*Colin Powell*：*American Power and Intervention from Vietnam to Iraq*，Lanham，Maryland：Rowman & Littlefield Publishers，Inc.，2009.

Pfiffner，James P.，"Decision Making in the Obama White House"，*Presidential Studies Quarterly*，Vol. 41，No. 2，June 2011.

Pfiffner，James P.，"President George W. Bush and His War Cabinet"，Prepared for presentation at the conference on "The Presidency，Congress，and the War on Terrorism"，University of Florida，February 7 2003，available at：http：//www. clas. ufl. edu/users/rconley/conferencepapers/Pfiffner. PDF.

Phillips，David L.，*Losing Iraq*：*Inside the Post War Reconstruction Fiasco*，Boulder，CO：Westview，2005.

Phythian，Mark，"The Perfect Intelligence Failure? U. S. Pre-War Intelligence on Iraqi Weapons of Mass Destruction"，*Politics & Policy*，Vol. 34，No. 2，June 2006.

Pillar，Paul R.，"Intelligence，Policy，and the War in Iraq"，*Foreign Affairs*，Vol. 85，No. 2，March-April 2006.

Plischke，Elmer，*U. S. Department of State*：*A Reference History*，Westport，CT：Greenwood Press，1999.

Plumer，Brad，"America's Staggering Defense Budget，in Charts"，available at：http：//www. washingtonpost. com/blogs/wonkblog/wp/2013/01/07/everything-chuck-hagel-needs-to-know-about-the-defense-budget-in-charts/.

Pope，Robert S.，*U. S. Interagency Regional Foreign Policy Implementation*：*A Survey of Current Practice and an Analysis of Options for Improve-*

ment, Maxwell Air Force Base, Alabama: Air University, April 2010.

Powell, Colin, "The NSC Advisor: Process Manager and More", *The Bureaucrat*, Vol. 18, No. 2, Summer 1989.

Prados, John, *Keepers of the Keys: A History of the National Security Council from Truman to Bush*, New York: Morrow, 1991.

Preston, Thomas, *The President and His Inner Circle: Leadership Style and the Advisory Process in Foreign Affairs*, New York: Columbia University Press, 2001.

Raju, R. Satya & A. Parthasarathy, *Management: Text and Cases*, 2nd Ed., New Delhi: PHI Learning Private Limited, 2009.

Rearden, Steven L., *Council of War: A History of the Joint Chiefs of Staff, 1942 - 1991*, Washington D. C.: National Defense University Press, 2012.

Reveron, Derek S., *America's Viceroys: The Military and U. S. Foreign Policy*, New York: Palgrave Macmillan, 2004.

Reveron, Derek S., *Exporting Security: International Engagement, Security Cooperation, and the Changing Face of the U. S. Military*, Washington, D. C.: Georgetown University Press, 2010.

Reveron, Derek S., "Military Diplomacy and the Engagement Activities of Combatant Commanders", *Inside Defense: Understanding the U. S. Military in the 21st Century*, eds. by Derek S. Reveron & Judith Hicks Stiehm, New York: Palgrave Macmillan, 2008.

Ricks, Thomas E., *Fiasco: The American Military Adventure in Iraq*, New York: The Penguin Press, 2006.

Ripley, Randall B. & James M. Lindsay, eds., *US Foreign Policy after the Cold War*, Pittsburg: University of Pittsburg Press, 1997.

Robinson, Linda, *Tell Me How This Ends: General David Petraeus and the Search for a Way Out of Iraq*, New York: Public Affairs, 2008.

Rodman, Peter W. , *Presidential Command: Power, Leadership, and the Making of Foreign Policy from Richard Nixon to George W. Bush*, New York: Alfred A. Knopf, 2009.

Rosati, Jerel A. & James M. Scott, *The Politics of U. S. Foreign Policy*, Boston, MA: Wadsworth, 2011.

Rosati, JerelA. & James Scott, *The Politics of United States Foreign Policy*, New York: Cengage Learning, 2013.

Rosati, Jerel A. , *The Politics of U. S. Foreign Policy*, 3rd ed. , Boston, MA: Wadsworth, 2004.

Rosenau, James N. , "Pretheories and Theories of Foreign Policy", *Approaches to Comparative and International Politics*, ed. by R. Barry Farrell, Evanston, IL: Northwestern University Press, 1966.

Rosenau, James N. , *The Scientific Study of Foreign Policy*, London: Frances Pinter, 1980.

Rosenau, James N. , "The Study of Foreign Policy", *World Politics: An Introduction*, eds. by James N. Rosenau, Gavin Boyd & Kenneth W. Thompson, New York: Free Press, 1976.

Rothkopf, David, *Running the World: The Inside Story of the National Security Council and the Architects of American Power*, New York: Public Affairs, 2005.

Rothkopf, David J. , "Inside the Committee that Runs the World", *Foreign Policy*, No. 147, March/April 2005.

Rothkopf, David. "National Insecurity: Can Obama's Foreign Policy Be Saved?" *Foreign Policy*, September/October 2014, available at: http://foreignpolicy. com/2014/09/09/national-insecurity/.

Rumsfeld, Donald, *Known and Unknown: A Memoir*, New York: Sentinel, 2011.

Sagan, Scott D. , *The Limits of Safety: Organizations, Accidents, and*

Nuclear Weapons, Princeton: Princeton University Press, 1993.

Saideman, Stephen M., "More than Advice? The Joint Staff and American Foreign Policy", *Inside Defense: Understanding the U. S. Military in the 21st Century*, eds. by Derek S. Reveron & Judith Hicks Stiehm, New York: Palgrave Macmillan, 2008.

Sale, Sara L., *Harry S. Truman, The Development and Operations of the National Security Council, and the Origins of United States Cold War Policies*, Ph. D. Dissertation, Norman, Oklahoma: The Graduate College of the Oklahoma State University, May 1991.

Schilling, W. R., P. Y. Hammond & G. H. Snyder, *Strategy, Politics, and Defense Budgets*, New York: Columbia University Press, 1962.

Schmidt, Kjeld, *Cooperative Work and Coordinative Practices: Contributions to the Conceptual Foundations of Computer-Supported Cooperative Work*, CSCW, London: Springer, 2011.

Shapiro, Andrew J., "A New Era in State-Defense Cooperation", August 8, 2012, available at: http://www.state.gov/t/pm/rls/rm/196200.htm.

Shoemaker, Christopher C., *The NSC Staff: Counseling the Council*, Boulder, CO: Westview, 1991.

Shoemaker, Christopher C., "The NSC Staff: Rebuilding the Policy Crucible", *Parameters*, Vol. 19, No. 3, Sept. 1989.

Snow, Donald M. & Eugene Brown, *Puzzle Palaces and Foggy Bottom: U. S. Foreign and Defense Policy-Making in the 1990s*, New York: St. Martin's Press, 1994.

Snyder, Richard, H. W. Bruck & Burton Sapin, *Decision Making as an Approach to the Study of International Politics*, Princeton: Princeton University Press, 1954.

Souers, Sidney W., "Policy Formulation for National Security", *American*

Political Science Review, Vol. 43, No. 3, June 1949.

Spanier, John W. & Eric M. Uslaner, *American Foreign Policy Making and the Democratic Dilemmas*, New York: Macmillan Publishing Company, 1994.

Steers, Howard J. T., *Bridging the Gaps: Political-Military Coordination at the Operational Level*, Newport, RI: Naval War College, 17 May 2001.

Stuart, Douglas, "Constructing the Iron Cage: The 1947 National Security Act", *Affairs of State: The Interagency and National Security*, ed. by Gabriel Marcella, Carlisle, PA: U. S. Army War College, 2008.

Stuart, Douglas T., *Creating the National Security State: A History of the Law That Transformed America*, Princeton, New Jersey: Princeton University Press, 2008.

Swaine, Michael D., *America's Challenge: Engaging a Rising China in the Twenty-First Century*, Washington DC: Carnegie Endowment for International Peace, 2011.

Thomson, James C., "On the Making of U. S. China Policy, 1961 – 1969: A Study in Bureaucratic Politics", *The China Quarterly*, No. 50, April-June 1973.

Trask, Roger R. & Alfred Goldberg, *The Department of Defense, 1947 – 1997: Organization and Leaders*, Washington DC: Office of the Secretary of Defense, 1997.

Trask, Roger R. & John P. Glennon, *The Department of Defense: Documents on Organization and Mission 1978 – 2003*, Washington DC: Government Printing Office, 2008.

Troxell, John F., "PDD – 56: A Glass Half-Full", *U. S. Army War College Guide to National Security Issues*, ed. by J. Boone Bartholomees, Carlisle, PA: U. S. Army War College, 2008.

Wallace, William, *Foreign Policy and the Political Process*, London: Macmillan, 1971.

Ward, William "Kip", "What 'Right' Looks Like in the Interagency: A Commander's Perspective", *Interagency Journal*, Vol. 2, Issue 1, Winter 2011.

Warwick, Donald P. , Marvin Meade & Theodore Reed, *A Theory of Public Bureaucracy: Politics, Personality, and Organization in the State Department*, New York: Harvard University Press, 1979.

Watson, Mark S. , *Chief of Staff: Prewar Plans and Preparations*, Washington DC: Historical Division, Department of the Army, 1950.

Weber, Jeffrey A. & Johan Eliasson, *Handbook of Military Administration*, Boca Raton, FL: CRC Press, 2008.

Weber, Max, *Essays in Sociology*, Translated by H. H. Gerth & C. Wright Mills, New York: Oxford University Press, 1946.

Welch, David A. , "The Organizational Process and Bureaucratic Politics Paradigms: Retrospect and Prospect", *International Security*, Vol. 17, No. 2, Fall 1992.

Whittaker, Alan G. , Frederick C. Smith & Elizabeth Mckune, *The National Security Policy Process: The National Security Council and Interagency System*, Washington, DC: Industrial College of the Armed Forces, National Defense University, October 2011.

Wilson, James Q. , *Bureaucracy: What Government Organizations Do and Why They Do It*, New York: Basic Book, 1989.

Winnefeld, James A. , *Improving Work Force Management in the Department of State: The Program Planning and Budget Interface*, Santa Monica, California: RAND Corporation: 1991.

Wittkopf, Eugene R. , Christopher Martin Jones & Charles W. Kegley, *American Foreign Policy: Pattern and Process*, Belmont, CA: Cengage

Learning，2008.

Woodward，Bob，*Bush at War*，New York：Simon and Schuster，2002.

Woodward，Bob，*Obama's Wars*，New York：Simon & Schuster，2010.

Woodward，Bob，*Plan of Attack*，New York：Simon and Schuster，2004.

Woodward，Bob，*State of Denial*，New York：Simon & Schuster，2006.

Worley，D. Robert，*Shaping U. S. Military Forces：Revolution or Relevance in a Post-Cold War World*，Westport，Connecticut：Praeger Security International，2006.

Yin，Robert K. ，*Case Study Research and Design*，Thousand Oaks，California：Sage Publications，Inc. ，2003.

Zegart，Amy B. ，*Flawed by Design：The Evolution of the CIA*，*JCS*，*and NSC*，Stanford，California：Stanford University Press，1999.

中文部分

1. 著作

陈振明、陈炳辉主编：《政治学：概念、理论和方法》，中国社会科学出版社 2007 年版。

邓鹏、李小兵、刘国力：《剪不断理还乱：美国外交与美中关系》，中国社会科学出版社 2000 年版。

韩召颖：《美国政治与对外政策》，天津人民出版社 2007 年版。

郝雨凡：《白宫决策：从杜鲁门到克林顿的对华政策内幕》，东方出版社 2002 年版。

李学文、杨闯、周卫平主编：《国际政治百科》，北京燕山出版社 1994 年版。

罗竹风主编：《汉语大词典》第 1 卷，上海辞书出版社 1986 年版。

罗竹风主编：《汉语大词典》第 4 卷，上海辞书出版社 1986 年版。

彭光谦主编：《世界主要国家安全机制内幕》，江苏人民出版社 2014 年版。

王鸣鸣：《外交政策分析：理论与方法》，中国社会科学出版社 2008
　年版。

夏玉章主编：《行政管理学》，中山大学出版社 2013 年版。

熊志勇主编：《美国政治与外交决策》，北京大学出版社 2007 年版。

阎学通、孙学峰：《国际关系研究实用方法》，人民出版社 2007
　年版。

燕继荣：《政治学十五讲》，北京大学出版社 2004 年版。

杨洁勉：《后冷战时期的中美关系外交政策比较研究》，上海人民出
　版社 2000 年版。

张骥主编：《世界主要国家国家安全委员会》，时事出版社 2014
　年版。

张康之等：《公共行政学》，经济科学出版社 2002 年版。

张历历：《外交决策》，世界知识出版社 2007 年版。

张清敏：《美国对台军售政策研究：决策的视角》，世界知识出版社
　2006 年版。

周琪主编：《美国外交决策过程》，中国社会科学出版社 2011 年版。

［加］夏尔－菲利普·大卫：《白宫的秘密：从杜鲁门到克林顿的美国
　外交决策》，李旦等译，中国人民大学出版社 1998 年版。

［加］夏尔－菲利普·戴维、路易·巴尔塔扎、于斯丹·瓦伊斯：《美
　国对外政策：基础、主体与形成》，钟震宇译，社会科学文献出版
　社 2011 年版。

［美］赫德里克·史密斯：《权力游戏——华盛顿是如何工作的》，肖
　峰、姬金铎等译，中国人民大学出版社 1991 年版。

［美］约翰·普拉多斯：《掌权者——从杜鲁门到布什》，封长虹译，
　时事出版社 1992 年版。

2. 文章

蔡翔、赵君：《组织内跨部门合作的内涵及其理论阐释》，载《科技
　管理研究》2008 年第 6 期。

豆艳荣：《杜勒斯与美日媾和》，载《历史教学》2004 年第 10 期。

冯玉军：《对外政策研究中的决策理论》，载《世界经济与政治》
2000 年第 2 期。

宫力、门洪华、孙东方：《中国外交决策机制变迁研究（1949 – 2009
年)》，载《世界经济与政治》2009 年第 11 期。

郭永虎：《20 世纪 50 年代美国制定和执行西藏政策的跨部门分析》，
载《东北师大学报》（哲学社会科学版）2011 年第 2 期。

韩召颖、宋晓丽：《美国发动伊拉克战争决策探析——小集团思维理
论的视角》，载《外交评论》2013 年第 2 期。

胡菁菁：《境外中国外交决策机制研究综述》，载《国际政治研究》
2010 年第 4 期。

江澄：《21 世纪初期美国外交机构的调整研究》，外交学院 2010 级硕
士研究生学位论文，2010 年。

冷雪梅：《从"伊拉克门"到"情报门"——美国对萨达姆政权政策
探析》，载《史学集刊》2007 年第 5 期。

李旭：《小布什政府对华政策决策过程中的美国国务院》，复旦大学
硕士学位论文，2009 年。

李志东：《国家安全顾问在美国外交事务中的作用》，载《解放军外
国语学院学报》1998 年第 2 期。

刘建飞：《伊拉克战争与美国的霸权战略》，载《当代世界》2003 年
第 5 期。

刘文锋：《两次台海危机时期美国对台政策研究》，西北师范大学硕
士学位论文，2010 年。

刘文祥：《影响美国对外决策的机构》，载《国际论坛》2000 年第
4 期。

马连淼、李大光：《美军撤退，伊拉克难迎"新曙光"》，载《解放军
报》2010 年 8 月 21 日第 004 版。

沈本秋：《美国对外政策决策的分析——层次、视角与理论模式》，载

《世界经济与政治》2011 年第 4 期。

孙成昊：《奥巴马对美国国家安全委员会的调整评析》，载《国际研究参考》2014 年第 1 期。

孙成昊：《美国国家安全委员会的模式变迁及相关思考》，载《现代国际关系》2014 年第 1 期。

孙迎春：《国外政府跨部门合作机制的探索与研究》载《中国行政管理》2010 年第 7 期。

唐晓：《美国外交决策机制概论》，载《外交学院学报》1996 年第 1 期。

夏立平：《美国国家安全委员会在美对外和对华政策中的作用》，载《国际观察》2002 年第 2 期。

徐艳秋：《决策中层与美国外交决策——肯尼迪和约翰逊政府对华政策解析（1961－1968）》，上海外国语大学博士学位论文，2008 年。

薛晨：《社会心理、错误知觉与美国安全观的转变与实践——以九一一事件和伊拉克战争为例》，载《世界经济与政治》2006 年第 12 期。

袁曦临、刘宇、叶继元：《人文、社会科学学科分类体系框架初探》，载《大学图书馆学报》2010 年第 1 期。

张骥：《比较视野下的国家安全委员会》，载《现代国际关系》2014 年第 3 期。

张清敏：《美国对台军售的官僚政治因素》，载《国际政治科学》2006 年第 1 期。

张清敏：《外交决策的微观分析模式及其应用》，载《世界经济与政治》2006 年第 11 期。

张清敏：《外交政策分析的三个流派》，载《世界经济与政治》2001 年第 9 期。

张清敏：《"小集团思维"：外交政策分析的特殊模式》，载《国际论坛》2004 年第 2 期。

张清敏、罗斌辉：《外交决策模式与美国对台军售政策决定因素分析》，载《美国研究》2006年第3期。

张睿壮：《评美国侵伊战争》，载《南开大学法政学院学术论丛》，天津人民出版社2004年版。

赵光锐：《美国的"战争红利"及其"战争利益集团"》，载《国际论坛》2003年第4期。

赵可金：《中国外交机制创新方法论》，《东方早报》2013年3月19日。

周琪：《"布什主义"与美国新保守主义》，载《美国研究》2007年第2期。

周琪：《官僚政治模式与美国外交决策研究方法》，载《世界经济与政治》2011年第6期。

周志忍：《整体政府与跨部门协同——〈公共管理经典与前沿译丛〉首发系列序》，载《中国行政管理》2008年第9期。

朱婧：《"多方辩护理论"与美国国家安全委员会的决策机制》，载《湖北行政学院学报》2009年第5期。

朱玉知：《跨部门合作机制：大部门体制的必要补充》，载《行政与法》2011年第10期。

后　记

　　此书是在我博士论文的基础上修改而成的。最初选择美国国务院与国防部协调机制为研究对象，主要基于以下考虑：一是攻读博士学位时的研究方向是美国战争与外交决策，在学习和研究过程中，对官僚机构在政策制定过程中的角色和互动产生了浓厚的兴趣；二是美国国务院与国防部在反恐战争中的政策协调暴露出一系列问题，美国政府、智库、媒体等对问题的剖析审查提供了丰富的参考素材；三是我曾在中国国防部外事办公室代职一年，其间耳濡目染，对我国军事外交实践有一些切身体会和感悟。当时选题的直觉判断是，随着中国发展强大，国家利益不断拓展，对外交与军事手段协调必将提出更高的要求，研究美国国务院与国防部协调机制的演变历史、组织架构和运行成效，对我国加强外交与军事协调有积极的启示借鉴意义。后来在撰写论文的过程中，中国成立了国家安全委员会，证明了最初选题的预判是正确的，这也为论文写作提供了强大的动力。

　　论文顺利通过答辩后，喜获 2016 年河南省优秀博士论文。欣喜之余，我与中国社会科学出版社的罗莉编审联系出版事宜，并签订出版合同。我原本打算认真修改完毕后尽快付梓，但其间各种事务扑面而来，令我应接不暇，无奈修改工作只能一拖再拖。年初，罗莉编审告诉我，她即将退休，并将论文出版事宜转交陈雅慧编辑负责。我深感惭愧之余，对罗莉编审的认真负责表示诚挚的谢意，对陈雅慧编辑的辛勤工作表达衷心感谢。

　　在此书即将付梓之际，我也向给予我帮助的恩师、领导、同事、学生和家人表示衷心感谢。

　　首先要感谢我的导师李志东教授，他为人低调，求真务实，他的博学、智慧和一丝不苟的治学精神让我钦佩，他的指导和建议常常令我茅塞顿开，他批改论文时的严谨细致常令我惭愧不已……总之，李教授在做人、做学问方面给我树立了榜样，时刻激励着我追求卓越。我还要感谢潘志高教授对我的教导、鼓励和支持，潘教授为人风趣幽默、学识渊博、治学严谨，他的国际关系理论和情报理论课程帮我夯实了学术基础，增加了知识储备，他对国际问题的洞察力和对当前形势的分析发人深省，他的睿智与博学给我留下深刻的印象，他的谆谆教导令我终生受益。

　　我要感谢英美系前主任王岚教授。当时正是在王主任的鼓励下，我决定从英美文学方向转型，攻读美国研究方向的博士生，如今初步品尝到苦尽甘来的滋味。在论文撰写过程中，王主任一直给予温馨鼓励，鞭策我抓紧时间，奋力拼搏。我还要感谢国防部外事办公室副主任李际少将和黄雪平少将，感谢两位领导在我赴外事办工作期间给予的指导、关心与照顾，使我加深了对美军事外交的认识与体会。

　　感谢我的同事陈虎副教授，他在美国学习期间帮我复印、扫描了许多参考资料，弥补了国内文献的不足；我的同事肖欢副教授也慷慨提供了美军跨部门合作的相关资料，在此向他表示感谢；另外，张忠教授、刘学政教授、孙建民教授、叶凡美教授、吴承义教授、李洪波副教授、潘蔚娟副教授参加了我的论文开题报告、预答辩和答辩工作，并提出许多深刻中肯的批评和建议，在此对各位老师的悉心帮助表示感谢。我还要感谢读博期间的同窗好友王海峰教员和李建勇教员，感谢他们一直以来给予我的帮助和鼓励。我的学生李忱、张冬、张雅婷、张凌康帮我整理了论文的参考文献和英汉术语对照表，在此对她（他）们的辛勤劳动表示感谢。

感谢家人的支持，你们一直是我不断向前奋斗的动力源泉。

最后需要说明的是，由于作者水平所限，书中错误和疏漏之处在所难免，欢迎同行批评指正。

闫桂龙